煤炭高等教育“十四五”规划教材
应急管理能力与素质提升系列教材

煤矿安全生产行政许可与行政处罚

主　编　王虹玉
副主编　王高锋

应急管理出版社
·北　京·

内 容 提 要

本书全面、系统、深入地阐释了煤矿行政许可与行政处罚的基本理论和基本知识，研究的范围主要包括行政许可、行政处罚、行政复议、行政诉讼的一般理论；结合煤矿安全行政许可与行政处罚过程中引发的行政复议和行政诉讼的范围、方式、程序等内容，重点阐释了煤矿安全行政许可与行政处罚的特征、构成要件、程序。本书以我国行政法治为基石，以煤矿行政法治为基本研究素材，吸收借鉴国内外有关行政法、应急法治的大量研究成果。本书坚持煤矿特色，以行政法治基本理论和传统教材写作模式为基础，通过执法促进权益保障，形成和建立了有应急特色的煤矿安全执法与监督理论体系框架。

本书既可作为普通高等学校法学、应急管理等本科学生的专业课程教材，也可作为企业安全生产与应急管理从业人员的工作指导用书，还适用于负有安全生产监督管理和应急管理职责的政府有关部门人员及其他读者参考使用。

应急管理能力与素质提升系列教材
编写委员会

序

党的十九大以来，为深入贯彻落实习近平总书记关于应急管理重要论述，按照应急管理部党委决策部署，华北科技学院〈中国煤矿安全技术培训中心〉（以下简称“华科”）与北京京煤集团有限公司（以下简称“京煤集团”）在“安全生产预防及应急”专项资金的支持下，联合开展“国家级安全生产事故预控与应急处置技术实验实训和科普基地”项目（以下简称“基地项目”）建设工作，充分利用京西关停煤矿的宝贵空间资源，打造集灾害事故预控与应急处置高新技术研发、专业学生实习、干部教育培训、科学知识普及于一体的示范性综合实践基地，着力破解退出产能矿区普遍面临的转型发展难题，为加快推进应急管理能力现代化和城市安全发展提供有力支撑。

基地项目包括防灾减灾救灾技术支撑平台建设、应急管理信息化研发平台建设、应急管理特色学历教育课程体系建设、应急管理能力培养课程体系建设和基础条件建设5个部分。其中，应急管理能力培养课程体系建设旨在利用基地建设形成的实战训练环境，为应急管理人员培训演练开发以文字、音像、多媒体为载体，以动漫、影视、三维虚拟仿真为表现形式的配套课程体系。该课程体系包括应急管理人员能力提升课程、煤矿安全监管监察人员能力提升课程和安全生产法律法规专题培训课程3个部分共50余门课程。

为提升培训课程学习效果，我们组织编写了与50余门课程配套的系列教材。其中，应急管理人员能力提升课程以提升应急管理行政执法人员业务水平为主线，内容涵盖危险化学品、石油天然气开采、工贸、金属冶炼、职业卫生等10个行业领域的监管执法理论和实务知识；煤矿安全监管监察人员能力提升课程以提升煤矿安全监管监察人员业务水平为主线，内容涵盖煤矿重大危险源辨识与隐患排查、煤矿安全监察执法裁量、煤矿事故调查与应急处置等理论和实务知识；安全生产法律法规专题培训课程以提升应急管理干部法治思维和依法行政能力为主线，内容涵盖近年来安全生产领域最新政策法规和规范性文件的解读。

该系列教材可以作为应急管理人员能力素质提升培训的专用教材和应急管理相关专业本科生、研究生的学习教材，也可以作为从事应急管理、煤矿安全监管监察相关科研、实践人士的参考用书。

前　　言

依法治国，是坚持和发展中国特色社会主义的本质要求和重要保障，是实现国家治理体系和治理能力现代化的必然要求，事关我们党执政兴国、事关人民幸福安康、事关党和国家长治久安。煤矿安全生产行政许可与行政处罚必须深入贯彻党中央、国务院关于安全生产的重要决策部署，牢固树立以人民为中心的安全发展理念，充分发挥执法效能，推进严格、规范、公正、文明执法，督促煤矿安全生产行政执法人员依法履行职责，切实做到防范和化解重大安全风险。

本书按照《国家级安全生产事故与应急处置技术实验实训和科普基地项目建设方案》要求编写，是华北科技学院京西基地建设科研项目中应急管理法律法规课程建设任务之一。在总结培训经验、教学经验和教材编写经验的基础上，本书充分吸收了行政许可、行政处罚、行政监督与救济等理论和实践的最新成果。2021 年 1 月 22 日，第十三届全国人民代表大会常务委员会第二十五次会议通过了《全国人民代表大会常务委员会关于修改〈中华人民共和国行政处罚法〉的决定》；2021 年 6 月 10 日，第十三届全国人民代表大会常务委员会第二十九次会议通过《全国人民代表大会常务委员会关于修改〈中华人民共和国安全生产法〉的决定》，修改后的两部法律在行政处罚的方式、范围等方面都有较大的调整，本书据此进行了系统阐述。

本书的特点是内容全面、资料翔实、理论联系实践、注重体例创新。采用小贴士、案例分析、法律链接等内容模块，旨在提升本书的生动性和实用性，增强学生主动学习的兴趣，培养学生独立思考和实践应用的能力。

“煤矿安全生产行政许可与行政处罚”作为普通高等学校应急管理类专业本科学生的专业课程，牢牢坚持课程思政教育改革中全面贯彻习近平法治思想、中央全会精神、贯彻落实和推动习近平新时代中国特色社会主义思想进教材、进课程、进头脑。为此，本书深入挖掘本课程中蕴含的思政元素，实现课程思政与专业知识的深度融合。在新时代、大应急背景下，推动行政公权力与公民权利、行政执法与行政司法活动的良性互动。以“依法执法、专业执法”为切入点，推动我国煤矿安全生产事业尊重和保障人权、权力监督、依法行政、程序法治等应急法治理念长足发展。

具体到本教材各章，编者对课程思政元素的体现见下表。

教材章节	课程内容	课程思政元素
绪论	行政许可与行政处罚概况、煤矿安全生产监察的执法与监督概况	依法行政与依法治国；行政执法与立法、司法的冲突与国家法制的统一性原则；煤矿安全执法原则与宪法原则、法治发展的一致性；行政法治的发展和制度优势
第一章 煤矿安全生产行政许可	煤矿安全生产行政许可的设定、实施及程序	行政执法的服务功能、从属性等；煤矿安全行政执法的主体与市场的关系；改革与发展的关系；强化诚信意识
第二章 煤矿安全生产行政处罚	煤矿安全生产行政处罚的种类、设定、实施机关、适用、管辖、决定及执行	处罚与教育相结合；公开公正、公平合理的原则；杜绝权力任性；权力处分的有限性；程序正义理念；强化责任意识
第三章 煤矿安全生产行政复议	煤矿安全生产行政复议的申请、受理、审理及决定	行政机关的自我纠错与行政执法的良性互动；对相对人合法权益的保护；保障和监督煤矿安全执法的依法行政；实质化化解行政争议
第四章 煤矿安全生产行政诉讼	煤矿安全生产行政诉讼参加人、证据、程序、处理及执行	维护相对人权益；维护司法权和行政执法权平衡；维护法制统一；强化守法意识

本书由王虹玉任主编，王高锋任副主编，参加编写的人员及分工如下（以编写章节的先后为序）：王虹玉（华北科技学院文法学院法学系副教授）负责编写绪论，第一章第一节至第三节，第二章第一节至第三节，第三章第

一节，第四章第一节、第二节、第四节、第五节，附录一，并负责全书的统改定稿；王高锋（湖北省应急管理厅执法处、中国矿业大学（北京）兼职教授）负责编写第二章第四节至第六节，第三章第二节；李涛（华北科技学院文法学院法学系副教授）负责编写第三章第三节；杨杨（北京中迈律师事务所律师）负责编写第一章第四节，第四章第三节、第六节；沈新颖（华北科技学院党委办公室主任、讲师）负责编写第四章第七节、附录二，以及进行参考文献的整理。

感谢华北科技学院法学系陈怡、宋婷、张路、吴军、陈政、高欣美、翟秉楠、刘宇航、任泓霖等同学对本书基础编写工作的支持。

随着法治国家、法治政府、法治社会一体建设，我国应急法治事业继续向前推进。殷切期盼使用本书的广大师生读者，提出批评意见，以使本书能够在修订中更加完善。

编　者

2024 年 5 月

目 录

绪　论

本章教学目的与要求

(1) 了解我国行政许可与行政处罚的立法和实践历程。
(2) 理解我国行政执法与行政救济之间的互动与良性循环关系。
(3) 掌握我国煤矿安全行政执法在立法、实践中的发展趋势。
(4) 了解国外安全与职业健康的合并立法现状及模式。

第一节　我国行政许可与行政处罚的发展

我国行政许可与行政处罚领域发展的历程，是我国依法治国方略形成、发展和完善的历程，也是行政法治建设飞速发展的历程。1997 年，党的十五大报告将“依法治国”确立为治国基本方略，提出“建设社会主义法治国家”“一切政府机关都必须依法行政”。1999 年，宪法修改增加规定“中华人民共和国实行依法治国，建设社会主义法治国家”。党的十八大以来，以习近平同志为核心的党中央从关系党和国家前途命运的战略全局出发，从前所未有的高度谋划法治，以前所未有的广度和深度践行法治，开辟出全面依法治国理论和实践的新境界。2012 年，党的十八大报告提出，“法治是治国理政的基本方式，要加快建设社会主义法治国家，全面推进依法治国”。2014 年，党的十八届四中全会通过了《中共中央关于全面推进依法治国若干重大问题的决定》，在我党历史上首次将依法治国作为中央全会的主题，提出“依法治国，是坚持和发展中国特色社会主义的本质要求和重要保障，是实现国家治理体系和治理能力现代化的必然要求”。2017 年，党的十九大报告指出，全面推进依法治国总目标是建设中国特色社会主义法治体系、建设社会主义法治国家，坚持全面依法治国是新时代坚持和发展中国特色社会主义思想和基本方略的重要组成部分。同时提出，到 2035 年，法治国家、法治政府、法治社会基本建成的战略目标，并决定成立中央全面依法治国领导小组，加强对法治中国建设的统一领导。

一、我国行政许可的发展历程

全国人大常委会法制工作委员会从 1996 年着手行政许可法的调研起草工作，形成了《行政许可法（征求意见稿）》。第九届全国人大常委会将行政许可法列入立法规划，确定由国务院提出法律草案。据此，原国务院法制办公室结合清理国务院部门行政审批事项，从 2000 年初开始行政许可法的起草、调研和论证工作，就起草这部法律涉及的主要问题，征求了国务院部门、地方人民政府、专家学者的意见。在此基础上，起草了《行政许可法（征求意见稿)》。2001年秋，国务院成立了专门的行政审批制度改革领导小组，进行这场大规模行政审批制度改革，伴随着清理和调整，改革的效益日趋凸显。政府的角色正在发生深刻的变化，“门难进、脸难看、事难办”的现象逐步扭转。行政审批制度改革，推动依法行政观念的转变。在这种背景下，《中华人民共和国行政许可法》（以下简称《行政许可法》）顺势而生。以实施《行政许可法》为契机，行政审批制度改革的深化为打造有限、透明、服务型政府带来曙光。2003年8月27日，《行政许可法》由第十届全国人大常委会第四次会议审议通过，共八章83条，自2004年7月1日开始实施。《行政许可法》的制定历时七年，全国人大常委会先后四次审议，并于2019年修订。《行政许可法》将有限政府、透明政府、诚信政府、服务政府等先进法治理念，贯彻到行政许可的设定和实施的全过程，对行政机关提出了更高的要求，在很大程度上弥补了许可制度的缺憾。

2016年，《国务院关于印发2016年推进简政放权放管结合优化服务改革工作要点的通知》要求：“提高政务服务效率，推进实体政务大厅向网上办事大厅延伸，打造政务服务一张网”。2018年，《国务院办公厅关于印发全国深化“放管服”改革转变政府职能电视电话会议重点任务分工方案的通知》要求，打造全国一体化政务服务平台，坚持“联网是原则、孤网是例外”，做好地方平台、部门专网、独立信息系统的整合接入工作，五年内政务服务事项全面实现“一网通办”。在2019年年底前，国家政务服务平台上线运行；在2020年年底前，各省（自治区、直辖市）和国务院部门政务服务平台与国家政务服务平台应接尽接、政务服务事项应上尽上；在2022年年底前，以国家政务服务平台为总枢纽的全国一体化在线政务服务平台更加完善，除法律、法规另有规定外，政务服务事项全部纳入平台办理，全面实现“一网通办”。

党的十八大以来推行的“放管服”改革，立足便民增效，突出整体政府理念，无论是设立行政审批局，由一个机构对外实施行政许可，还是实行“一站式”服务，在政务大厅集中办理行政许可事项，实行“一网通办”，抑或推行一窗受理、一窗通办，都体现出政府统一负责、办事就找政府的整体政府理念，为方便当事人办事提供了一系列重要制度供给。《法治政府建设实施纲要（2021—2025年)》要求“深入推进‘放管服’改革”，提出大力归并减少各类资质资格许可事项，坚决防止以备案、登记、行政确认、征求意见等方式变相设置行政许可事项；有序推进“证照分离”改革全覆盖，积极推进“一业一证”改革；全面推行审批服务“马上办、网上办、就近办、一次办、自助办”，推行行政审批告知承诺制等制度。

行政许可作为一项重要的行政权力，涉及政府与市场、政府与社会关系的厘清，关乎营商环境优化和群众办事便利度。改革越深入，越是要啃“硬骨头”，2021年修订的《行政许可法》为继续深入推进“放管服”改革提供坚实的法律保障。《法治政府建设实施纲要（2021—2025年)》与《法治中国建设规划（2020—2025年)》对接，明确提出修改行政许可法，就是要将行政许可权力进一步纳入法治轨道运行，加强法治政府建设，深入推进国家治理体系和治理能力现代化。

二、我国行政处罚的发展历程

1996年3月17日，第八届全国人民代表大会第四次会议审议通过了《行政处罚法》。

《行政处罚法》的颁布，是我国行政法治建设中的一件大事，是推进我国社会主义民主政治建设、实施依法治国基本方略的一个重要步骤。《行政处罚法》成为我国第一部保障和监督行政机关依法行使行政职权，统一规范行政行为的法律。这部法律首次对一项行政行为作出了从实体到程序的全面规范，确立了处罚法定、公正公开、过罚相当、处罚和教育相结合等重要原则，明确划分了法律、行政法规、地方性法规和规章设定行政处罚的不同权限，健全、完善了我国法律责任制度。

随着处罚实践的不断深入和监管措施的日益多样化，制度供给不足引发的适法困境逐渐凸显，《行政处罚法》亟须进行修订以回应时代之需。在历经 2017 年和 2021 年的两次修订后，我国社会管理的手段更加丰满，更加重视惩罚和教育手段相结合。2021 年《行政处罚法》的修订是为了贯彻党中央重大改革决策部署，推动行政处罚制度进步，能够规范行政处罚的设定和实施，同时保障和监督行政机关有效实施行政管理。由此，具有浓厚中国特色的“三大行政行为法（《中华人民共和国行政处罚法》《中华人民共和国行政许可法》《中华人民共和国行政强制法》）+ 两大行政救济法（《中华人民共和国行政复议法》《中华人民共和国行政诉讼法》）”体系更加完善。

三、我国行政复议与行政诉讼的发展历程

1999 年 4 月，第九届全国人大常委会第九次会议通过了《中华人民共和国行政复议法》（以下简称《行政复议法》），自当年 10 月 1 日起施行，此后于 2009 年 8 月、2017 年 9 月经过了两次局部修改。《行政复议法》颁布实施以来，对防止、纠正违法或不当行政行为，保护公民、法人和其他组织的合法权益，保障和监督行政机关依法行使职权发挥了重要作用。党中央也高度重视行政复议工作。自党的十八大以来，以习近平同志为核心的党中央将行政复议制度改革作为法治政府建设的重要内容，纳入法治国家、法治政府、法治社会建设一体推进。

2008 年 9 月，原国务院法制办公室就下发了《关于在部分省、直辖市开展行政复议委员会试点工作的通知》，启动相对集中行政复议权和建立行政复议委员会试点改革。2020 年 2 月，习近平总书记主持召开中央全面依法治国委员会第三次会议，审议通过了《行政复议体制改革方案》，这一方案在之前行政复议制度改革实践的基础上，对新时代行政复议体制改革的指导思想、目标任务和改革措施作出了全面部署。贯彻落实《行政复议体制改革方案》要求，各地陆续出台实施方案，在集中行政复议职权、健全高效便民工作机制、开展流程规范化建设、打造复议专门队伍、推动复议工作信息化智能化方面进行了卓有成效的探索。修改后的《行政复议法》，通过法定程序使党中央关于行政复议的重大改革决策成为国家意志，积极吸纳各地按照党中央改革要求探索形成的实践经验，对于实现改革系统集成、协同高效，巩固和深化行政复议改革成果，推动行政复议制度更加成熟定型，具有十分重要的意义。

1989 年 4 月 4 日，第七届全国人民代表大会第二次会议通过了《中华人民共和国行政诉讼法》（以下简称《行政诉讼法》）。这部法律共有 75 条内容，于 1990 年 10 月 1 日起施行。之后，于 1991 年、2002 年分别出台行政诉讼法有关司法解释。2014 年，十二届全国人大常委会第十一次会议对已经施行了 25 年的《行政诉讼法》进行大修，专门针对

“三难”（立案难、审理难和执行难）的问题进行解决。

2014 年《中共中央关于全面推进依法治国若干重大问题的决定》提出，健全行政机关依法出庭应诉、支持法院受理行政案件、尊重并执行法院生效裁判的制度。最高人民法院、国务院办公厅随后下发了相关文件，推进行政机关负责人出庭应诉工作。2021 年 8 月，中共中央、国务院发布《法治政府建设实施纲要（2021—2025 年）》，指出各行政机关要认真执行行政机关负责人出庭应诉制度。这些文件的出台对行政机关负责人出庭应诉制度的常态化、规范化运行起到了重要的促进作用。《法治政府建设实施纲要（2021—2025 年）》第七项明确提出“健全社会矛盾纠纷行政预防调处化解体系，不断促进社会公平正义”。要求政府发挥行政复议化解行政争议主渠道作用，全面深化行政复议体制改革；推动检察院开展行政诉讼监督工作和行政公益诉讼，积极主动履行职责或者纠正违法行为。

与此同时，各级行政机关作为行政主体也积极支持行政诉讼工作，参与行政诉讼进程，在行政复议和诉讼中主动回应民众诉求，及时解决问题，有效地保障人民行使自己的诉讼权利。国务院和各部委、各地方行政单位接连发布有关依法行政和政府信息公开的法规性文件，自上而下地规范行政程序，促进行政公开，提高行政效率。司法机关和行政机关双保障，推动了我国行政法体系和行政诉讼制度的完善。

习近平总书记指出：“司法体制改革必须为了人民、依靠人民、造福人民。”在行政诉讼法的三个立法目的中，保障公民、法人和其他组织的合法权益是其最重要的目的，其他两个目的都是围绕这一目的服务的。新时期，我国的行政诉讼在坚持党的领导的前提下，切实强化以人民为中心的理念和监督理念。公众参与的机会更多，行政工作也从单向命令型管理向双向合作型善治转变。

四、我国行政执法与行政复议和行政诉讼的良性互动

建立行政执法与行政复议、行政诉讼良性互动机制，是全面推进依法治国的要求，是促进“法治国家、法治政府、法治社会一体建设”的重要举措。通过建立良性互动机制，进一步扩大良性互动范围，增强良性互动实效，促进依法行政和公正司法，保障人民群众合法权益，维护社会和谐稳定。通过牢固树立“公平正义”的法治观念，进一步规范行政执法行为，切实化解行政诉讼矛盾，通过行政复议、行政审判与行政执法的良性互动，合力预防和化解行政争议和社会矛盾，为经济社会发展提供良好的法治环境。各级政府部门和法院都在对行政审判、行政复议以及行政执法中遇到的普遍性、重大疑难问题进行分析与探讨，这是建立和完善行政执法与行政审判的良性互动机制的重要方式。从理论层面讲，我们也要从执法层面充分认识到行政执法与司法救济和行政救济之间互动的必要性，通过衔接和分析在行政许可与行政处罚中的法律责任和风险，结合因行政复议和行政诉讼对行政机关产生的不利后果，督促行政机关和执法人员深化依法行政理念、规范行政执法工作、提升行政应诉质效、完善府院沟通对接机制，切实提升执法质效。

实践中，为使行政审判更好地发挥促进依法行政，保障公民、法人和其他组织合法权益的功能，在司法政策上重视行政许可，最高人民法院审判委员会讨论通过了《关于审理行政许可案件若干问题的规定》，专门就行政许可制定司法解释。保障行政许可法的有

效实施，完善行政诉讼规则，统一行政许可案件审判标准。一些地方法院在审理各类行政案件时，对案件反映出行政执法中存在的带有普遍意义的、程序性的，带有苗头性、倾向性的行政管理问题，有可能引发群体性事件和影响社会稳定的行政管理问题以及其他需要通过司法建议，促进行政机关改进或注意的事项，积极提出司法建议或向有关行政机关发出意见函，同时抄送区政府法制部门。上级政府在受理行政复议案件的过程中，如若发现执法相关问题，应及时向相关行政机关提出行政复议建议书，同时抄送属地法院。另外，一些地区还建立了重大行政决策前诉讼风险评估制度。行政机关在对有关经济社会发展和人民群众切身利益的重大政策、重大项目等事项进行事前风险评估时，可以邀请法院和政府法制部门对可能出现行政争议的事项进行评估预测，提前做好应对准备。

第二节　我国煤矿安全生产监察执法与监督概况

2000 年，国务院决定在国家煤炭工业局之外再设立国家煤矿安全监察局，负责全国的煤矿安全生产，这是我国第一次设立独立于煤矿生产管理机制的煤矿安全监察机构。该机构与次年正式组建的国家安全生产监督管理局实行一个机构两块牌子。国家煤矿安全监察局及其分支机构与其负责监管的煤矿之间，没有任何经济或体制上的联系，前者是独立的第三方监管人。2004 年 11 月，国务院调整补充了部分省级煤矿安全监察机构，将煤矿安全监察办事处改为监察分局。与国家煤矿安全监察局的垂直管理不同的是，地方按照各自情况的不同分别设立相应的煤炭行业管理机构，负责地方煤炭行业的生产监管工作，该机构分属于相应级别的政府机构。地方设立的安全生产监督管理局或者煤炭行业管理机构根据不同省份的煤炭生产状况分为三种情况：一是如山西省等重点煤炭能源省份保留煤炭工业管理厅，加强对煤炭行业的管理；二是如四川省、福建省等煤炭能源和产量较小的省份对煤炭行业采取以企业集团管理代替政府行政管理的模式；三是以宁夏回族自治区为代表的省份实行煤炭管理的行政权力集中于一体的模式。根据原《煤矿安全监察条例》规定："国家对煤矿安全生产实行监察制度。国务院决定设立的煤矿安全监察机构按照国务院规定的职责，依照本条例的规定对煤矿实施安全监察。"由此，我国煤矿安全生产监管监察"国家监察、地方监管、企业负责"的基本格局确定。

国家安全生产监督管理总局成立后，仍保留以上的监管体制。2018 年机构改革后，成立应急管理部，保留煤炭行业的监管监察体制。由此形成的煤矿安全行政许可、行政处罚的行政执法均由法律法规授权的法定主体煤矿监管监察机构统一行使。

根据十九届三中全会审议通过的《深化党和国家机构改革方案》和第十三届全国人民代表大会第一次会议批准的《国务院机构改革方案》，将职业卫生健康监管职责划入国家卫生健康委员会，国家煤矿安全监察局的其他职责不变。2020 年 12 月，按照党中央决策部署，国家煤矿安全监察局更名为国家矿山安全监察局，由应急管理部管理。应急管理部的非煤矿山安全监督管理职责划入国家矿山安全监察局。设在地方的 27 个煤矿安全监察局相应更名为矿山安全监察局，由国家矿山安全监察局领导管理。

根据"三定"方案，国家矿山安全监察局具有以下职责：①拟订矿山安全生产（含地质勘探，下同）方面的政策、规划、标准，起草相关法律法规草案、部门规章草案并监督实施。②负责国家矿山安全监察工作。监督检查地方政府矿山安全监管工作。组织实施矿山安全生产抽查检查，对发现的重大事故隐患采取现场处置措施，向地方政府提出改善和加强矿山安全监管工作的意见和建议，督促开展重大隐患整改和复查。③指导矿山安全监管工作。制定矿山安全准入、监管执法、风险分级管控和事故隐患排查治理等政策措施并监督实施，指导地方矿山安全监督管理部门编制和完善执法计划，提升地方矿山安全监管水平和执法能力。依法对煤矿企业贯彻执行安全生产法律法规的情况进行监督检查，对煤矿企业安全生产条件、设备设施安全情况进行监管执法，对发现的违法违规问题实施行政处罚、监督整改，落实并承担相应责任。④负责统筹矿山安全生产监管执法保障体系建设，制定监管监察能力建设规划，完善技术支撑体系，推进监管执法制度化、规范化、信息化。⑤参与编制矿山安全生产应急预案，指导和组织协调煤矿事故应急救援工作，参与非煤矿山事故应急救援工作。依法组织或参与煤矿生产安全事故和特别重大非煤矿山生产安全事故调查处理工作，监督事故查处落实情况，负责统计分析和发布矿山安全生产信息和事故情况。⑥负责矿山安全生产宣传教育工作，组织开展矿山安全科学技术研究及推广应用工作。指导矿山企业安全生产基础工作，会同有关部门指导和监督煤矿生产能力核定工作，对煤矿安全生产技术改造和瓦斯综合治理与利用项目提出审核意见。⑦完成党中央、国务院交办的其他任务。⑧职能转变。进一步完善"国家监察、地方监管、企业负责"的矿山安全监管监察体制。以防范遏制重特大矿山生产安全事故为重点，坚持安全第一、预防为主、综合治理的方针，加强对地方政府落实矿山安全属地监管责任的监督检查，严密层级治理和行业治理、政府治理、社会治理相结合的安全生产治理体系，着力防范化解区域性、系统性矿山安全风险。推动地方矿山安全监督管理部门强化监管执法，依法严厉查处违法违规行为，督促企业落实安全生产主体责任，推动企业建立健全自我约束、持续改进的内生机制。强化矿山安全监管能力建设，建立健全监管执法人员资格管理制度，加强教育培训，推进安全科技创新，提升信息化建设和应用水平，进一步提高执法队伍能力和素质。将煤矿安全生产许可、建设工程安全设施设计审查和竣工验收核查、检验检测机构认证、相关人员培训等事项移交给地方政府。

2024 年 5 月 1 日正式实施的《煤矿安全生产条例》（国务院第 774 号令）是煤矿安全生产领域的一部基础主干法规，坚持和保留了煤矿安全生产监管监察格局，全面总结了近年来煤矿安全生产工作经验，将行之有效的措施用法规固化下来，是在贯彻新发展理念、推动安全生产工作高质量发展过程中形成的重要立法成果，对今后的煤矿安全生产工作影响深远。条例的颁布和实施对促进煤矿安全生产形势稳定好转具有重要意义。

我国的煤矿安全生产工作始终坚持中国共产党的领导。煤矿安全生产工作坚持以人为本，坚持人民至上、生命至上，把保护人民生命安全摆在首位。努力贯彻安全发展理念，坚持安全第一、预防为主、综合治理的方针，从源头上防范化解重大安全风险。

一、煤矿安全生产行政许可的发展历程

1994 年 12 月，国务院发布了《煤炭生产许可证管理办法》和《乡镇煤矿管理条例》，对乡镇煤矿实行"扶植、改造、整顿、联合、提高"的方针，制定了《乡镇煤矿质量标准化标准及考核评级办法》。1996 年 8 月 29 日，通过了《中华人民共和国煤炭法》，

并于1996年12月1日起实施。《中华人民共和国煤炭法》共八章187款，内容涉及煤炭生产开发规划与煤矿建设、煤炭生产与煤矿安全、煤炭经营、煤矿矿区保护和监督检查等，这是一部系统地提出促进煤炭工业健康发展的法律。1997年，我国开始实行煤矿建设拨改贷转为国家资本金的政策，煤矿建设投资全部变为企业行为。2001年以后，国家取消了对煤矿建设的直接投资，煤炭企业真正成为煤炭投资、经营的主体。2002年以后，煤炭产业政策变化快、变化大，煤炭产业进入超常规快速发展阶段。

煤矿安全生产许可概念的首次提出是在2004年，原国家安全生产监督管理局、国家煤矿安全监察局令（第8号）颁布了《煤矿企业安全生产许可证实施办法》。国家矿山安全监察局在省、自治区、直辖市设立的矿山安全监察局负责中央管理的煤矿企业（集团公司、总公司、上市公司）以外的其他煤矿企业安全生产许可证的颁发和管理；未设立矿山安全监察机构的省、自治区，由省、自治区人民政府指定的部门负责本行政区域内煤矿企业安全生产许可证的颁发和管理。

党中央、国务院高度重视深化行政审批制度改革。习近平总书记强调，要进一步简政放权，深化行政审批制度改革，最大限度减少中央政府对微观事务的管理，市场机制能有效调节的经济活动，一律取消审批。同时，国务院持续深入推进行政审批制度改革，继续大力减权放权，除关系国家安全和重大公共利益等项目以外，能取消的坚决取消，能下放的尽快下放。

为了贯彻落实党中央、国务院的决策部署，国家矿山安全监察局制定印发了《关于开展煤矿安全生产许可事项移交工作的通知》（矿安监综〔2021〕33号）。主要包括三方面依据：一是依据《中共中央　国务院关于推进安全生产领域改革发展的意见》中第十条要求，“改革重点行业领域安全监管监察体制。依托国家煤矿安全监察体制，加强非煤矿山安全生产监管监察，优化安全监察机构布局，将国家煤矿安全监察机构负责的安全生产行政许可事项移交给地方政府承担”；二是依据《中共中央办公厅　国务院办公厅关于印发〈国家矿山安全监察局职能配置、内设机构和人员编制规定〉的通知》中第八条要求，“将煤矿安全生产许可、建设工程安全设施设计审查和竣工验收核查、检验检测机构认证、相关人员培训等事项移交给地方政府”；三是依据《国务院关于深化“证照分离”改革进一步激发市场主体发展活力的通知》中关于“优化审批服务”的要求，对“重要工业产品（除食品相关产品、化肥外）生产许可证核发等15项涉企经营许可事项（含煤矿安全生产许可），下放审批权限，便利企业就近办理”。由此。煤矿安全生产许可由国家矿山安全监察局移交至各省负有煤矿安全生产监管职责的部门。国家矿山安全监察局负责制定煤矿安全准入政策措施并监督实施，各地方矿山安全监察机构负责监督检查地方煤矿安全监管部门和煤矿企业的安全生产准入许可工作。

二、煤矿安全生产行政处罚的概况

1999年，根据我国煤矿安全生产管理工作的需要，国务院决定新设立由国家垂直管理的国家煤矿安全生产监察行政执法机构，相对独立于地方各级人民政府，代表国家对全国煤矿的安全生产情况进行监察执法，积极推动煤炭行业的安全发展、科学发展。

国家煤矿安全监察局成立后，根据全国各地煤炭资源的分布及开发情况，在主要产煤省（自治区、直辖市）设立了煤矿安全监察机构，并在其辖区内的主要产煤地区设置了省一级煤矿安全监察机构的派出机构——煤矿安全生产监察分局。从全国的情况看，多数省一级的煤矿安全监察机构是相对独立的，但有的省份，结合本地实际，并报经国家同意，省一级煤矿安全监察机构加挂直属于地方省级人民政府的煤炭行业管理部门的牌子，有的是与地方省级人民政府安全生产综合监督管理部门合署办公。当然，无论是加挂牌子还是合署办公，煤矿安全监察机构的编制及行政执法地位都是独立的。

为制裁煤矿安全违法行为，规范煤矿安全监察行政处罚工作，保障煤矿依法进行生产，2003 年，原国家安全生产监督管理局（国家煤矿安全监察局）根据煤矿安全监察条例及其他有关法律、行政法规的规定，制定《煤矿安全监察行政处罚办法》（2015 年 6 月 8 日国家安全生产监督管理总局令第 81 号修正）。由此，省级煤矿安全监察局、煤矿安全监察分局实施行政处罚按照属地原则进行管辖。未设立省级煤矿安全监察局的省、自治区，由省、自治区人民政府指定的负责煤矿安全监察工作的部门依照规定对本行政区域内的煤矿安全违法行为实施行政处罚。煤矿安全监察机构依照《安全生产违法行为行政处罚办法》和煤矿安全监察行政处罚办法，对煤矿、煤矿安全生产中介机构等生产经营单位及其有关人员的安全生产违法行为实施行政处罚。2020 年 12 月，国家煤矿安全监察局更名为国家矿山安全监察局，依法对煤矿企业贯彻执行安全生产法律法规的情况进行监督检查，对煤矿企业的安全生产条件及设备设施安全情况进行监管执法，对发现的违法违规问题实施行政处罚，监督整改落实并承担相应责任。设在地方的 27 个煤矿安全监察局也相应更名为矿山安全监察局，同时承接原有的行政执法的相关职能。

为全面推进依法行政，中共中央、国务院印发了《法治政府建设实施纲要（2021—2025 年）》（简称《纲要》），该《纲要》要求在行政处罚领域大力推进跨领域跨部门联合执法，实现违法线索互联、执法标准互通、处理结果互认；完善行政执法与刑事司法衔接机制；加快制定不同层级的行政执法装备配备标准。《纲要》明确要求加大安全生产这一重点领域的执法力度；分领域梳理群众反映强烈的突出问题，开展集中专项整治；对潜在风险大、可能造成严重不良后果的，加强日常监管和执法巡查，从源头上预防和化解违法风险；畅通违法行为投诉举报渠道，对举报严重违法违规行为和重大风险隐患的有功人员依法予以奖励和严格保护；全面严格落实行政执法公示、执法全过程记录、重大执法决定法制审核制度；全面落实行政裁量权基准制度，细化量化本地区各行政执法行为的裁量范围、种类、幅度等并对外公布；全面梳理、规范和精简执法事项，凡没有法律法规规章依据的一律取消；依法保障行政相对人陈述、申辩、提出听证申请等权利。

2020 年 4 月，国务院安委会印发了《全国安全生产专项整治三年行动计划》，明确了 2 个专题实施方案、9 个专项整治实施方案。煤矿作为高危行业领域比较特殊，其特殊性表现在煤矿的瓦斯、煤尘、火灾、顶板、冲击地压等各类灾害突出。2022 年的目标是针对专项整治中发现的共性问题和突出矛盾，梳理法规标准、政策措施层面需要建立健全、补充完善的具体制度，逐项推动落实，形成一批制度成果。行政处罚既能管用又能用得好是煤矿安全生产形势持续好转的重要手段，是各省级煤矿安全监察机构、各地区煤矿安全监察分局专业队伍的专业监管能力和法治水平的重要体现。通过监管和执法的方式，能够真正提高煤矿安全的风险管控能力，使煤矿安全生产水平进一步向本质化水平提高。

2021年1月22日，第十三届全国人民代表大会第二十五次会议对《中华人民共和国行政处罚法》（以下简称《行政处罚法》）进行了修订，这使得1996年3月17日第八届全国人民代表大会第四次会议颁布的《行政处罚法》得到了较为系统的修正。2021年，全国人大常委会于6月10日表决通过了《关于修改中华人民共和国安全生产法的决定》，2021年9月1日施行修订后的《中华人民共和国安全生产法》（以下简称《安全生产法》），这次修订加大了违法惩处力度，提高了煤矿企业的违法成本，真正体现了"人民至上，生命至上"的发展理念，开始了煤矿安全生产处罚的新实践。

《煤矿安全生产条例》（国务院第774号令）在保持与《安全生产法》等法律衔接的基础上，针对煤矿领域出现的新情况新问题，以及部分煤矿存在的"屡罚屡犯""宁肯交罚款也要违法生产"的新现象，提高了对煤矿企业、企业负责人违法行为的处罚下限。以新设较重罚则、严格停产整改要求、加大关闭力度等提高违法成本的方式推动安全生产。

三、煤矿安全生产行政复议和诉讼的概况

行政复议和行政诉讼集中了诉求表达机制、利益协调机制、矛盾调处机制、权益保障机制等方面内容。加强煤矿安全监察行政复议和行政应诉工作，是维护人民群众合法权益的具体体现，有利于妥善解决与群众利益关系密切的行政争议问题，并引导煤矿安全生产行政机关为民谋利，防止产生和依法纠正"与民争利"现象，提高政府的公信力和行政执行力。作为执法机构和执法人员，应当充分认识到行政复议和行政诉讼的重要性。

习近平总书记指出，要落实行政复议体制改革方案，发挥行政复议化解行政争议的主渠道作用。行政复议体制改革是习近平法治思想在行政复议领域的生动体现。行政复议是政府系统自我纠错的监督制度和解决"民告官"的救济制度，是推进法治政府建设的重要抓手，也是维护公民、法人和其他组织合法权益的重要渠道。党中央、国务院高度重视行政复议工作。中央全面依法治国委员会印发《行政复议体制改革方案》，对构建统一、科学的行政复议体制作出部署，修订《行政复议法》。2023年9月1日，十四届全国人大常委会第五次会议审议通过新修订的《行政复议法》，自2024年1月1日起施行。这是《行政复议法》颁布实施24年后的首次大修，对于提升行政复议的公信力和权威性、强化行政复议化解行政争议的主渠道作用、促进法治政府建设具有十分重要的作用。

近年来，应急管理部门认真贯彻习近平总书记有关行政复议的重要指示精神，奋力推进行政复议体制改革发展。应急管理体制改革稳步推进，安全生产的各项工作也正处于改革和发展的关键时期。煤矿行政执法监管监察的规范化能更好地推进煤矿安全生产的发展，但执法中产生的行政争议能否有效解决，能否妥善化解矛盾纠纷，将直接影响煤矿安全执法工作的顺利实施。加强煤矿安全生产行政复议工作，引导人民群众以理性合法的方式表达诉求，有利于保障社会的和谐稳定，为应急管理事业改革的顺利推进营造良好的外部环境。

行政复议与行政诉讼是解决行政争议的有效方式，是相对人在寻求权益保护时的主要手段，也是对行政执法活动有效的制度监督。二者在理论方面有一定的联系，但是在理论和实践上存在较大的区别，如在遵循的核心原则以及所建立的权力运行规律基础等方面各

有不同。在行政法层面，行政复议在本质上属于行政行为，是同一机关的内部监督，且监督的幅度更宽、要求更高；行政诉讼属于司法行为，与需经审查的行政行为属于不同的权力属性，司法权可以监督行政权，但是不能代替行政权。《行政诉讼法》本着保障相对人权益的基本原则，从规范层面约束着煤矿安全生产行政执法，煤矿安全执法人员必须明晰《行政诉讼法》对行政执法的影响，以诉讼法中的立法价值指引行政执法行为，强化其对当事人诉权的保护。

总结裁判文书网相关资料：2010—2023 年，煤矿安全许可类案由和煤矿安全生产行政处罚类案由的行政诉讼共有 114 件。其中，关于煤矿安全生产许可的案例共有 38 个；经过复议的有 9 个，经过二审的有 26 个，其中胜诉的有 7 个；关于煤矿安全生产行政处罚的案例，共有 76 个，经过复议的有 4 个，经过二审的有 13 个，其中原告胜诉的有 3 个，裁定的有 43 个。原告及其代理人围绕行政主体的权限、被告提供的证据、作出行政行为的法律依据的合法性、行政行为在程序上的合法性、行政自由裁量权的行使、文书案卷的规范等方面展开诉讼。

习近平总书记指出，公平正义是中国特色社会主义的内在要求，是社会主义法治的生命线。全面依法治国，就要把公平、公正、公开的原则贯穿于“立法、执法、司法”全过程，努力让人民群众在每一项法律制度、每一个执法决定、每一宗司法案件中都感受到公平正义。深入贯彻习近平法治思想，执法人员要学习和掌握法院受理案件的范围、案件审查的范围和内容、被诉机关的责任，建立起应对诉讼的常态机制，展开对被诉案例和相关案例的分析、讨论机制，针对诉讼法的要求完成诉讼相关材料的提交和应诉程序，参与诉讼并保障诉讼的顺利进行，有能力依据相关法律针对诉讼请求和判决结果提起上诉或申请再审等，及时总结诉讼中的经验或教训，从而真正推动我国煤矿安全生产行政执法行为的规范化和法治程度的完善。

第三节　国外有关安全生产监管的立法和执法概况

18 世纪 80 年代，蒸汽动力的发展使得国外煤矿和铁矿的生产开采大幅增加，同时导致工作场所事故起数上升，各国政府由此调整监管方式和监管范围。由于国情不同，各国在监管体制和手段上也表现出不同的特点。

一、国外安全与健康立法概述

20 世纪 70 年代，各国先后颁布了《职业安全与健康法》，并设立了强有力的保障法律有效实施的监管机构，同时加强了以政府、雇主、雇员为代表的三方合作，由此逐渐形成了职业安全与健康一体化的监管体制。主要包括以下三个方面。

（1）采取职业安全与健康统一立法的模式。最早的职业安全与健康立法可追溯到 13 世纪德国政府颁布的《矿工保护法》。从 14 世纪到 18 世纪中叶，欧洲其他资本主义国家也相继颁布了许多类似的法规。1802 年，英国议会颁布的旨在限制纺织厂童工工作时间的《学徒健康与道德法》是英国乃至全世界第一部真正的职业安全健康法。近代意义上的职业安全与健康立法以美国 1970 年颁布的《职业安全与健康法》和英国 1974 年颁布的

《工作健康与安全法》为代表。

（2）一些西方国家在法律层面对职业安全健康监察机构的设置、职权范围以及监察员的职权和义务等方面作出了明确规定。例如，英国在1974年颁布的《工作健康与安全法》中就有关于建立健康与安全委员会（HSC）和健康与安全执行局（HSE）的法律条文，不仅对其职能和权限作了规定，而且在执法程序，雇主申辩权利，申诉案件的听证、裁决和最终司法复查等方面也有详细规定，同时对有关文书的送达方式作了明确规定。

（3）明确职责和责任体系。在国外的职业安全与健康立法中，规定了多种责任形式，如民事责任、行政责任和刑事责任等，从而形成了衔接配套的责任体系。如果违反法定责任，将按照法律进行惩处。例如，英国在1974年颁布的《工作健康与安全法》中规定："对于违反该法第2条至第6条的行为，地方法院最高可处2万英镑的罚款并下发改进令、禁止令或法院补偿命令，对违反改进令、禁止令或法院补偿命令的人员，地方法院最高可处以6个月的监禁。"美国UBB矿难发生后，美国矿山安全与健康监察局颁布了《针对煤矿井下作业区域违反安全健康标准的检查项目最终规定》，要求排查对矿工威胁最大的安全隐患和违反9项安全和健康标准的违章行为。此外，美国众议院还出台了一项法案，旨在修订当时的"习惯性违章"法规，并赋予矿山安全与健康监察局传唤证人对事故进行秘密调查的权力。

二、国外安全与健康监管体制概况

以英国、澳大利亚、加拿大为代表的国家实施的是以国家综合协调、地方执法为主的安全监管体制。1974年，英国颁布的《工作健康与安全法》中第10条规定，英国成立了健康与安全委员会（HSC）和健康与安全执行局（HSE），2008年又将这两个部门合并为健康与安全执行局。总体上来看，英国职业安全与健康采用由上而下的监管体制。在中央层面，职业安全健康监督管理部门（健康与安全执行局）与环境部门（环境保护局）是分开设立的，健康与安全执行局主要负责建筑工地、工厂、核设施、化学品、矿山、石场、农场、海上设施等高风险行业；在地方层面，健康、安全与环境是合并管理监督。

以美国、南非、日本、印度为代表的国家采用的是职业安全和矿山安全监察分开且均为独立垂直管理的体制。例如：美国具体负责职业安全健康工作的是劳工部下设的职业安全与健康监察局（OSHA）和矿山安全与健康监察局（MSHA），局长分别由劳工部副部长兼任。矿山安全与健康监察局包括两个核心业务部门——煤矿安全健康司（CMSH）和金属与非金属矿安全健康司（MNMSH）。其中煤矿安全健康司在全国产煤地区设立了12个地区监察局和45个现场办事处，负责对27个州的大约2100座煤矿执行《联邦矿山安全与健康法》的情况进行监察。根据《联邦职业安全与健康法》《联邦矿山安全与健康法》的授权，美国还分别建立了联邦职业安全与健康复审委员会和联邦矿山安全与健康复审委员会。这两个机构是独立于职业安全与健康监察局和矿山安全与健康监察局之外的准司法机构，并不隶属于任何部委，成员由总统任命，另有若干行政法官，这些行政法官的主要职责是复审或事故调查。其中，联邦矿山安全与健康复审委员会专门负责裁决监察执法过程中的法律争议，包括矿山安全与健康监察局的罚款争议、矿山安全与健康监察局关闭矿井的争议、矿工因待遇遭受歧视或因矿井关闭的补偿问题向矿山安全与健康监察局投诉后对于处理结果不满的争议等。案件首先由行政法官负责审理并作出裁决，对此裁决不服可以向复审委员会申诉，如果对复审委员会的裁决仍然不服，可以向美国联邦上诉。

以俄罗斯、波兰为代表的国家设立部级机构统一实行安全生产监察体制。例如：俄罗斯在原联邦工业和矿山监察局、联邦原子能监察局和联邦动力监察局的基础上建立了联邦生态工业和原子能局，其主要职能是制定法规政策和相关标准，对矿产资源开采和利用安全、工业生产安全、原子能利用安全、建筑物安全、工业爆破材料生产与使用安全等方面进行监管。联邦生态工业和原子能局共有 15 个司，对下设的 86 个地区监察机构实行垂直管理。

三、国外安全与健康监管许可与处罚概况

国外在职业安全与健康的监管过程中，主要采用“命令与控制”和“合作监管”两种监管模式。

在许可范围方面，对于存在或者可能存在重大危害和需要监管的行业也实行许可制度。例如：英国对于各行业的行政许可由各行业的专门法规进行规范。其中，核设施的许可证发放工作由核管理办公室（ONR）负责。依据 1974 年的《工作健康与安全法》《1965 年核设施法》《2003 年核工业安全条例》以及《2004 年能源法》等相关规定，整个许可大致分为申请人成立相应组织机构、准备申请材料、提出申请、评估、咨询、授予许可、基于许可证下的监管七个环节。虽然许可中没有涉及延期及换证，但当许可授予的条件发生改变时，如公司实际控制人发生变化、被许可人准备安装新型的设备设施、核站点的边界发生扩展等，必须经过核管理办公室的重新许可。对于重新许可的申请，核管理办公室依照健康与安全执行局的《执法政策声明》，采用相称性的方式对其中发生变化的内容以及潜在的重要方面进行重点评估。

行政处罚是国外职业安全与健康监察机构开展行政执法的重要手段之一，如在英国，对于企业违反 1974 年《工作健康与安全法》等相关法律的行为，安全监察人员有权责令其停止违法行为，下达整改指令并处以相应数额的罚款。在澳大利亚，对于发现的违法行为，安全监察人员还可以发出补救措施命令。如果违法者做出补救的书面承诺，可以不受处罚。

思考题

1. 煤矿安全的法律体系构成有哪些？如何看待我国煤矿安全行政法治建设的发展历程及未来发展趋势？
2. 如何理解我国煤矿安全生产“国家监察、地方监管、企业负责”的基本格局？
3. 对比国内外煤矿安全行政执法在实践中有何不同之处，是否能够借鉴？

第一章 煤矿安全生产行政许可

本章教学目的与要求

(1) 理解行政许可的概念和原则，以及设定主体和实施主体的法定性。
(2) 了解行政许可的程序。
(3) 掌握当前我国煤矿安全生产行政许可的范围和实施主体。
(4) 了解煤矿安全生产行政许可的申请与一般程序。

第一节 煤矿安全生产行政许可总论

一、煤矿安全生产行政许可概述

(一) 行政许可的概念

依据《行政许可法》第2条，行政许可是指“行政机关根据公民、法人或者其他组织的申请，经依法审查，准予其从事特定活动的行为”。行政许可最核心的内容是要明确行政许可的设定权主体，特别是设定权主体所享有的具体权限范围，这是行政许可设定制度的核心意旨。对行政许可进行法律规制主要是通过对享有行政许可设定权主体及其权限的规制来实现的。行政许可设定是指有关国家机关依照法律规定的权限、范围创设行政许可的行为。国家机关依职权自行创设行政许可，自行限制公民、法人或者其他组织的权力，创设公民、法人或者其他组织的义务，属于立法行为范畴。

行政许可意味着国家有权机关在某个领域实施，在立法上对公民和组织在该领域从事活动的权利和自由应予以前期限制；行政许可的法律法规就是通过立法的方式，设定公民和组织可以从事特定范围的活动的禁止解除的条件，即当公民或组织符合行政许可条件时能够获得从事特定范围内活动的能力或资格。

(二) 煤矿安全行政许可的概念

煤矿生产必须要符合一定的条件，煤矿行业需要有法律设定的门槛来保障进入该行业的主体资质，也就是说通过法律建立行业准入制度以实现对资源的国家管控，即在煤矿行业设定煤炭生产许可。此后，煤矿及投资者要想投入生产，必须要办采矿许可证、安全生产许可证、营业执照、爆炸物品使用证、储存证、安全基本条件评价核准书等多个证件，而最主要的证件即“五证一照”①，缺一不可。

① “五证一照”，即采矿许可证、安全生产许可证、煤炭生产许可证、矿长资格证、矿长安全资格证、营业执照。

小贴士

《国家煤矿安全监察局关于取消煤矿矿长资格证行政许可的通知》
煤安监监察〔2014〕33 号

2013 年国家已正式取消煤炭生产许可证。依据《中华人民共和国煤炭法（2013 年修订）》，为了减少煤矿生产环节行政审批事项，决定取消作为煤炭生产许可证颁发前置条件的煤矿矿长资格证。

分析：各省级煤矿矿长资格证颁发管理机关由此取消颁发煤矿矿长资格证，相关培训、考核等工作一并终止。这一资格证的取消是安全领域国务院深化行政审批制度改革，进一步转变政府职能的要求。从此，由煤矿企业的五证一照减少为三证一照，即采矿许可证、安全生产许可证、矿长安全资格证和营业执照，从而减轻了企业负担。

由原国家安全生产监督管理局、国家煤矿安全监察局（第 8 号令）颁布的《煤矿企业安全生产许可证实施办法》明确提出："为了严格规范煤矿企业安全生产条件，做好煤矿企业安全生产许可证的颁发管理工作，根据《安全生产许可证条例》和有关法律、行政法规，制定本实施办法。煤矿企业必须依照本实施办法的规定取得安全生产许可证。未取得安全生产许可证的，不得从事生产活动。"

煤矿安全生产行政许可是指法定的煤矿安全生产许可实施机关根据公民、法人或者其他组织的申请，准予其从事煤矿生产经营的活动。煤矿安全生产行政许可是一种典型的受益性行政行为，被许可人因获得行政许可而具备了从事煤矿类特定活动的能力或资格。煤矿安全生产行政许可的主要表现形式是行政许可证，它是一种由煤矿安全生产许可实施机关向被许可人发放的证明性文书。

（三）煤矿安全生产许可的立法目的和意义

设立煤矿安全生产许可制度，以行政许可的方式配置自然资源，这是世界各国的通用做法，能解决市场失灵带来的对自然资源使用的负面问题。对高危行业、企业实施安全准入，旨在从源头上杜绝不具备安全生产条件的企业进入生产领域，并对企业日常的安全生产活动实施动态监管。另外，我国的煤炭许可制度是我国政府配置煤炭资源的重要手段，煤炭生产许可本质上是特许权。地方各级政府在执法过程中也会根据煤炭生产的实际情况和安全形势，对行业准入进行适时的调整。虽然在许可范围和类型上会因社会发展的需要进行调整，但是作为常态化的行政主体的工作，我国的煤矿安全生产行政许可已经在依法行政的推进下形成了法定的标准和程序。安全生产行政许可制度作为政府有效的安全监管手段之一，在我国的安全生产中发挥了非常重要的作用。

煤矿安全生产许可的设立契合了《安全生产法》关于"防止和减少生产安全事故，保障人民群众生命和财产安全，促进经济社会持续健康发展"的立法目的。为更好地规范政府主体行为，在《行政许可法》的前提下，国务院和国家矿山安全监察局制定并通过系列行政许可规范及监督管理制度和规范。

我国煤矿安全生产许可证制度的立法目的非常明确。在《安全生产许可证条例》的

第1条中规定，“为了严格规范安全生产条件，进一步加强安全生产监督管理，防止和减少生产安全事故，根据《安全生产法》的有关规定，制定本条例。”以此防止和减少生产安全事故。因此，维护矿工的生命安全是煤矿安全生产许可管理的核心。自《安全生产许可证条例》实施以来，煤矿安全生产许可制度为防止和减少煤矿生产安全事故，对维护矿工的生命安全起到了举足轻重的作用。

（四）煤矿安全生产许可的种类

关于煤矿安全生产许可范围和类型的规定散见于《中华人民共和国煤炭法》《行政许可法》《安全生产法》《安全生产许可条例》等法律法规中。总体说来，煤矿安全生产许可包括三个方面：①依据《煤矿企业安全生产许可证实施办法》对煤矿生产企业实施《安全生产许可证》许可制度；②依据2018年12月1日开始实施，由中华人民共和国应急管理部颁布的《煤矿建设项目安全审核基本要求》（AQ 1049—2018）对煤矿建设项目实施安全审核制度；③依据2018年12月应急管理部颁布的《煤矿建设项目安全设施设计审查和竣工验收规范》（AQ 1055—2018），对已经核准的煤矿建设项目实施安全设施设计审查批复制度并对已建成的煤矿建设项目实施安全设施及条件验收批复制度。

1. 基本分类

煤矿安全生产行政许可法定的种类项目会根据社会发展需要进行调整，其类别可以根据主体、层级等进行划分。

（1）按照主体划分有：①企业类，即煤矿企业安全生产许可、煤矿建设项目安全设施设计审查；②公民类，即特种作业操作资格证核发。

（2）按层级划分有：煤矿企业及其所属矿（井、露天坑）、煤矿企业的上级煤矿企业、煤层气地面开采企业。

2. 法定煤矿安全生产行政许可的范围（表1）

在2021年煤矿安全生产行政许可下放之前，国家矿山安全监察局在省、自治区、直辖市设立的国家矿山安全监察局省级局负责中央管理的煤矿企业（集团公司、总公司、上市公司）以外的其他煤矿企业安全生产许可证的颁发和管理；未设立矿山安全监察机构的省、自治区，由省、自治区人民政府指定的部门负责本行政区域内煤矿企业安全生产许可证的颁发和管理。主要包括：

（1）矿山、金属冶炼建设项目和用于生产、储存危险物品的建设项目的安全设施设计审查。其法律依据为《安全生产法》第33条——“矿山、金属冶炼建设项目和用于生产、储存、装卸危险物品的建设项目的安全设施设计应当按照国家有关规定报经有关部门审查，审查部门及其负责审查的人员对审查结果负责。”

（2）矿山企业、危险化学品生产企业安全生产许可。其法律依据为《安全生产许可证条例》（国务院令第397号）第2条第1款——“国家对矿山企业、建筑施工企业和危险化学品、烟花爆竹、民用爆破器材生产企业实行安全生产许可制度”。

（3）煤矿特种作业人员（含煤矿矿井使用的特种设备作业人员）操作资格认定。其法律依据为《安全生产法》第30条——“生产经营单位的特种作业人员必须按照国家有关规定经专门的安全作业培训，取得相应资格，方可上岗作业。”

表1 2021年6月前煤矿安全生产许可的法定范围

项目名称	子项目	类别	对象	实施单位
矿山、金属冶炼建设项目和用于生产、储存危险物品的建设项目的安全设施设计审查	设计生产能力在300万吨/年以上的地下开采煤矿、设计生产能力在1000万吨/年以上的露天开采煤矿建设项目的安全设施设计审查	行政许可	企业	国家矿山安全监察局
	设计生产能力在120万吨/年以上的地下开采煤矿、设计生产能力在400万吨/年以上的露天开采煤矿建设项目的安全设施设计审查			矿山安全生产监察机构
	设计生产能力在120万吨/年以上的地下开采煤矿、设计生产能力在400万吨/年以上的露天开采煤矿建设项目的安全设施竣工验收			
	其他煤矿建设项目的安全设施设计审查			
安全生产检测检验机构、安全评价机构资质认可	煤矿安全生产检测检验机构、安全评价机构资质认可	行政许可	企业/事业单位	矿山安全生产监察机构
矿山企业、危险化学品生产企业安全生产许可	涉煤中央企业（总部）煤矿安全生产许可	行政许可	企业	国家矿山安全监察局
	其他煤矿企业及煤矿安全生产许可		企业	矿山安全生产监察机构
煤矿特种作业人员（含煤矿矿井使用的特种设备作业人员）操作资格认定		行政许可	公民	国家矿山安全监察局

小贴士

激发市场活力，做好煤矿安全生产许可事项移交工作

中国特色社会主义法治建设需要我国政府成为一个服务型的政府，充分体现我国政府为人民服务的宗旨。国务院在2019年继续深化行政审批改革，持续简政放权。2019年，《国务院关于取消和下放一批行政许可事项的决定》公布。经研究论证，国务院决定取消25项行政许可事项，下放6项行政许可事项的管理层级。其中涉及煤矿类的有：安全生产检测检疫机构、安全评价机构甲级资质认可，煤矿生产检测检疫机构、安全评价机构乙级资质、煤炭生产许可证等。

为贯彻落实《国务院关于深化“证照分离”改革进一步激发市场主体发展活力的通知》要求，国家矿山安全监察局制定印发了《关于开展煤矿安全生产许可事项移交工作的通知》，将煤矿安全生产行政许可事项由国家矿山安全监察局（所属各省煤监机构）移交至各省级煤矿安全监管部门。2021年6月起，国家煤矿安全监察局将煤矿安全生产行

政许可事项移至省级煤矿安全生产监管部门。设有省级国家煤矿安全监察局的24个省份实施、指导和监督所属地区及所属煤矿企业的许可；未设省级国家煤矿安全监察局的地区由省、自治区人民政府指定的部门实施、指导和监督对本区域内的所属煤矿企业的许可。

2021年7月1日起，由各省级煤矿安全监管部门负责受理及办理工作，各煤矿企业仍通过煤矿安全生产综合信息系统（煤矿安全生产许可证管理系统 https://zhxx.chinamine-safety.gov.cn/mj/a/login）申报办理。各煤矿企业可通过国家矿山安全监察局、各省级煤矿安全监管部门、监察机构政府网站公告中的查询系统进行申报。

二、煤矿安全生产行政许可的基本原则

行政许可作为一种制度，是国家行政管理的主要手段之一。我们在运用和实施行政许可制度的过程中，会根据实践需要对行政许可行为进行规范，并根据需要调整许可的范围、取消不必要的许可制度、强化必需的许可制度，从而提高行政效率，切实维护行政许可的设定初衷和原则。在煤矿领域的行政许可的设定和实施也应严格遵循《行政许可法》的规定。煤矿安全生产行政许可的基本原则应贯穿于其立法和执法的全过程，指导行政许可中的各个具体行为。从行政法的基本理论和许可法的相关法律规定方面看，煤矿安全生产许可的原则主要包括以下三项。

（一）法定性原则

法定性原则是行政法的基本原则，也是行政许可应遵循的基本原则。法定性包括主体法定、职权法定、内容法定和程序法定等。

在行政许可的设定主体法定方面，根据《行政许可法》的规定："法律可以设定行政许可。尚未制定法律的，行政法规可以设定行政许可。必要时，国务院可以采用发布决定的方式设定行政许可。实施后，除临时性行政许可事项外，国务院应当及时提请全国人民代表大会及其常务委员会制定法律，或者自行制定行政法规。"

在内容法定方面，行政管理的不同领域所制定的许可事项必须要符合《行政许可法》规定的行政许可范围。《行政许可法》中的第12条和第13条以列举式的方式明确可以设定行政许可和可以不设定行政许可的事项。其中第13条规定："公民、法人或者其他组织能够自主决定的；市场竞争机制能够有效调节的；行业组织或者中介组织能够自律的；行政机关通过事后监督等其他行政管理方式能够解决的四类情形时，可以不设定行政许可。"

许可"程序法定原则"体现在《行政许可法》的第18条，设定行政许可应当规定行政许可的实施机关、条件、程序、期限。

（二）效率与精简原则

讲求效率原则是指行政机关应当在依法行政的前提下讲求效率，主动有效地行使其权能，以尽可能低的成本取得最大的行政执法效益。执法主体必须严格按照法定程序和法定权限执法，不能借口效率而违反法律规定，效率原则是建立在行政合法性原则的基础之上的。精简原则既包括精简执法机构也包括精简材料和精简不必要的程序。效率与精简原则主要体现在行政执法的具体处理方面。作为经济领域的重要的行政执法行为，这一原则的

确定对于具体实践具有非常重要的现实意义。

（1）网络化申办提高申报效率。目前，已落实“证照分离”改革全覆盖试点工作实施方案，全面实施安全生产许可证网上申办。申请企业通过煤矿安全生产综合信息系统在线提交或填报申请资料、信息，煤矿企业安全生产许可证颁发管理部门（以下简称颁证部门）在线受理、审查，送达有关通知书（受理、补正、不受理通知书等），业务办结后，办理结果在系统内反馈申请企业，由企业领取办理结果或按企业填报的地址将办理结果邮寄送达。办理流程实现申请、受理到审核、发证全流程“一网通办”、异地可办，实现企业办事少跑路。

（2）精简许可审批材料。在煤矿安全生产许可的申请过程中，只须在线填报主要负责人、安全生产管理人员姓名和考核合格证号，申请人须向颁证部门做出符合条件的书面承诺，并提交符合要求的预案备案回执。

（3）推进安全生产许可审批标准化，促进效率。健全完善安全生产许可审查各项工作规范，完善相关制度和工作流程，做到工作有程序、程序有标准、执行有监督。制定准确完备、简明易懂的办事指南，在网上申报系统首页公布，根据实际工作动态对办事指南进行调整更新。办事指南应详细列明受理条件、设定依据、申请材料、办理流程、办理期限、权利义务、法律救助等内容。要完善行政许可信息公开制、一次性告知制、首问责任制、顶岗补位制、服务承诺制、责任追究制及文明服务制等工作制度，开展满意度调查，促进阳光审批和服务水平的提升。

（4）优化审批程序，提高工作效率。完善审查方式，根据许可类型分类制定审查流程，通过采取集中审查、并联审查等方式，最大限度地精简功能雷同的审批环节和层级。对于安全生产许可证的首次申请、延期（非直接延期）审批，必须通过集体讨论、集体决策。颁证部门可根据工作需要采取购买专家服务的方式，委托有关机构组织专家进行审查和现场核查，并根据审查意见决定是否许可。

（5）依法公示许可事项。颁证部门在网上申报系统中公开业务办理进度，方便企业查询。业务办结后，应及时公布审批结果，并在法定时限内通知申请人领取办理结果或按申请人填报的地址将办理结果邮寄送达。安全生产许可证存在撤销、注销、暂扣和吊销情形的，要及时公布。

（6）进一步压缩审批时限。对于颁证部门认为不需要现场核查的首次申请、延期申请，其审批时限应压减到35个工作日以内；对于直接进行延期申请的，应压减到25个工作日以内；对于因主要负责人、隶属关系、经济类型、煤矿企业名称发生变化，需要变更安全生产许可证的，应压减到20个工作日以内。

（7）加强安全生产许可证注销管理。安全生产许可证有效期满未申请延期或申请延期但经审查不予延期的，颁证部门应在有效期满或做出不予延期决定后的10个工作日内，依法注销安全生产许可证。撤销安全生产许可证应在撤销决定做出后的10个工作日内依法注销。建设工程影响生产系统的改（扩）建煤矿，应停止生产，依法暂扣或注销安全生产许可证，防止煤矿企业边建设边生产。

（8）规范对于安全生产许可证有效期的管理。除限期淘汰的落后产能煤矿外，原则上煤矿企业安全生产许可证的有效期为3年。在安全生产许可证的有效期内，煤矿企业采矿许可证到期、未取得新的采矿许可证时，应停止生产，待完成采矿许可证延期手续后方可恢复生产。

（9）加强安全生产许可档案管理工作。煤矿企业在提交安全生产许可证办理申请时，可采取邮寄等方式向颁证部门提供与在线提交的申请文件、电子材料相对应的纸质材料。煤矿企业应对其所提交的电子材料和纸质材料的一致性负责。

（三）诚信原则

受诚信政府与信赖保护原则的制约，由客观因素主导的法律事件亦会导致行政补偿责任的产生。《行政许可法》第 8 条规定，“行政许可所依据的法律、法规规章修改或者废止，或者准予行政许可所依据的客观情况发生重大变化，为了公共利益的需要，行政机关可以依法变更或撤回已生效的行政许可。由此给相对人造成财产损失的，行政机关应当依法给予补偿。”许可作为一种受益性行政行为，通过许可的设定与实施，使得政府与公民、行政主体与行政相对方之间形成了一种基于法定程序下的信任关系，不得随意撤销或增加新的许可，因情势变更而需要作出改变的，必须充分合理考量并以诚信原则作出变更。

行政行为的变动往往会损害相对人基于原有信任而建立的正当权益。煤矿安全生产行政许可中的信赖保护原则应贯穿于行政许可运行的全过程。

三、煤矿安全生产许可的变更

（一）煤矿安全生产许可变更的概述

给予相对人的行政许可的本质是对公民、法人和其他组织是否符合法定权利资格和具备取得权利的条件进行审查核实后的一种结论，这一结论受到程序规范并受到实体法的规范。具体行政行为的变更是指原具体行政行为的行政主体及上级有权行政机关对原具体行政行为内容的变更。依据《行政许可法》第 49 条：“被许可人要求变更行政许可事项的，应当向作出行政许可决定的行政机关提出申请；符合法定条件、标准的，行政机关应当依法办理变更手续。”

行政主体具体行政行为的变更应受到法律的严格规范，否则即为实体性的违法行为。如行政主体违反职权或滥用职权。以对行政许可的事项范围、条件及程序等属设定范畴的内容作出更改；对满足法定许可条件而不作出决定的不作为或不满足法定许可条件而作出行政许可决定的乱作为；随意撤销、变更、废止已生效的行政许可等均是违法行为。某些地方“行政许可责任追究办法”中也扩展了实施许可实体违法的表现行为：如擅自取消或停止实施法定许可项目、擅自实施已取消或者停止实施的行政许可项目，增设许可程序或条件，擅自改变已生效的行政许可等。

这里说的许可的变更并不涉及行政复议时对许可行为的变更。若监管主体是行政复议机关时，其措施主要是复议审查、责令改正、撤销或变更等，其程序依照《行政复议法》及其实施细则进行。

行政许可的变更行为还包括许可的终止。虽然《行政许可法》没有使用“行政许可的终止”这一术语，但从具体规定来看，《行政许可法》中有关“注销”的规定，会导致许可终止的结果。依据《行政许可法》第 70 条规定：“有下列情形之一的，行政机关应当依法办理有关行政许可的注销手续：①行政许可有效期届满未延续的；②赋予公民特定资格的行政许可，该公民死亡或者丧失行为能力的；③法人或者其他组织依法终止的；④行政许可依法被撤销、撤回或者行政许可证件依法被吊销的；⑤因不可抗力导致行政许可事项无法实施的；⑥法律、法规规定的应当注销行政许可的其他情形。”

行政许可所依据的法律、法规规章存在修改或者废止，或者准予行政许可所依据的客观情况发生重大变化，为了公共利益的需要，行政机关可以依法变更或撤回已生效的行政许可。由此给相对人带来财产损失的，行政机关应依法给予补偿。

（二）行政许可的撤销

行政许可的撤销，是指法定国家机关依照法定条件和法定程序使已经生效的行政许可丧失法律效力的法律制度。从制度构成来看，行政许可的撤销制度包括撤销主体、撤销条件、撤销程序、撤销的法律效果。

1. 撤销主体

根据《中华人民共和国立法法》《行政复议法》《行政诉讼法》《中华人民共和国国务院组织法》《中华人民共和国地方各级人民代表大会和地方各级人民政府组织法》的相关规定，对某行政主体作出的职权或职责行为，不仅作出该行为的行政主体可以依法撤销，而且作出该行为的行政主体的上一级行政主体、法定的复议机关、人民法院也有权依法撤销。因此，行政许可的撤销主体主要包括作出行政许可的行政主体、作出行政许可决定的行政主体的上一级行政主体、对该行政许可享有复议审查权的复议机关和对该许可决定享有司法审查权的人民法院。

2. 撤销条件

行政许可的撤销条件，是指撤销行政许可所必须具备的法定理由。一般而言，行政许可在作出之时存有违法情形的，可以依法定程序撤销。此类违法情形表现为主体滥用职权、超越权限、内容违法、程序违法和形式瑕疵等。《行政许可法》第 69 条规定：“有下列情形之一的，作出行政许可决定的行政机关或者其上级行政机关，根据利害关系人的请求或者依据职权，可以撤销行政许可：①行政机关工作人员滥用职权、玩忽职守作出准予行政许可决定的；②超越法定职权作出准予行政许可决定的；③违反法定程序作出准予行政许可决定的；④对不具备申请资格或者不符合法定条件的申请人准予行政许可的；⑤依法可以撤销行政许可的其他情形。”

要注意：①撤销行政许可可能对公共利益造成重大损害的，不予撤销；②程序违法不是撤销行政许可的充分理由；③行政许可虽然违法但不可归责于行政许可相对人的，除非行政许可存续会给公共利益或第三人合法权益造成重大损害，否则，基于信赖利益保护原则，该行政许可不可撤销。若为保护公共利益或第三人的合法权益而必须撤销该行政许可时，行政主体必须对受害人的损失进行补偿。

3. 撤销程序

《行政许可法》中没有规定关于行政许可的撤销程序，参照我国行政争议解决机制，行政许可的撤销程序应注意三个方面：一是由作出行政许可决定的主体撤销其作出的行政许可的程序，撤销程序同许可程序；二是作出行政许可决定的行政主体的上一级行政主体主动依职权撤销行政许可的程序，包括立案、审查、作出决定等环节；三是行政复议和行政诉讼中对许可行为的撤销程序依据《行政复议法》和《行政诉讼法》的相关规定执行。

4. 撤销的法律效果

法定的国家机关作出的撤销行政许可决定的行为，无论是行政行为或司法行为，撤销行为一经作出立即生效，该被撤销的行政许可便丧失了法律效力，一般自始丧失效力。但是，也不排除在撤销行为生效之日起丧失法律效力，即以前已经发生的法律效果得以维持。这种情况主要是基于维护公共利益或私人合法权益的特别需要而由法定的撤销机关确定。

☞ 法条链接

《煤矿企业安全生产许可证实施办法》第 28 条

安全生产许可证颁发管理机关发现有下列情形之一的，应当撤销已经颁发的安全生产许可证：（一）超越职权颁发安全生产许可证的；（二）违反本实施办法规定的程序颁发安全生产许可证的；（三）不具备本实施办法规定的安全生产条件颁发安全生产许可证的；（四）以欺骗、贿赂等不正当手段取得安全生产许可证的。

（三）煤矿安全生产行政许可吊销、注销和终止的情形

1. 煤矿安全生产行政许可的吊销

行政许可的吊销，是指行政主体以行政许可的被许可人从事违法活动为由作出的、旨在剥夺被许可人基于行政许可而获得的某种权利或法律资格的行政行为。就本质而言，行政许可的吊销是行政主体针对被许可人作出的行政处罚行为，该行为的直接法律效果是导致原本有效存续的行政许可效力终止。

行政许可的吊销不同于行政许可的撤销：①撤销所针对的是一个已经生效但在成立之初就违法的行政许可，而吊销所针对的是合法有效的行政许可（因为被许可人在获取许可证之后从事了法律所禁止的行为，行政主体为了惩罚被许可人而吊销其合法取得的许可证或执照）。也就是说，如果被许可人在获取行政许可的过程中就有违法行为如欺诈、贿赂等，那该行政许可就属于典型的在成立时就存有违法情形的行为，该行为在行政主体作出行政许可之后发现的，就应当依法撤销被许可人的行政许可；②撤销行政许可的主体和程序是多元的，而吊销行政许可的主体只能是作出行政许可的行政主体，其程序应当遵循《行政处罚法》规定的相关程序。

根据《关于进一步加强煤矿安全生产许可证管理的通知》（煤安监监察〔2016〕17号），依法吊销安全生产许可证的情况包括：对被暂扣安全生产许可证后经整改仍不具备《实施办法》规定的安全生产条件的煤矿或地方人民政府决定关闭的煤矿，应吊销其安全生产许可证。发现已经取得安全生产许可证的煤矿不再具备安全生产许可证持证条件的，国家矿山监察局省级局应当责令其限期整改，依法暂扣安全生产许可证；经整改仍不具备《煤矿企业安全生产许可证实施办法》规定的安全生产条件的，依法吊销安全生产许可证。各级地方煤矿安全生产监管部门发现煤矿不再具备安全生产条件的，应及时向有关煤矿安全监察机构通报情况，并提出暂扣或吊销安全生产许可证的建议。

2. 煤矿安全生产行政许可的注销和终止

行政许可的注销会出现主体资格的注销和非主体资格的注销两种情况。若主体资格被注销，意味着在法律上主体资格的消亡，必然伴随主体相关权利及义务的转移、清算、丧失等问题。而其他非主体资格许可的注销，仅代表特定活动或资格的终止，主体资格并不会消失。

行政许可的终止，是指行政许可行为的效力终止，即被许可人因行政许可而获得的法律权利或法律资格因行政许可的终止而消灭。一般而言，导致行政许可终止的原因有如下八个方面：①行政许可的有效期限届满且被许可人没有申请延续；②作为被许可人的自然人死亡或作为被许可人的组织终止；③被许可人在法定期限内未依法行使权利或履行某种法定义务；④行政许可被依法撤销；⑤行政许可被依法废止；⑥行政许可证或执照被依法吊销；⑦因不可抗力导致行政许可事项无法实施；⑧法律法规规定的其他情形。

小贴士

行政许可注销和终止的区别与联系

一般认为，“行政许可的终止”会导致“注销”这一程序上的事实行为出现。如《行政许可法》第70条：“有下列情形之一的，行政机关应当依法办理有关行政许可的注销手续：①行政许可有效期届满未延续的；②赋予公民特定资格的行政许可，该公民死亡或者丧失行为能力的；③法人或者其他组织依法终止的；④行政许可依法被撤销、撤回，或者行政许可证件依法被吊销的；⑤因不可抗力导致行政许可事项无法实施的；⑥法律、法规规定的应当注销行政许可的其他情形。”

然而，注销并不是导致行政许可效力终止的法律行为（这一法律行为应是实体法上的法律行为）。因为行政许可的效力是否终止以及何时终止，直接涉及被许可人在法律上是否具有某种法律权利或法律资格；被许可人是否具有某种法律权利或法律资格，是判断被许可人所实施的具体行为是否合法的法定标准。一般而言，行政许可的效力终止于法定条件成熟之时，而不是许可证或执照的注销之时。例如：在因许可期限届满而未依法续展的情形下，行政许可效力终止的时间是许可期限届满之时，而不是注销之时；在被许可人死亡或组织终止的情形下，行政许可效力终止的时间是公民死亡之时或法人、其他组织终止之时，而不是注销之时；在行政许可被吊销、撤销或废止的情形下，行政许可效力的终止时间是吊销、撤销或废止行为生效之时，而不是注销之时等。

依据《煤矿企业安全生产许可证实施办法》第29条，取得安全生产许可证的煤矿企业有下列情形之一的，安全生产许可证颁发管理机关应当注销其安全生产许可证：①终止煤炭生产活动的；②安全生产许可证被依法撤销的；③安全生产许可证被依法吊销的；④安全生产许可证有效期满且未申请办理延期手续的。

在煤矿安全生产领域中，依法注销安全生产许可证的具体情形包括：各国家矿山监察局省级局依法对终止煤炭生产活动或安全生产许可证期满未申请办理延期手续的煤矿，应依法注销其安全生产许可证，并及时通告有关省级矿山安全生产监管、自然资源、工商管理等部门和煤矿所在地人民政府。注销安全生产许可证后，应及时向有关煤矿下达停止生产的指令，并书面通知公安、供电、地方煤矿安全生产监管等有关部门，采取停供火工品、限量供电、落实安全监管等措施。

四、煤矿安全生产行政许可事项的监督与救济

（一）煤矿安全生产行政许可的监督

根据《煤矿企业安全生产许可证实施办法》第 38 条、第 43 条规定，安全生产许可证颁发管理机关作为决定机关应加强对取得安全生产许可证的煤矿企业进行监督检查，当发现其不再具备本实施办法规定的安全生产条件的，应当责令限期整改，依法暂扣安全生产许可证；经整改仍不具备本实施办法规定的安全生产条件的，依法吊销安全生产许可证。除吊销许可证外的其他行政处罚，安全生产许可证颁发管理机关可以委托有关国家矿山安全监察局省级局实施行政处罚。

（二）相关主体承担的违法责任形式

依据法律规定，有三类主体在不同层面承担相应的法律责任：①实施机关的工作人员的法律责任；②监管机关应承担的责任；③承担行政许可相关服务和出具资料的机构应承担的法律责任。

1. 行政许可实施机关工作人员的违法责任形式

行政许可实施机关工作人员在行使行政职权的过程中没有依法履行职责，需要承担相应的法律责任。责任以过错为归责原则，责任形式包括行政处分和刑事责任。如《煤矿企业安全生产许可证实施办法》第 36 条，安全生产许可证颁发管理机关工作人员有下列行为之一的，给予降级或者撤职的处分；构成犯罪的，依法追究刑事责任：①向不符合本实施办法规定的安全生产条件的煤矿企业颁发安全生产许可证的；②发现煤矿企业未依法取得安全生产许可证、擅自从事生产活动不依法处理的；③发现取得安全生产许可证的煤矿企业不再具备本实施办法规定的安全生产条件不依法处理的；④接到对违反本实施办法规定行为的举报后不依法处理的；⑤在安全生产许可证颁发、管理和监督检查工作中，索取或者接受煤矿企业的财物，或者谋取其他利益的。

2. 行政许可监管主体的违法责任形式

行政许可的监管，是指有权机关对依法实施的行政许可事项进行了解、检查监督以及纠正的活动。行政许可的监管主体的法律责任，是指行政主体因其实施的行政许可监管行为违反行政许可监管法律关系的义务，构成行政违法或行政不当，致使国家、社会或公民的利益受到损害而承担的否定性法律后果。

有权主体在内部和外部监管的过程中会出现作为的监管违法行为和不作为的监管违法行为两类情况。

一是监管作为时存在的违法行为，即行政监管行为虽然履行了监管职责，但其履行的职责不符合法律规定的情形，如超越管辖权，超越管辖权又包括超越法定的事项管辖权、超越法定的地域管辖权、超越法定的级别管辖权几个不同的情况。如行政许可监管机关超越权限进行监管、代替下级机关实施行政许可；行政机关对于不属于自己职权范围内的行政许可事项作出监管决定；法律法规授权的组织超越授权范围作出行政许可监管决定；受

委托的行政机关超越委托范围作出行政许可决定等。另外还包括监管内容违法、监管程序违法、违反廉政规定等情形。

基于监管作为中的违法行为，行政许可监管主体对积极违法行为的责任承担形式主要有以下四种：①补正责任，监管行为的程序不当未必构成撤销的理由，行为人对轻微的程序违法可以进行补正，或者有权机关要求行为人进行纠正；②停止违法的监管行为，这里指行政主体的违法监管行为具有继续性的情形下，应当停止违法监管；③撤销违法的行政行为，如果监管行为严重违法，如在监管过程中违法撤销或中止符合法定条件的行政许可，则要通过撤销监管行为来恢复许可实施的状态；④行政赔偿，是指国家行政机关及其工作人员在行政许可的监管过程中侵犯公民、法人、其他组织的合法权益并造成损害的，依照《中华人民共和国国家赔偿法》的规定对受害人予以赔偿，如行政许可监管主体违法撤销、中止行政许可。

二是监管不作为时存在的违法行为，即行政主体及行政机关应履行职权的工作人员在监管过程中不依法履行监管责任，或在监管中发现问题不及时处理、不依法予以处理的行为。如因不依法履行监管职责，而未发现取得行政许可的行政相对人已不再具备行政许可条件，或发现后仍不撤销原行政许可，造成严重后果的。此外，即使被许可人符合《行政许可法》规定的条件，但在实施行政许可事项的行为中变更或放弃法定条件，造成危害后果的，行政许可实施行政机关不履行对被许可人的监督检查职责也应承担责任。

基于行政许可不作为而产生这类消极违法行为的责任承担形式主要为履行职责，即当行政许可监管主体不履行或者拖延时效而构成违法时，有权机关则会要求其依法履行其法定职责。目前，行政许可责任制度中对于上级行政机关的监管责任的规定较少，有关部门或地方规章中主要以领导责任或替代责任存在。如《国务院关于特大安全事故行政责任追究的规定》中规定，要求地方人民政府主要领导人和政府有关部门正职负责人依法承担相关特大安全事故的监管责任；再如《山东省行政许可过错责任追究办法》第 13 条规定："上级行政机关改变下级行政机关作出行政许可决定，导致行政许可过错后果发生的，上级行政机关负责人应负直接负责的主管人员责任。"

3. 承担行政许可相关服务和出具资料的机构违法责任形式

《煤矿企业安全生产许可证实施办法》第 37 条，承担安全评价、检测、检验工作的机构，出具虚假安全评价、检测、检验报告或者证明的，没收违法所得；违法所得在 10 万元以上的，并处违法所得 2 倍以上 5 倍以下的罚款，没有违法所得或者违法所得不足 10 万元的，单处或者并处 10 万元以上 20 万元以下的罚款，对其直接负责的主管人员和其他直接责任人员处 2 万元以上 5 万元以下的罚款；给他人造成损害的，与煤矿企业承担连带赔偿责任；构成犯罪的，依照刑法有关规定追究刑事责任。对有前款违法行为的机构，依法吊销其相应资质。

（三）行政相对人救济的途径

煤矿安全生产监察人员应当依法履行安全监察职责。任何单位和个人对煤矿安全监察机构及其煤矿安全生产监察人员的违法违纪行为，有权向上级煤矿安全监察机构或者有关机关检举和控告。

对行政许可颁发机关作出的行政许可决定不服的，可以通过以下两个法律途径申请救济。

1. 提起行政复议

公民、法人或者其他组织“认为符合法定条件，申请行政机关颁发许可证、执照、资质证或资格证等证书，或者申请行政机关审批、登记有关事项，行政机关没有依法办理的”，可以申请行政复议。根据《行政复议法》的规定，行政复议申请人应自知道行政机关的行政行为侵犯其合法权益之日起60日内向行政复议机关提出行政复议申请。因不可抗力或其他正当理由耽误法定申请期限的，申请期限自障碍消除之日起继续计算。

2. 提起行政诉讼

公民、法人和其他组织对于“认为符合法定条件申请行政机关颁发许可证和执照，行政机关拒绝颁发或者不予答复”不服而提起的诉讼，人民法院应当予以受理。

根据《行政诉讼法》的规定，公民、法人或者其他组织认为行使国家行政权的机关和组织及其工作人员所实施的行政行为，侵犯了其合法权利，应当在知道相关人员作出行政行为之日起六个月内向人民法院提出。

第二节 煤矿安全生产行政许可的设定

一、煤矿行政许可设定的基本原则

行政许可设定的基本原则，是指贯穿行政许可设定的始终，并对有权机关通过立法设定行政许可具有普遍规制作用的根本法律准则。根据《行政许可法》第11条的规定，行政许可应当遵循的基本原则包含以下四个方面。

（一）法定原则

法定原则是行政法治原则在行政许可领域的具体体现。法定原则，是指有权主体设定行政许可必须按照法定的权限和程序来进行，即行政许可的设定必须是法定有权主体在法定事项和范围内依据法定程序进行的。

法定原则包含以下两个方面的内容：一是设定权主体法定，即有权设定行政许可的国家机关必须有法律的明确规定。根据《行政许可法》的有关规定，依法享有行政许可设定权的主体具体包括：全国人大及其常委会可以通过法律设定行政许可、国务院可以在法定权限范围内通过行政法规或者发布决定的方式设定行政许可、地方性法规的制定主体（包括省级人大及其常委会以及设区的市人大及其常委会）可以在法定权限范围内通过地方性法规设定行政许可，以及省级政府可以在法定权限范围内通过省级政府规章设定临时行政许可；二是对有权主体设定权限的法定，有权主体依据法律法规享有设定权不代表其可以随意设定行政许可，设定行政许可的具体事项、设定行政许可时应当遵守的程序规则等问题都必须严格遵守法律的明文规定。按照法律规定，只要超出其法定权限设定的行政许可，一律无效。

（二）符合经济和社会发展规律的原则

行政许可作为现代政府干预经济和社会发展的重要管理手段，理应遵循经济和社会发展规律的基本要求，这是行政许可能够发挥其预期功能的基础和前提。我国当前正处于社会发展的转型期，社会主义市场经济体制还需要进一步完善，国家制度的设计既要满足市场经济规律要求，使得市场在资源配置方面发挥基础作用，充分发挥市场机制的调节和决定的功能，让市场的竞争和价值规定去决定更多，又要充分考虑到如果单纯地依靠市场配置资源就有可能会失灵或者导致资源配置的低效率，比如在自然垄断行业、限量资源的开发利用、资源配置的严重不公、滋生腐败等，行政许可这类国家通过法律设计的制度性安排对配置资源就成为一种必要的补充。总之，行政许可设定必须以市场机制和社会自治优先为根本准则，合理把握政府和市场、政府和社会的界限，确保政府通过行政许可方式干预经济和社会管理，只有当行政许可能够发挥作用，并且比其他规制方式能够更加有效发挥作用的领域才能使用。

（三）发挥公民、法人和其他组织的积极性、主动性的原则

设定行政许可，必须综合权衡公共利益与公民的权利和自由之间的关系，某些事项是否需要设定行政许可，很大程度上取决于该事项能否由公民、法人或者其他组织自主决定：如果当事人通过某些现有的规则，已能平衡相互的利益冲突，就完全没有必要设定行政许可。

基于此，发挥公民等积极性、主动性的原则包含以下两个方面的内容：一是立法机关在法定权限范围内授予行政机关管理社会和经济的手段时，行政许可应当置于非优先考虑的位置，设定行政许可应当仅仅发生于其他规制手段无法发生作用而又不得不使用行政许可的领域。如果必须要设定许可的，应尽可能地将行政许可限制在最小的范围、最低的程度内，以防止行政许可成为行政机关得以遏制甚至剥夺公民和组织基本权利和自由的合法工具；二是鉴于设定许可是在实体法层面对公民和组织的权利和自由的一种禁止，为了最大限度地保护公民和组织的合法权益不受行政权力的侵害，在设定行政许可的同时就应当考虑赋予公民和组织其他方面的权利作为弥补，如赋予其更为充分的程序性权利以及救济性权利等。比如，我国《行政许可法》第19条有关设定许可时听取意见程序的规定，就是在立法上直接赋予了公民和组织参与行政许可立法的一种程序性权利。

（四）维护公共利益和社会秩序，促进经济、社会和生态环境协调发展的原则

“维护公共利益和社会秩序，促进经济、社会和生态环境协调发展”是行政许可的功能与目标。行政许可作为政府参与经济和社会管理的重要手段，理应将这两个目标作为同一目的实现，这是确保行政许可设定符合我国社会主义市场经济发展基本要求的逻辑基础。在我国当前市场经济体制尚不完善的背景之下，政府通过行政许可的方式参与资源配置和控制危险，这是一种非常必要的补充和矫正手段，更是提高资源的利用率，形成良好的社会经济秩序，最终促进经济、社会和生态环境协调发展的最优路径。

二、行政许可设定中有关的程序问题

程序正当是实现行政控权的重要手段。《行政许可法》引入对行政许可立法程序的控制机制，是《行政许可法》设定权制度的一大特色。为防止政府权力的过度扩张、对市场和社会存在不当干预，行政许可的设定应保持在合理适度的范围内，因此，法律对限制或禁止相对人准入这一事项的态度是非常谨慎的。设定行政许可是行政许可的重要问题。立法设计上，《行政许可法》已经从实体做到对许可设定权的全方位规制，其涵盖内容包括立法的事项范围（许可事项的范围）、立法的种类及其具体权限、立法的具体内容及其限制等方面。同时，通过程序正当来弥补难以从实体方面对公权力进行彻底规制的不足，从而更为有效地实现对许可设定权的规制。

由于行政许可设定是通过行政立法的方式实现的，设定行政许可的程序应当首先遵守《中华人民共和国宪法》《中华人民共和国立法法》等相关法律规范对立法程序的基本要求。法律设定行政许可应当遵守法律制定程序的基本要求，行政法规设定行政许可应当遵循行政法规制定程序；省级政府规章设定行政许可，也应当遵循相应的规章制定程序。通过《行政许可法》的现有规定，我们发现行政许可应当遵循的一系列相关程序，具体表现在以下四个方面。

（一）听取意见、说明理由制度

扩大立法的参与度是实现科学立法、民主立法的重要途径。为了确保行政许可设定的正当性，增强行政许可立法的社会认同度，《行政许可法》在《中华人民共和国立法法》所规定的听取意见制度、草案说明制度的基础上，专门对设定行政许可的立法行为提出了两项新的程序义务要求，即行政许可设定前的听取意见制度以及设定行政许可的说明理由制度。

1. 行政许可设定前的听取意见制度

设定行政许可是国家通过立法方式创设相应准入性条件对公民和组织合法权利领域的合法限制。这一限制性行为可能会涉及公共利益，起草机关应当充分听取各利益方的意见反馈，以确保立法草案能够反映广大人民群众的意志和利益。为了在立法层面确保各相关利益方在起草阶段的有效参与，《行政许可法》对设定行政许可前的听取意见制度作了明确规定，包括以下三个方面的要求：①听取意见是行政机关的法定义务，听取意见的确定主体主要是指负责行政许可立法的起草机关，具体包括法律、行政法规、地方性法规以及规章的起草机关；②起草机关必须在立法起草阶段，即在拟设定行政许可之时、设定行政许可之前履行听取意见；③应提供多种方式为各利益相关方提供充分的表达意见的机会，实践中具体的形式包括听证会、论证会、座谈会等。

2. 设定行政许可的说明理由制度

说明理由制度是行政许可立法过程中起草机关向制定机关说明设定行政许可的必要性、可行性，以取得社会共识，获得行政许可设定正当化的渠道。根据《行政许可法》第 19 条规定，设定行政许可时的说明理由制度主要包含两个方面的内容：一是对设定行政许可必要性的说明，必须充分地说明相关理由，表明此项立法创制所涉事项依靠现有的市场机制和社会组织的力量已经无法解决，必须由政府予以干预，行政许可方式的适用具有不可替代性；二是对设定行政许可正当性的说明，正当性说明是对涉及许可立法的成本效益进行分析，即采用行政许可方式对经济和社会产生的影响上，应当满足收益大、成本低的基本要求。设定行政许可的说明理由制度，对于有效预防滥用、乱设许可的立法行为也具有重要意义。

（二）行政许可定期评价制度

科学立法要求对立法后的项目进行定期的评估。行政许可定期评价制度是实现科学立法的重要方面，只有将“立”“改”“废”三者相统一才能确保一项法律规范能够跟得上社会现实。政府参与经济应当随着其所依赖的经济、社会环境的变化而作出与时俱进的调整，相应地，对行政许可存在的正当性和必然性的认识就不能只是静态的。行政许可自设定之日起，其所依赖的经济社会环境可能就已经发生变化，继续保留行政许可也许就变得不再必要，相应地就需要对已经设定的行政许可作出相应的修改、废止，以使法律制度紧跟社会现实。因此，对已经设定的行政许可事项应当进行定期清理，在此基础上对行政许可事项作出评价，再决定是否予以保留、取消或者修改。

行政许可定期评价制度的评价主体并非纯粹的行政许可的实施主体或原有的立法机关，也不是某个机关的主观判断，而是专门机关评价与社会评价相结合的综合评价体系。根据《行政许可法》第 20 条规定，行政许可定期评价制度具体包括以下三个方面的内容：一是关于评价主体。评价主体包括行政许可的设定机关，行政许可的实施机关，以及公民、法人或者其他组织。但是承担法定义务的机关是设定机关。设定机关对其自身立法后的评价构成设定机关的法定义务，而行政许可实施机关、公民和组织对许可立法的评价是此类主体的一项权利。二是关于评价的内容。减少许可、放松管制是《行政许可法》立法时的基本指导思想，故有权主体应当从继续设定行政许可的必要性和正当性角度作出相应的判断。对于设定机关来说，应围绕所涉许可事项是否通过《行政许可法》第 13 条所列方式能够解决作出评价；对于实施机关来说，其评价内容主要关涉已设定的行政许可的实施情况及存在的必要性问题，公民、法人和组织既可以对许可设定也可以对许可设定后的实施问题表达自己的意见和建议。三是关于评价的后续处理问题，如果设定机关认为所涉许可事项通过《行政许可法》第 13 条所列方式能够解决的，就应当对许可规定及时予以修改或者废止。对于实施机关来说，只需要将其评价后形成的意见报告上报给设定机关即可；而对于公民、法人和组织而言，其对所涉许可事项所形成的意见和建议，则既可以向许可设定机关提出也可以向许可实施机关表达。

小贴士

发展中的煤炭生产许可证

1.《国家发展改革委关于转变职能改进和加强煤炭生产运行管理工作的通知》（发改运行〔2014〕36 号）

取消煤炭生产许可制度，是转变政府职能、创新行政管理方式的重要举措，是简政放权、建设服务型政府的具体行动，是从事前审批向事中事后监管转变的客观要求。各级煤炭管理部门和各煤炭企业要充分认识中央决策部署的重要意义，转变观念，适应新形势的要求，把该放的权坚决放开放到位、把该管的事务管住管好，着力加强事中事后监管，切实提高煤炭管理科学化水平。

（一）自《煤炭生产许可证管理办法》废止之日起，煤矿持有的煤炭生产许可证一律作废，不再作为煤矿企业从事煤炭生产和其他经济活动的法律凭证，以及行政许可的前置条件。

（二）各级煤炭管理部门不得以任何理由发放煤炭生产许可证，不得进行涉及煤炭生产许可的相关活动。对过渡期间证照衔接中出现的问题，要本着实事求是、依法依规、服务企业的原则，予以妥善处理。

2. 依据《全国人民代表大会常务委员会关于修改〈中华人民共和国节约能源法〉等六部法律的决定》(2016 年 7 月 2 日第十二届全国人民代表大会常务委员会第二十一次会议通过)，行政许可事项目录存在如下调整。

(1) 删除“新建、扩建、改建建设项目和技术改造、技术引进项目职业病危害预评价报告审核”，项目编码：29008。

(2) 删除“职业病危害严重的建设项目（不含医疗机构）的防护设施设计审查、建设项目职业病防护设施竣工验收”，项目编码：29009。

（三）附条件停止实施制度

《行政许可法》已经建立了许可立法后的定期评价制度，为不必要的行政许可的事后修改和废止提供了立法上的保障。但是从实践考虑，行政许可设定机关或行政许可实施机关对停止实施行政许可也是持保留和谨慎的态度。为了适应不同地区经济发展程度的不同而带来的法律上的调整和适用，《行政许可法》第 21 条专门针对行政法规所设定的有关经济事务的行政许可，允许特定条件下的停止实施制度，即“省、自治区、直辖市人民政府对行政法规设定的有关经济事务的行政许可，根据本行政区域经济和社会发展情况，认为通过本法第 13 条所列方式能够解决的，报国务院批准后，可以在本行政区域内停止实施该行政许可”。这一制度是对行政许可评价制度效力层面的强化。

（四）违反行政许可设定程序的后果

程序和公开是规范权力运行的有效工具，也是行政许可的设定要求。从广义上来讲，设定行政许可应满足两个层面的程序要求：一是各类法律法规及规章对行政许可设定的一般性程序要求；二是满足《行政许可法》第 19 条规定的对行政许可设定程序的公开要求，即行政机关在设定行政许可时应当通过召开听证会、论证会等各种形式听取意见并向制定机关说明设定该行政许可的必要性、对经济和社会产生的影响以及听取和采纳意见的情况。

行政机关不得自行设立或实施任何行政许可，未经法律授权的任何许可行为，都是违法行为。因此，行政机关及其工作人员凡违反行政许可法规定设定许可的，即本无设定行政许可权限而设定许可或者直接实施未经法律授权的行政许可，应当承担相应的法律责任。若是在行政行为程序上存在重大明显违法行为或极不正当行为，违反最低限度的程序规定，会导致行政许可的设定无效。

三、地方性法规和规章对行政许可的设定权限

（一）地方性法规的设定权

依据《行政许可法》规定，只有法律、行政法规、国务院（发布决定）、地方性法规以及省级地方政府规章可以设定行政许可，除此之外，国务院部门规章以及依法不享有规章制定权的地方人民政府和其他机关的规范性文件一律不得设定行政许可，违反许可设定权限而实施的设定行为无效。

根据《行政许可法》第 15 条、第 16 条，法律，行政法规，地方性法规，省、自治

区、直辖市人民政府规章分别拥有不同程度和不同时限的行政许可设定权，对本机关无权设定行政许可的事项或到期应提请有关机关制定许可的事项不得随意为之。同时，法规、规章在对行政许可作出具体规定时不得擅自增设行政许可的内容或条件以变相增设行政许可。

需要注意的是，地方性法规设定行政许可只能基于上位法（法律和行政法规）尚未设定行政许可之时，地方性法规有权以《行政许可法》第 12 条和第 13 条为依据考虑所涉事项设定行政许可的必要性问题；如果法律或者行政法规已经对所涉事项设定行政许可的，地方性法规无权再行设定新的行政许可，而只能对实施法律或者行政法规设定的行政许可作出具体规定，此时地方性法规既不得增设行政许可，也不得增设违反上位法（法律或行政法规）已经规定的其他条件。

（二）政府规章设定行政许可权限

《行政许可法》对地方政府规章也进行了授权，由此地方政府规章具有一定权限范围内的许可设定权。

依据《中华人民共和国立法法》的规定，规章包括部门规章和地方政府规章两类，其中地方政府规章又包括省级政府规章（具体包括省、自治区、直辖市人民政府规章）以及较大的市级人民政府规章（具体包括省、自治区人民政府所在地的市级人民政府规章、经国务院批准的较大的市级人民政府规章以及经济特区所在地的市级人民政府规章）、设区的市的地方政府规章。《行政许可法》在立法时明确将许可设定的权限限定在规章中的“省级政府规章”，说明规章设定行政许可的权限在立法时是经过严格考量的。

从我国行政权的分配来看，行政权的分配和行使主要还是通过各级政府完成，地方政府负责对本地方的行政事务进行统筹考量，各级政府部门的职能部门负责具体的实施，因此，有条件有范围地限制运用立法手段设定行政许可也可以防止权力滥用；从立法的公正原则来看，行政许可的设定权与实施权应当适当分离，防止行政机关从自身利益出发，通过设定行政许可为权力寻租，应体现出秉持减少许可，放松政府管制，尽量给予公民和组织以更多自由的指导思想。《行政许可法》规定，对于可以设定行政许可的事项，尚未制定法律、行政法规、地方性法规的，因行政管理需要，确需立即实施行政许可的，省、自治区、直辖市人民政府规章可以设定临时性的行政许可。临时性的行政许可实施满一年需要继续实施的，应当提请本级人民代表大会及其常务委员会制定地方性法规。

规章的许可设定权限问题在行政许可立法的过程中即有争议。尽管《行政许可法》授予省级政府规章设定行政许可的权力，为了尽量减少因行政机关自我设定行政许可而可能带来的权力的滥用和违法行为，《行政许可法》又对省级政府规章设定行政许可的权力进行了严格的限制，主要体现为以下四个方面。

1. 关于许可设定权主体范围的限制

允许以规章的形式设定行政许可的主体法定，即只有省级（省、自治区、直辖市）人民政府有权限。

2. 关于设定许可事项范围的限制

鉴于省级政府规章与地方性法规均可划归为地方立法范畴，而设定许可事项范围主要是由中央与地方立法关系决定的，《行政许可法》对于省级政府规章与地方性法规在设定许可事项范围的规定上是一致的，即与地方性法规相同，省级政府规章可以设定的许可事项非常有限，只能局限于《行政许可法》第12条第1款至第5款所确定的法定五种事项范围内设定许可，并不得突破其限制，同时，省级政府规章不得设定应当由国家统一确定的三类许可，具体内容可以参见前文有关地方性法规设定许可事项范围的分析。

3. 关于许可性质的限制

《行政许可法》在授予省级政府规章设定行政许可权力的同时，又对省级政府规章能够设定的许可性质作出明确的限制性的规定，即省级政府规章在法定权限范围内仅能设定临时性许可，该临时性许可还要受到特定时限（一年）的限制，如果省级政府规章设定的临时性行政许可实施满一年需要继续实施的，应当提请本级人民代表大会及其常务委员会制定地方性法规。

4. 关于设定许可的条件

省级政府规章设定行政许可限于“如果所涉事项尚未制定法律、行政法规和地方性法规的，因行政管理的需要，确需立即实施行政许可的，省、自治区、直辖市人民政府规章可以设定临时性的行政许可”。地方政府规章的设定权仅限于法律、行政法规和地方性法规尚未设定行政许可之时，而且必须同时满足时间紧迫性的要求（因情况紧急来不及制定地方性法规的），此时省级政府规章才有权以《行政许可法》第12条和第13条作为依据来具体衡量所涉事项立法的必要性问题；如果上位法（法律、行政法规或者地方性法规）已经对所涉事项设定行政许可的，此时省级政府规章无权再行设定新的行政许可，而只能在实施上位法设定的行政许可范围内作出具体规定，既不得增设行政许可，也不得增设违反上位法已经规定的其他条件。

四、无效的行政许可及法律责任

无效行政行为是指已经成立了的行政行为由于重大、明显违法而不具有公定力，从而自始、当然、确定不发生法律效力的行政行为。无效的行政许可一般基于下列三种情况。

（一）超越上位法规定的行政许可

与设定权不同，行政许可的规定权，是指在上位法已经设定行政许可的情况下，下位法只能以上位法为依据，在法定权限内作出细化规定，而无权创设新的行政许可。可见，行政许可的规定权体现了法律优位原则的基本要求，对于维护整个法律体系的和谐统一意义重大。《行政许可法》第16条对行政许可规定权作出明确规定，包括以下三个方面的内容。

1. 行政许可规定权的种类（表2）

行政许可规定权的种类，是指能够在上位法的基础上对行政许可做出具体规定的法律规范的种类。《行政许可法》已经明确规定，只要是规章以上的法律规范都可以在法定权限范围内对行政许可作出具体规定，具体包括：①行政法规可以对法律作出具体规定；②国务院决定可以在特殊情况下对法律作出具体规定；③地方性法规可以对法律、行政法规作出具体规定；④行政规章可以在特殊情况下对法律行政法规和地方性法规，在法定权限范围内对实施行政许可作出细化规定。

表2 行政许可规定权的种类

<table>
<tr><th>法定权限</th><th>创设经常性许可</th><th>创设非经常性许可（包括临时性许可）</th><th>制定具体规定</th><th>禁止设定许可</th></tr>
<tr><td>法律</td><td>可以设定行政许可，而且能够突破《行政许可法》第12条法定五种事项限制</td><td>无此情况</td><td>无此情况</td><td rowspan="2">中央立法无特殊性</td></tr>
<tr><td>行政法规</td><td>尚未制定法律的，行政法规可以设定行政许可，而且也可以突破《行政许可法》第12条法定五种事项限制</td><td>临时性许可以及非临时性许可以外的非经常性许可，但要注意非临时性许可应及时提请全国人大及其常委会立法或自行制定行政法规</td><td>行政法规、地方性法规、行政规章（包括部门规章和地方政府规章）可在上位法范围内作出具体规定，但不得增设违反上位法的其他条件</td></tr>
<tr><td>地方性法规</td><td>尚未制定法律、行政法规的，地方性法规可以设定行政许可，但不得突破《行政许可法》第12条法定五种事项限制</td><td>无此情况</td><td>无此情况</td><td rowspan="2">①不得设定必须由国家统一确定资格资质的许可；②不得设定企业或其他组织的设立登记及其前置性许可；③设定的许可不得限制外地生产、经营、服务、商品进入的许可（《行政许可法》第15条第二款）</td></tr>
<tr><td>省级地方规章</td><td>不得设定行政许可</td><td>上位法未创设许可的，必要时省级政府规章可以创设临时性许可；该许可实施满一年需要继续实施的，应当提请本级人大及其常委会制定地方性法规</td><td>无此情况</td></tr>
<tr><td>其他</td><td colspan="4">其他规范性文件一律不得设定行政许可</td></tr>
</table>

享有行政许可规定权的法律规范的种类要远大于享有许可设定权的法律规范的种类，其区别主要体现在行政规章层面，行政规章包括部门规章和地方政府规章两种，而享有行政许可设定权的规章只有省级政府规章一种。

2. 行政许可规定权的内容

上位法设定行政许可时，往往规定得比较笼统。具体到各地经济和社会发展情况往往差别很大，为了增强法律的可操作性和对实践的指导作用，需要借助下位法的具体规定来实现。在上位法已经对所涉事项设定行政许可的，下位法只能以上位法为依据，为实施上位法所需要的条件、程序等方面作出细化规定，而不得越权创设新的行政许可，即不得给公民和组织设置新的权利义务关系。所谓不得越权创设新的行政许可，根据《行政许可法》第16条规定可知，具体包含两个方面内容，且必须同时满足：①下位法不得增设行政许可，是指上位法已经对公民和组织的某项活动设置事前禁止的，下位法不得再行设置新的事前禁止；②下位法不得增设违反上位法的其他条件，是指下位法为增设上位法的可操作性作出具体规定时，不得在上位法已经设置的许可条件基础上再行增加新的条件。

（二）超越法定权限设定许可的法律责任

行政许可的设定是国家机关依照法定权限和法定程序创设行政许可规范、领域以及具体类型的活动，科学合理的行政许可的设定是行政效率与社会活力间达到基本平衡的关键因素。《中华人民共和国立法法》《行政许可法》以及某些单行法律规范对行政许可的事项范围、许可主体及权限、程序等皆作了严格的规定，违反此类规定即产生设定许可的法律责任。

超越法定权限设定行政许可包括两种情形。一是无行政许可设定权的主体行使了许可设定权。《行政许可法》规定，只有法律、行政法规、国务院决定、地方性法规以及省级地方政府规章可以设定行政许可，除此之外，国务院部门规章以及依法不享有规章制定权的地方人民政府和其他机关的规范性文件一律不得设定行政许可，违反许可设定权限而实施的设定行为无效。二是拥有行政许可设定权的主体超越职权范围设定许可。原则上讲，由于行政许可行为是对公民自由一定程度的限制，许可的设定权应集中于较高位阶的国家机关行使。根据《行政许可法》第 15 条与第 16 条的规定，法律、行政法规、地方性法规、省级政府规章分别拥有不同程度和不同时限的行政许可设定权，对本机关无权设定行政许可的事项或到期应提请有关机关制定许可的事项不得随意为之。

（三）超越许可事项范围的法律后果

根据《行政许可法》第 12 条、第 13 条的规定，行政许可的设定范围和种类基本可以明确，并以此划定了公权力干预的范围，尤其是对第 13 条中明确规定可以不设定许可的事项应尽量交由社会和市场进行自主管理和控制，防止行政许可过于泛滥、市场活力不足等情形出现。同时，行政许可的设定范围是一个动态的过程，对于已经设定的许可事项，若因客观事实及条件发生变化能够通过第 13 条规定的方式或其他办法较好解决的则应及时清理。

第三节 煤矿安全生产行政许可的实施机关

一、行政许可的实施机关概述

（一）行政许可实施

行政许可的实施从广义上看，可以有两个方面的理解：一是指依法享有行政许可实施权的行政机关或法律法规授权组织以及受委托行使许可实施权的行政机关赋予特定相对人行为自由或配置公共资源的过程，表现为公权力在行政许可活动中对市场的介入，是行政许可法律关系建立的阶段；二是指特定相对人被赋予的资质和权益被实现的阶段，即获得许可后行政主体与相对人行政许可法律关系在经济生活中的实际运行。

（二）行政许可实施机关的法定性

《行政许可法》就行政许可的实施机关作出了若干有针对性的创新规定，规范和明确了行政许可的实施主体及其权限。

行政许可机关实施行政许可，原则上应当以本机关的名义作出。行政相对人申请许可，只要向行政机关递交申请，接受行政处理决定即可。

《行政许可法》第26条规定，行政许可依法由地方人民政府两个以上部门分别实施时，本级人民政府可以确定一个部门受理行政许可申请并转告有关部门分别提出意见后统一办理，或者组织有关部门联合办理、集中办理。例如，采取“一站式”审批方式，使各审批环节衔接更加紧密，有助于减少审批手续，减少部门之间推诿扯皮现象，方便申请人办理行政许可事项，提高工作效率。行政许可需要行政机关内设的多个机构办理的，该行政机关应当确定一个机构统一受理行政许可申请，统一送达行政许可决定。

二、煤矿安全生产行政许可的实施主体

根据《行政许可法》的规定，行政许可的实施机关主要有四类：行政机关、被授权组织、受委托行政机关及联合许可机关。

许可下放改革前，煤矿安全生产许可证原来均是由煤矿安全监察局颁发和管理。国家矿山安全监察局负责中央管理的煤矿企业总部（总公司、集团公司）安全生产许可证的颁发和管理；省级矿山安全监察局负责除前款规定以外的其他煤矿企业安全生产许可证的颁发和管理。省级煤矿安全监管部门只承担监管的职责。

从职能角度划分，实施煤矿安全生产许可的行政机关主要有两类，一是国家矿山安全监察局，二是煤矿安全监察机构。

从许可的类别上看，一是煤矿企业取得安全生产许可证的实施主体。二是煤层气地面开采企业安全生产许可证的实施主体。三是建设项目三同时类许可项目的实施主体。

许可下放改革后，煤矿安全监察局将不再负责安全生产许可证的颁发和管理，均由各省级煤矿安全监管部门承担。2021年，为贯彻《中共中央国务院关于推进安全生产领域改革发展的意见》，落实《国家矿山安全监察局职能配置、内设机构和人员编制规定》改革要求，按照《国务院关于深化“证照分离”改革进一步激发市场主体发展活力的通知》工作部署，将煤矿安全生产许可事项移交至省级煤矿安全监管部门承担；如原属于国家煤监局的特种作业人员（含煤矿矿井使用的特种设备作业人员）操作资格考核发证工作，交给地方政府有关部门承担。按照《煤矿企业安全生产许可证实施办法》，安全生产许可证的颁发管理工作实行企业申请、两级发证、属地监管的原则。

（一）行政机关

《行政许可法》第22条规定：“行政许可由具有行政许可权的行政机关在其法定职权范围内实施。”行政机关实施行政许可，必须符合以下条件。

1. 必须是履行外部行政管理职能的行政机关

行政机关作为代表国家行使国家行政权、组织和管理国家行政事务的机关，其所承担的国家管理职能大致可分为两类：一类是外部管理职能，对社会上的个人或组织实施管理；另一类是内部管理职能，基于行政隶属关系对行政机关内部的人员或事务实施管理。行政许可是一种外部行为，是对处于被管理方的公民、法人或其他组织提出的许可申请进行审查并决定是否准许的活动。这一特征决定了行政许可实施机关必须是承担外部行政管理职能的行政机关。

2. 必须有法律、法规明确授予其一定的行政许可权

负有外部行政管理职能的行政机关依宪法或组织法的规定而享有外部行政管理权，但

这并不意味着它当然地享有行政许可权。行政许可权的获得还需由法律、法规另行作出授权规定。未经法律、法规的明确授权，外部行政机关不得成为行政许可的主体，不得实施行政许可。在这种未授予行政许可权的情况下，外部行政机关只是国家行政管理主体而不是行政许可的实施主体。

3. 法律授予的行政许可职权应小于或等于其外部行政管理职能及范围

法律授予的行政许可职权应小于或等于其外部行政管理职能及范围，是指实施许可的机关应与其外部管理领域相一致，如对于市场监督管理部门授予其许可权只能授予市场监督管理领域的行政许可权，而不能授予其他部门管理领域如卫生、物价等领域的行政许可权；许可权限的大小应与行政管理权限的划分相一致，如县级行政机关不应被授予省级行政机关的行政许可职权。

目前，我国具有行政许可主体资格和法律地位的行政机关主要有：国务院、国务院各部委、国务院直属机构、国务院部委归口管理的国家局、县级以上地方各级人民政府、地方人民政府的派出机关和地方各级人民政府的职能部门。

另外，《行政许可法》第 25 条规定，经国务院批准，省、自治区、直辖市人民政府根据精简、统一、效能的原则，可以设定一个行政机关行使有关行政机关的行政许可权。这一创设性的规定可以使权责相统一，减少了职能部门之间的利益冲突，更加方便了申请人行使申请权利，提高了行政效率。行政许可的专职机关必须由省、自治区、直辖市人民政府根据精简、统一、效能的原则设立，报请国务院批准，以此决定由一个行政机关统一行使该地区的行政许可权。

如果行政许可需要行政机关内设的多个机构办理，该行政机关应当确定一个机构统一受理行政许可申请，统一送达行政许可决定。

小贴士

煤矿安全生产许可事项移交省级煤矿安全监察部门承担

2021 年 6 月 17 日，国家矿山安全监察局综合司印发《关于开展煤矿安全生产许可事项移交工作的通知》（矿安综〔2021〕33 号）（下称《通知》）。

《通知》要求，将煤矿安全监察机构承担的煤矿生产企业安全生产许可证颁发管理工作，移交至各省级煤矿安全监管部门承担。将实现煤矿安全监察机构“放得下、交得清”、煤矿安全监管部门“接得住、管得好”，确保移交前后审查标准不降、监管监察有力、安全生产形势平稳。

（二）被授权组织

被授权组织是指因法律、法规授权而获得行政许可主体资格的行政机关以外的具有管理公共事务职能的社会组织。社会组织一旦获得法定授权即可以成为行政许可的主体，能在法律授权范围内行使一定的行政许可权。《行政许可法》第 23 条规定：“法律、法规授权的具有管理公共事务职能的组织，在法定授权范围内，以自己的名义实施行政许可。被授权的组织适用本法有关行政机关的规定。”

社会组织成为行政许可的主体必须具备一定的条件，这些条件既包括授权的合法、有效性条件，又包括被授权组织自身所必须具备的条件，否则被授权组织就不能取得行政许可的主体资格。

1. 授权条件

授权必须符合法定的条件和要求才具有法律效力，否则授权就不为法律所认可，被授权组织行使职权就不具有合法性。行政许可权的授权，相对于一般的行政管理职权授权而言，会有一定的特殊性。一项合法、有效的许可授权，须同时具备下列条件：一是必须有法律、法规的明文授权规定，或者是法律、法规直接将一定的行政许可权授予某个社会组织（或不享有外部职能的行政机关）或者是有法律、法规关于授权的规定，有关行政机关依据授权规定而作出授权，将法律赋予其行使的行政许可权授予有关组织或其所属机构；二是必须由有权作出授权的主体予以授权。有权授予一定行政许可权的主体包括法律、法规的制定机关和具有行政许可权的行政机关；三是授权的内容和范围应明确，且授予的行政许可权应具有可转让性，专有的权力不得授出；四是在权限范围内授权，授权主体不得超出其自身的职权范围进行授权；五是授权的方式，特别是行政机关的依法授权必须以公开的书面公告方式进行。

2. 被授权组织的条件

一个组织被授予行政许可权，表明它具有能力和资格接受授权。被授权组织应是具有管理公共事务职能的组织，并与授权的内容具有某种联系。在我国，只有同时具备下列条件，才能成为被授予行政许可权的组织：①必须是依法成立的组织；②具有管理公共事务职能；③具有熟悉有关法律、法规和业务的正式工作人员；④能独立地承担因行为而引起的法律后果；⑤具有与承担行政许可事务相应的技术、装备条件等。

根据有关法律、法规的授权，可以成为行政许可主体的被授权组织主要有：行政机构、企业单位、事业单位、社会团体和其他组织。其中，行政机构是我国行政许可制度中最常见的被授权组织形式。目前，具有行政许可主体资格的行政机构主要有内部机构和派出机构两类。

（三）受委托行政机关

依照《行政许可法》第 24 条的规定，行政机关在其法定职权范围内，依照法律、法规、规章的规定，可以委托其他行政机关实施行政许可。赋予行政许可委托权的行政机关为委托行政机关，接受行政许可委托的行政机关则为受委托行政机关。

行政许可的委托行政机关，是指依照法律法规和规章的规定，将本应自己行使的行政许可权委托给其他行政机关行使的行政机关，也包括被授权组织。许可权一般由行政机关或被授权组织行使，但在某些情况下，行使许可权的行政机关可以依法将其许可权的一部分或全部委托给其他行政机关。实践中，行政机关委托其他行政机关实施行政许可的现象比较多。享有行政许可权的行政机关将行政许可权委托给其他行政机关实施后，并没有改变其作为行政许可主体的法律地位，仍然必须对受委托行政机关所作的行政许可行为承担法律责任。

小贴士

行政许可委托的有效条件

行政机关委托其他行政机关行使许可权应符合下列条件或规则：①受委托的组织必须是行政机关，其他组织无权接受委托；②委托事项必须属于委托行政机关职权范围内的事项；③委托的事项范围必须明确并应受到限制；④委托应以书面形式进行，并应将受委托实施行政许可的内容进行公告；⑤受委托机关不得再委托其他组织或者个人实施行政许可；⑥受委托行政机关在行使行政许可权时，应当接受委托行政机关的监督；⑦委托行政机关必须对受委托行政机关的行政许可行为承担法律责任。

（四）联合许可机关

联合许可机关是指两个或两个以上，以其共同名义就某一申请事项作出是否准许决定的行政机关或被授权组织。

是否以共同名义作出许可决定是判断是否构成联合许可机关的关键。联合许可机关是行政许可实施机关的一种特殊情形，一般在许可事项涉及多个部门的行政管理职能时发生。《行政许可法》第 26 条规定："行政许可依法由地方人民政府两个以上部门分别实施的，本级人民政府可以确定一个部门受理行政许可申请并转告有关部门分别提出意见后统一办理，或者组织有关部门联合办理、集中办理。"根据该规定，本应由不同行政机关分别实施的行政许可可以转化为联合许可，该法条规定了三种联合许可的方式：统一办理、联合办理、集中办理。按照这三种方式作出的行政许可应视为共同行政行为。根据我国《行政诉讼法》的有关规定，一旦申请人或有关利害关系人对行政机关或被授权组织以共同名义作出的许可决定不服而申请复议或提起行政诉讼的，共同作出许可决定的行政机关或被授权组织是共同被申请人或共同被告。

小贴士

山西等省份的安全生产联合执法制度

《山西省安全生产联合执法制度》第 2 条规定："负有安全生产监督管理职责的各有关部门要认真履行法定职责，落实国家安全生产法律法规，组织协调其他相关部门，建立密切配合、统一协调、相互协作的安全生产联合执法协调机制。"

原贵州煤矿安全监察局、贵州省能源局联合下发《贵州煤矿安全生产监管监察联合执法实施办法（试行）》，其中有关联合执法的内容包括组织召开联席会议、开展联合执法检查、公开裁定、执法情况通报、警示约谈和信息发布等。

分析：有效的实施联合执法迫切需要规制前置性许可。煤矿生产中涉及行政许可的事项比较多，涉及的部门也比较多，各个部门都有自己的职责。尤其在煤矿安全生产的前提下，都想让其他部门的许可成为自己部门许可的前置，有些部门甚至以种种理由，不履行法律法规赋予的职责，推诿放弃。因此，很有必要协调出一个规范前置许可的办法。

另外，在行政许可的实践中，还存在一个行政机关的许可须以另一个行政机关的许可作为先行条件许可的情形，即行政机关或被授权组织发放某一许可证必须经过另外一个或几个行政机关、被授权组织同意或批准，而且这种同意和批准也常常以许可证的形式出现。与联合许可不同的是，条件许可中最终核发许可证的只有一个行政机关或被授权组织，但其他行政机关或被授权组织的同意或批准是该行政机关或被授权组织核发许可证的前提。

第四节　煤矿安全生产行政许可实施的程序

一、煤矿安全生产行政许可的申请

（一）申请许可证的条件

1. 申请煤矿安全生产许可证的一般条件

申请煤矿安全生产许可证必须提供以下证明材料：①建立、健全主要负责人、分管负责人、安全生产管理人员、职能部门、岗位安全生产责任制；制定安全目标管理、安全奖惩、安全技术审批、事故隐患排查治理、安全检查、安全办公会议、地质灾害普查、井下劳动组织定员、矿领导带班下井、井工煤矿入井检身与出入井人员清点等安全生产规章制度和各工种操作规程；②生产投入满足安全生产要求，并按照有关规定足额提取和使用安全生产费用；③设置安全生产管理机构，配备专职安全生产管理人员；煤与瓦斯突出矿井、水文地质类型复杂矿井还应设置专门的防治煤与瓦斯突出管理机构和防治水管理机构；④主要负责人和安全生产管理人员的安全生产知识和管理能力经考核合格；⑤参加工伤保险，为从业人员缴纳工伤保险费；⑥制定重大危险源检测、评估和监控措施；⑦制定应急救援预案，按照规定设立矿山救护队，配备救护装备；不具备单独设立矿山救护队条件的煤矿企业，所属煤矿应当设立兼职救护队，并与邻近的救护队签订救护协议；⑧制定特种作业人员培训计划、从业人员培训计划、职业危害防治计划；⑨法律、行政法规规定的其他条件；⑩特种作业人员经有关业务主管部门考核合格，取得特种作业操作资格证书；⑪从业人员进行安全生产教育培训，并经考试合格；⑫制定职业危害防治措施、综合防尘措施，建立粉尘检测制度，为从业人员配备符合国家标准或者行业标准的劳动防护用品；⑬依法进行安全评价；⑭制定矿井灾害预防和处理计划；⑮依法取得采矿许可证，并且该证处于有效期内。

2. 井工煤矿安全生产行政许可证的取得条件

井工煤矿开采必须从地面向地下开掘一系列井巷，属于地下作业，自然条件比较复杂，开采的主要特点是需要进行矿井通风（存在瓦斯和煤尘爆炸、突然透水、大面积冒顶、井下火灾和矿尘危害五大灾害），其安全生产行政许可证的取得条件除了申请安全许可证的一般条件外，还需要具备符合法律规定的安全设施、设备、工艺条件。

（1）矿井至少有两个能够用于行人的通达地面的安全出口，各个出口之间的距离不得小于30米；井下每一个水平到上一个水平和各个采（盘）区至少有两个便于行人的安全出口，并与通达地面的安全出口相连接；采煤工作面有两个畅通的安全出口，一个通到进风巷道，另一个通到回风巷道。在用巷道净断面满足行人、运输、通风和安全设施及设备安装、检修、施工的需要。

（2）按规定进行瓦斯等级、煤层自燃倾向性和煤尘爆炸危险性鉴定。

（3）矿井有完善的独立通风系统。矿井、采区和采掘工作面的供风能力满足安全生产要求，矿井使用安装在地面的矿用主要通风机进行通风，并有同等能力的备用主要通风机，主要通风机按规定进行性能检测；生产水平和采区实行分区通风；高瓦斯和煤与瓦斯突出矿井、开采容易自燃煤层的矿井、煤层群联合布置矿井的每个采区设置专用回风巷，掘进工作面使用专用局部通风机进行通风，矿井有反风设施。

（4）矿井有安全监控系统，传感器的设置、报警和断电符合规定，有瓦斯检查制度和矿长、技术负责人瓦斯日报审查签字制度，配备足够的专职瓦斯检查员和瓦斯检测仪器；按规定建立瓦斯抽采系统，开采煤与瓦斯突出危险煤层的企业具有预测预报、防治、效果检验和安全防护的综合防突措施。

（5）有防尘供水系统以及地面和井下排水系统；有水害威胁的矿井还应有专用的探放水设备。

（6）制定井上、井下防火措施；有地面消防水池和井下消防管路系统，井上、井下有消防材料库；开采容易自燃和自燃煤层的矿井还应有防灭火专项设计和综合预防煤层自然发火的措施。

（7）矿井有两回路电源线路；严禁将井下配电变压器中性点直接接地；井下电气设备的选型符合防爆要求，有短路、过负荷、接地、漏电等保护，掘进工作面的局部通风机按规定采用专用变压器、专用电缆、专用开关，实现风电、瓦斯电闭锁。

（8）运送人员的装置应当符合有关规定。使用检测合格的钢丝绳；带式输送机所采用的由非金属聚合物制造的输送带的阻燃性能和抗静电性能符合规定，设置安全保护装置。

（9）有通信联络系统，按规定建立人员位置监测系统。

（10）按照矿井瓦斯的等级选用相应的煤矿许用炸药和电雷管，爆破工作由专职爆破工担任。

（11）不得使用国家有关危及生产安全淘汰目录规定的设备及生产工艺；使用的矿用产品应有安全标志。

（12）配备足够数量的自救器，自救器的选用型号应与矿井灾害类型相适应，按规定建立安全避险系统。

（13）有反映实际情况的图纸和作业规程：矿井地质图和水文地质图，井上、井下对照图，巷道布置图，采掘工程平面图，通风系统图，井下运输系统图，安全监控系统布置图和断电控制图，人员位置监测系统图，压风、排水、防尘、防火注浆、抽采瓦斯等管路系统图，井下通信系统图，井上、井下配电系统图，井下电气设备布置图和井下避灾路线图，以及符合实际情况的作业规程。

3. 露天煤矿安全生产许可证的申请条件

露天煤矿是指由于地理变化沉积在地表或浅层的煤炭层，可直接进行露天采掘。世界上约有40%的煤矿生产使用露天开采方式。我国五大露天煤矿包括伊敏、霍林河、元宝山、平朔和准格尔露天煤矿。

露天煤矿安全生产许可证的申请条件除符合《煤矿企业安全生产许可证实施办法》（以下简称《实施办法》）规定的一般条件外，其安全设施、设备、工艺还必须符合下列条件：①按规定设置栅栏、安全挡墙、警示标志；②露天采场最终边坡的台阶坡面角和边坡角符合最终边坡的设计要求；③配电线路、电动机、变压器的保护符合安全要求；④爆炸物品的领用、保管和使用符合规定；⑤有边坡工程、地质勘探工程、岩土物理力学试验和稳定性分析，有边坡监测措施；⑥有防排水设施和措施；⑦地面和采场内的防灭火措施符合规定；开采有自然发火倾向的煤层或者开采范围内存在火区时，制定专门的防灭火措施；⑧有反映实际情况的图纸：地形地质图，工程地质平面图、断面图，综合水文地质图，采剥、排土工程平面图和运输系统图，供配电系统图，通信系统图，防排水系统图，边坡监测系统平面图，井工采空区与露天矿平面对照图。

（二）申请材料的原则性要求

相对人在提出煤矿安全生产行政许可时应准备好相应的材料。申请材料应具备以下两项要求。

1. 申请材料具有真实性

《行政许可法》要求申请人必须保证其所提供的申请材料的真实性，以避免行政机关在确认申请材料的真实性上耗费过多的行政资源。

2. 申请材料具备合法性

申请材料必须符合有关法律规定的颁发许可证的条件，包括申请事项是否为法定许可事项、申请人本身是否具有从事该事项的行为能力等。例如，煤矿企业在取得煤矿安全生产许可证前必须取得采矿许可证，特种作业人员必须取得特种作业许可证等。在审查过程中，申请人提交的申请材料齐全、符合法定形式。

（三）申请安全生产许可证的资料

依据《实施办法》规定，煤矿企业除本企业申请办理安全生产许可证外，其所属矿（井、露天坑）也应当申请办理安全生产许可证，一矿（井、露天坑）一证。煤矿企业实行多级管理的，其上级煤矿企业也应当申请办理安全生产许可证。因此，不同的主体在办理安全生产许可证时提供的资料也有所不同。

1. 煤矿企业提供的文件、资料

煤矿在准备工作中，应准备好以下资料：①安全生产许可证申请书；②主要负责人安全生产责任制（复制件），各分管负责人、安全生产管理人员以及职能部门负责人安全生产责任制目录清单；③安全生产规章制度目录清单；④设置安全生产管理机构、配备专职安全生产管理人员的文件（复制件）；⑤主要负责人、安全生产管理人员安全生产知识和管理能力考核合格的证明材料；⑥特种作业人员培训计划，从业人员安全生产教育培训计划；⑦为从业人员缴纳工伤保险费的有关证明材料；⑧重大危险源检测、评估和监控措施；⑨事故应急救援预案，设立矿山救护队的文件或者与专业救护队签订的救护协议。

2. 煤矿提供的文件、资料和图纸

煤矿在准备工作中，应准备好法律规定的以下资料：①安全生产许可证申请书；②采矿许可证（复制件）；③主要负责人安全生产责任制（复制件），各分管负责人、安全生产管理人员以及职能部门负责人安全生产责任制目录清单；④安全生产规章制度和操作规程目录清单；⑤设置安全生产管理机构和配备专职安全生产管理人员的文件（复制件）；⑥矿长、安全生产管理人员安全生产知识和管理能力考核合格的证明材料；⑦特种作业人员操作资格证书的证明材料；⑧从业人员安全生产教育培训计划和考试合格的证明材料；⑨为从业人员缴纳工伤保险费的有关证明材料；⑩具备资质的中介机构出具的安全评价报告；⑪矿井瓦斯等级鉴定文件；⑫高瓦斯、煤与瓦斯突出矿井瓦斯参数测定报告，煤层自燃倾向性和煤尘爆炸危险性鉴定报告；⑬矿井灾害预防和处理计划；⑭井工煤矿采掘工程平面图，通风系统图；⑮露天煤矿采剥工程平面图，边坡监测系统平面图；⑯事故应急救援预案，设立矿山救护队的文件或者与专业矿山救护队签订的救护协议；⑰井工煤矿主要通风机、主提升机、空压机、主排水泵的检测检验合格报告。

（四）行政主体的公示和说明义务

《行政许可法》第30条规定，“行政机关应当将法律法规和规章规定的有关行政许可的事项、依据、条件、数量、程序、期限以及需要提交的全部材料的目录和申请书示范文本等在办公场所公示。申请人要求行政机关对公示内容予以说明、解释的，行政机关应当说明、解释，提供准确、可靠的信息。”该规定在申请环节为行政主体设定了公示义务和说明义务。一是公示义务，要求行政许可的受理机关在其办公场所，将其受理的有关的行政许可事项、依据、条件、数量、程序、期限以及需要申请人提交的全部材料的目录和申请书示范文本予以公示，主要是保证申请人的知情权，同时也有利于提高办事效率。对行政许可的事项的公示，可以使申请人了解该行政机关的职权范围，使其将许可申请提交给有权的机关。对行政许可依据、条件的公示，可以使申请人对自己是否符合行政许可的实质要件做到心中有数；同时，申请人可以据此监督行政机关是否依法作出行政许可决定。对于程序、期限的公示，可使申请人了解行政机关受理、审查和作出决定的流程，同时也可了解其自身的程序权利。将需要提交的全部材料的目录和申请书示范文本在办公场所公示，是为了让申请人了解行政机关受理申请时对申请材料形式上的要求，方便申请人准备申请材料、撰写或填写申请表格，节省申请人的时间，提高行政机关的工作效率。二是说明义务，要求对行政相对人的询问要求，行政机关必须予以说明和解释，提供其所需要的信息及解释。面对日益复杂的行政管理制度以及越来越多法律的规定，行政相对人在许多情况下需要行政机关及其工作人员予以告知、咨询以及履行其他协助义务。行政机关工作人员如果不履行这种义务，在一些情况下，公民的权利便难以实现。

行政公开是行政机关的义务，原则上讲，行政机关将其掌握的文件资料向公众公开，但由于行政机关掌握大量个人隐私和商业秘密，行政公开很有可能侵犯公民的隐私权，因此有必要在行政公开的同时，规定对公民隐私权的保护。

二、安全生产行政许可实施主体的审查与处理

（一）安全生产行政许可实施主体的审查

行政主体受理申请人的申请以后，行政许可程序便进入材料审查阶段，此部分审查是对材料的形式审查。

形式审查是指行政主体仅对申请材料的形式要件进行审查，即审查其申请材料是否齐全、是否符合法定形式，对于申请材料的真实性、有效性不作审查。由于形式审查不对申请材料的实质内容进行审查，因此《行政许可法》规定，对能够当场作出决定的，行政主体应当当场作出决定，以方便申请人，提高行政效率。

申请材料是否齐全或者是否符合法定形式，需要行政机关的工作人员依法审查并予以确认。申请人向行政机关申请从事某一活动的许可，应当提交书面形式的申请和法律法规及规章规定的有关材料。申请书一般必须载明申请人的姓名或名称、工作单位和地址，申请许可的要求、理由，从事该项许可活动的能力证明，从事该项许可活动的场地人员、设备等事项的说明或证明等。对于申请人提交的申请材料，如不完全符合要求，但申请材料存在的错误属于文字性错误（如书写人发生笔误）、计算错误、装订错误等，申请人当场即可更正的，行政机关应当允许申请人当场更正。

（二）安全生产行政许可实施主体的处理

行政主体对行政相对人的申请并非一概受理，只有当行政许可申请符合一定条件时，行政主体才会受理。因此，对于行政相对人的申请，行政主体有受理和不予受理两种处理方式。

1. 受理

行政许可申请符合以下条件的，行政机关应当予以受理：①申请事项属于该行政机关的职权范围；②申请材料齐全、符合法定形式。行政机关应当将申请材料的有关要求，尽可能具体和详尽地告知申请人，有利于申请人正确地提交申请材料，避免出现因需要补正而延误受理的情况。申请人向有权机关提交符合法定形式的申请，且申请材料齐全，该机关应当予以受理，对于当场可以受理的，行政机关应当当场予以受理。应注意，非实质性错误（如笔误等）不是拒绝相对人申请的理由。行政机关应具备服务意识和以人为本的观念，煤矿相关法律中并没有明确相关规定，但是应遵循《行政许可法》相关精神。

应当受理的许可，行政机关应对申请材料进一步做实质审查。实质审查是指对申请材料的实质内容是否符合条件进行审查。对于申请材料的实质审查，有的可以采取书面审查的方式，即通过申请材料的陈述了解有关情况，进行审查。但有的实质审查还需要进行实地核查，才能了解真实情况。

对于需要采取实地核查的，行政机关应当指派两名以上工作人员进行核查。要求行政机关派两名以上工作人员进行核查，主要是为了保证核查工作的公正性。行政机关工作人员在进行实地核查时，应当向当事人或其他有关人员出示执法身份证件，以表明自己正代表国家执行公务，否则当事人可以拒绝接受核查。

在受理阶段发现申请人的申请材料不齐全或者不符合法定形式，不完备或者不符合法定的格式、要求，行政机关不能径行驳回，而应当向申请人发出补正告知。行政机关应当将需要补正的全部内容一次告知申请人，不能反复要求申请人补正，以避免浪费申请人的精力和时间。补正告知如果未能一次完成，行政机关即构成程序上的瑕疵。

2. 不予受理

对于申请材料不齐全不予受理，共有以下两种情形。

（1）申请事项依法不需要取得行政许可的。有的申请人对所要从事的活动不清楚是否需要取得行政许可，例如，由于法律、法规、规章作出修改，以前需要取得行政许可才能从事的活动，现在不再需要，但申请人对这种变化并不了解。对于这种情况，行政机关应当及时明确告知申请人其所申请的事项不需要取得行政许可。

（2）申请的事项不属于被申请的机关的职责范围。申请人只能向法定的行政许可机关提出申请，也只有该法定的行政机关才能接受其管辖范围内的申请并予以审查。申请人向无许可权的行政机关提出申请的，申请行为无效，被申请机关应当作出不予受理的书面决定。

作出不予受理决定的行政机关应当告知申请人受理其申请的行政机关。行政机关告知申请人负责受理的机关，是《行政许可法》赋予行政机关的一项职责。对于承担这一职责，可能有的行政机关及其工作人员会产生顾虑，认为增加了行政机关的工作量，还可能因工作人员不清楚或者告知有误，而承担责任。事实上，如果某一受理事项连行政机关的工作人员都不知晓应负责受理的机关，那么对于许多行政相对人来说将会是一件更困难的事情。实际生活中，申请人“走错门”的情形是经常发生的，多数情况下是由于申请人不清楚某两个或某几个行政机关的职责分工而对被申请机关产生误解。行政机关的工作人员告知申请人有关的负责机关可以给申请人带来极大的方便。如果工作人员无法凭经验知晓负责受理的机关，应当通过机关的内部系统设法询问清楚。向申请人告知负责受理的机关，工作人员可以采取口头告知的方式。针对申请人经常发生错误的情形，行政机关也可以事先印制一些“申请人须知”或“申请注意事项”之类的书面材料，提醒申请人根据各自的情况向正确的行政机关提出申请。

《行政许可法》第 32 条：“受理或者不予受理行政许可申请，应当出具加盖本行政机关专用印章和注明日期的书面凭证。”此规定的核心要义是对于申请，行政机关受理或者不予受理，应当出具加盖本行政机关专用印章和注明日期的书面凭证。

以上内容可以分解为如下流程。

（1）不予受理（不属于职权范围）并告知。

（2）可当场改正的，当场更正——即时处理——回执。

（3）材料不全的，5 日内补正（不提示补正期限不利后果——视为受理）。

（4）材料齐全的，收到之日或补齐之日为受理日。

（5）有疑问——现场核查——负责审查的有关人员提出审查意见——机关针对审查意见讨论——（受理日起 45 个工作日）做出颁发或不予颁发的决定——（决定之日起 10 日）通知或邮寄送达/(10 个工作日内）书面通知理由。

（三）安全生产许可证的颁发与延续

1. 安全生产许可证的颁发

安全生产许可证分为正本和副本，具有同等法律效力，正本为悬挂式，副本为折页式。安全生产许可证颁发管理机关应当在安全生产许可证正本、副本上载明煤矿企业名称、主要负责人、注册地址、隶属关系、经济类型、有效期、发证机关、发证日期等内容。安全生产许可证正本、副本的式样由国家矿山安全监察局制定。安全生产许可证相关的行政许可文书由国家矿山安全监察局规定统一的格式。

安全生产许可证颁发管理机关应当对有关人员提出的审查意见进行讨论，并在受理申请之日起45个工作日内作出颁发或者不予颁发安全生产许可证的决定。对决定颁发的，安全生产许可证颁发管理机关应当自决定之日起10个工作日内送达或者通知申请人领取安全生产许可证；对不予颁发的，应当在10个工作日内书面通知申请人并说明理由。安全生产许可证颁发管理机关应当分别向煤矿企业及其所属煤矿颁发安全生产许可证。

2. 煤矿安全生产行政许可证的延续

《行政许可法》规定，对于法律法规和规章提出行政许可延续申请的期限另有规定的，依照其规定。

安全生产许可证有效期届满，符合法定条件的煤矿，经安全生产许可证颁发管理机关同意不再审查，直接办理延期手续在安全生产许可证。企业主体在安全生产许可证有效期届满前3个月，煤矿企业应依照《实施办法》第5条至第13条规定，按照《煤矿企业安全生产许可证直接延期自查报告书》逐项进行自查。煤矿企业按规定格式填写《煤矿企业安全生产许可证直接延期申请书》，连同《直接延期自查报告书》报煤矿（井）所在地的矿山安全监管监察机构。对已经受理的延期申请，安全生产许可证颁发管理机关应当按照本实施办法的规定办理安全生产许可证延期手续。

煤矿企业在安全生产许可证有效期内符合下列条件，在安全生产许可证有效期届满时，经原安全生产许可证颁发管理机关同意，不再审查，直接办理延期手续：①严格遵守有关安全生产的法律法规和《实施办法》；②接受安全生产许可证颁发管理机关及煤矿安全监察机构的监督检查；③未因存在严重违法行为纳入安全生产不良记录“黑名单”管理；④未发生生产安全死亡事故；⑤煤矿安全质量标准化等级达到二级及以上。

不能直接办理安全生产许可证延期的煤矿企业在申请办理安全生产许可证延期时，应重新向原安全生产许可证颁发管理机关提出颁证申请，由原安全生产许可证颁发管理机关按照《条例》《实施办法》国家及地方有关煤矿安全生产的产业政策和本通知的有关规定审理。

（四）延续申请的默视批准

默视批准基于一种推定，即被许可人在行政许可有效期届满30日前向行政许可机关提出延续申请，行政机关应当在该行政许可有效期届满前作出是否准予延续的决定。如果行政机关逾期既没有作出准予延续的决定，也没有作出不予延续的决定，在这种情况下，根据《行政许可法》的规定，推定为行政机关准予延续。

许可事项的默视批准是适用于法律规定的特定范围，对于一些重大的行政许可事项，如涉及对公共利益的保护可能会存在一定的风险的许可，被许可人需要在行政许可有效期届满后，就继续从事有关活动向行政许可机关重新申请。

三、行政许可中的听证程序

（一）依职权进行的听证

（1）法律法规、规章规定实施行政许可应当听证的事项。对于行政许可行为的听证，目前在我国的法律法规及规章中作规定的为数较少，只有个别予以规定。如《公共文化体育设施条例》《外国投资者并购境内企业暂行规定》等规定，从公共利益的角度设置听证程序。凡法律法规、规章中明确规定听证程序，行政许可属于其规定的情形的，行政机关在作出行政许可决定前，应当举行听证。

（2）行政机关认为需要听证的其他涉及公共利益的重大行政许可事项。行政许可是一种授益性的行政行为，对于申请人来说，取得行政许可，意味着获得一种权利能力，有权从事某种活动。因此，行政机关应申请人的要求作出颁发行政许可的决定，申请人不会要求听证。但是，一些行政许可涉及公共利益的重大事项，如征地拆迁、环境污染和城市建设等，影响的是不特定的多数人的利益，且这种影响般是全局性的、长期的和潜在的。个别的公民、法人和其他组织由于对信息掌握不足等原因，在行政许可对其当下的切身利益没有直接影响的情况下，他们并不能够立即感知或了解行政许可可能对他们的将来产生的直接或间接的影响，因此，这时他们也不会要求听证。但这类行政许可实施后，又确有可能对社会带来很大的影响。这就要求行政机关在对行政许可申请进行审查的过程中，应当考量行政许可事项是否会影响到公共利益。如果行政机关认为行政许可事项对公共利益可能产生较大的影响。行政机关就应当将有关的行政许可事项予以公告，使社会对此予以关注，听取社会各界包括有关专家的意见。行政机关经过对申请人的利益与公共利益进行考量后，认为准予许可不会对公共利益造成损害的，应当作出准予许可的决定；反之，则应拒绝颁发许可。

小贴士

事先告知与听取意见均为行政机关的法定义务

国务院《全面推进依法行政实施纲要》将“程序正当”列为依法行政的六大原则之一，有关行政处罚、行政许可、行政强制等立法均将其作为基本价值取向。听取利害关系人意见与听证都是正当程序原则的重要内容。《实施纲要》确定了“不利行政决定听取当事人意见”要求。行政许可中关于听取利害关系人意见的依据为《行政许可法》第36条，法条规定是“应当”。显然，事先告知与听取意见均为行政机关的法定义务。

（二）依申请进行的听证

行政许可听证有“依职权听证”“依申请听证”两种形式。行政许可决定的作出，直接影响着申请人和他人之间的重大利益关系，在行政主体作出具体行政许可决定之前，应当依照申请人、利害关系人的申请依法举行听证。《行政许可法》第47条规定：“行政许可直接涉及申请人与他人之间重大利益关系的，行政机关在作出行政许可决定前，应当告知申请人、利害关系人享有听证的权利；申请人、利害关系人在被告知听证权利之日起五日内提出听证申请的，行政机关应当在二十日内组织听证。”这里，关键是要明确如下问题。

1.“他人”的范围

这里的“他人”是指除行政机关和申请人以外的、同行政许可的实施有直接利益关系的个人或组织。在有数量限制的行政许可中，虽然申请人之间是竞争关系，存在直接的利益关系，甲申请人取得许可，乙申请人便不能取得许可，但申请人之间在申请的过程中，相互间不构成第三人关系。在这个过程中，行政机关通过招标、拍卖程序等法定方式，调整申请人之间的关系和取得许可的优先顺序，确定被许可人，而不必使用听证程序。

2. 直接涉及申请人与他人之间重大利益关系的界定

在现实中较常见的是，涉及申请人与第三人之间民事的相邻权关系。至于何为“重大利益”，《行政许可法》没有作出具体规定。对于申请人和第三人来说，许多事项自身的利益都被认为是其重大利益，《行政许可法》事实上将认定权授予行政机关，行政机关对此有一定的自由裁量权。

（三）安全生产行政许可中听证记录笔录

在听证程序中，行政机关应当对听证过程进行书面记录，制作成听证笔录。听证笔录一般应当包括以下内容：①听证案件名称；②听证主持人的姓名、职称；③到场的当事人的姓名、住址等；④听证的时间、地点；⑤听证是否公开；⑥当事人的陈述、申辩和发问；⑦证据调查的内容；⑧主持人认为重要的其他事项。在听证结束时，听证笔录应当出示给听证参加人，并由审查行政许可申请的工作人员、申请人、利害关系人以及证人确认听证记录无误后进行签字或者盖章。

目前，我国的《行政处罚法》《中华人民共和国价格法》以及一些法规、规章对听证程序作出了规定，但由于缺乏听证笔录对行政决定的约束力的规定，导致一些听证会“听而不证”，没有真正发挥听证会制度保护公民重大合法权益、保证行政机关作出正确决定的作用。《行政许可法》对听证笔录的约束力作出了明确的规定，即行政机关应当根据听证笔录，作出是否准予行政许可的决定。

四、申请许可的期限与时效

（一）申请人逾期提出申请的效力

对于法律、法规规定有申请期限的许可，申请应当在法定期限内提出。一般情况下，法律、法规对于申请人提出许可申请没有期限限制，申请人可以随时提出申请。如申请人开办一个餐厅，进行企业登记，只要申请人具备了法律、法规规定登记机关进行登记的条件和要求，就可以向登记机关提出登记的申请。但在某些特殊情况下，基于事实上或者法律上的原因，要求申请人在一定的期限内提出，申请人不得逾期提出申请。

☞ 法条链接

《煤矿企业安全生产许可证实施办法》第17条

安全生产许可证的有效期为三年。安全生产许可证有效期满需要延期的，煤矿企业应当于期满前三个月按照本实施办法第十条的规定，向原安全生产许可证颁发管理机关提出延期申请，并提交本实施办法第十一条规定的文件、资料和安全生产许可证正本、副本。

（二）安全生产行政许可期限的规定

关于期限的处理，在程序上主要表现为行政机关的处理期限和申请主体的期限。

1. 行政机关的处理期限

行政机关的处理期限包括行政机关的受理期限和行政机关处理意见的期限两类。

一是行政机关的受理期限。行政机关的受理期限是指行政机关自收到申请材料到作出是否受理的决定所用的时限。《行政许可法》对行政机关的受理期限作出了较为严格的规定，要求行政机关对申请作出迅速应答，自收到之日起即为受理。根据这一规定，行政机关对申请的受理采取“到达原则”，当申请到达事务所时，行政机关即开始负有审查义务。《行政许可法》对受理期限的这一规定，可以有效地督促行政机关提高受理审查的效率，防止出现行政机关对申请迟迟不予作答的现象。

《行政许可法》为行政机关设定了收到申请材料应当及时进行审查并作出是否受理的决定的义务。一般来说，行政机关对申请材料是否齐全、是否符合法定形式进行形式审查，不涉及申请材料的实质内容。经审查后，申请材料符合要求的，应及时予以受理；申请材料不符合要求，需要补正的，行政机关应当当场或者自收到申请材料之日起 5 日内予以告知。在这里，补正告知的期限实际上与受理期限是有联系的，除当场告知的情形外，5 日的补正告知期限，实际上是赋予了行政机关 5 天的受理期限。

二是行政机关处理意见的期限。行政机关受理相关材料后，负责审查的有关人员应提出审查意见。在煤矿安全许可申请中，安全生产许可证颁发管理机关应当对有关人员提出的审查意见进行讨论，并在受理申请之日起 45 个工作日内作出颁发或者不予颁发安全生产许可证的决定。对决定颁发的，安全生产许可证颁发管理机关应当自决定之日起 10 个工作日内送达或者通知申请人领取安全生产许可证；对不予颁发的，应当在 10 个工作日内书面通知申请人并说明理由。

2. 申请主体的期限

关于申请主体的期限，又可分为以下四种情况。

一是针对行政机关发出补正告知的期限，由此产生一个对申请人完成补正的期限。法律并没有对补正期限作出规定，这并不表示申请人补正可以无限期地进行。国外的行政程序法中也对补正期限作出了规定，如《西班牙行政程序法》第 54 条规定补正的期限为 10 天。我国的其他法律如《无公害农产品认证程序规定》要求：“申请材料不规范的，申请人应当自收到通知之日起 15 个工作日内按要求完成补充材料并报中心。”规定申请人补正期限可促使申请人尽快提交补正材料，以尽快确定许可申请是否被受理。在煤矿安全生产许可中，并未直接规定相对人补正材料的期限，从利益关系来看：“申请材料齐全、符合要求或者按照要求全部补正的，自收到申请材料或者全部补正材料之日起即为受理”，相对人补正材料的时间直接影响行政机关是否受理。

二是许可证的延期申请期限。在煤矿安全许可申请中，安全生产许可证的有效期为三年。安全生产许可证有效期满需要延期的，煤矿企业应当于期满前三个月按照相关法律规定，向原安全生产许可证颁发管理机关提出延期申请，并提交法律规定的文件、资料和安全生产许可证的正本、副本。

三是许可证的变更期限。煤矿企业在安全生产许可证有效期内发生了法定事由的，包括：①变更主要负责人的；②变更隶属关系的；③变更经济类型的；④变更煤矿企业名称的；⑤煤矿改建、扩建工程经验收合格的，应当向原安全生产许可证颁发管理机关申请变更安全生产许可证。其中，变更第①～④项的，自工商营业执照变更之日起10个工作日内提出申请；变更第⑤项的，应当在改建、扩建工程验收合格后10个工作日内提出申请。

四是关停后的实施行为的期限。根据法律规定，煤矿企业停办、关闭的，应当自停办、关闭决定之日起10个工作日内向原安全生产许可证颁发管理机关申请注销安全生产许可证，并提供煤矿开采现状报告、实测图纸和遗留事故隐患的报告及防治措施。

法条链接

《煤矿企业安全生产许可证实施办法》第12条

安全生产许可证颁发管理机关对申请人提交的申请书及文件、资料，应当按照下列规定处理：①申请事项不属于本机关职权范围的，及时作出不予受理的决定，并告知申请人向有关行政机关申请；②申请材料存在可以当场更正的错误的，允许或者要求申请人当场更正，并及时出具受理的书面凭证，通过互联网申请的，符合要求后及时提供电子受理回执；③申请材料不齐全或者不符合要求的，应当当场或者在5个工作日内一次告知申请人需要补正的全部内容，逾期不告知的，自收到申请材料之日起即为受理；④申请材料齐全、符合要求或者按照要求全部补正的，自收到申请材料或者全部补正材料之日起即为受理。

小贴士

《法治政府建设实施纲要（2021—2025年）》对行政许可的新要求

法治政府建设是全面依法治国的重点任务和主体工程，应当在法治中国建设中率先突破。中共中央、国务院印发了《法治政府建设实施纲要（2021—2025年）》，它是我国“十四五”时期全面推进法治政府建设的路线图和施工图。在行政许可权改革中，健全审批、监管、处罚衔接机制，防止相互脱节。稳步将基层管理迫切需要且能够进行有效承接的行政执法事项下放给基层，坚持依法下放、试点先行，坚持权随事转、编随事转、钱随事转，确保放得下、接得住、管得好、有监督。建立健全乡镇（街道）与上一级相关部门行政执法案件移送及协调协作机制。全面严格落实告知制度，依法保障行政相对人陈述、申辩、提出听证申请等权利。

思考题

1. 煤矿开采生产合法与非法的界限是什么？
2. 我国煤矿安全生产许可有哪些分类？
3. 如何理解安全生产行政许可证设定有效期？三年期限制度是否合理？

第二章 煤矿安全生产行政处罚

本章教学目的与要求

（1）掌握行政处罚的概念和法定种类、主体的法定性。
（2）理解行政处罚的一般程序及具体要求。
（3）了解我国煤矿安全行政处罚发展过程和行政处罚的法定实施主体。
（4）掌握煤矿安全生产行政处罚的实施要点。

第一节 煤矿安全生产行政处罚总论

一、煤矿安全生产行政处罚概述

（一）行政处罚的概念和特征

依据《行政处罚法》第2条："行政处罚是指行政机关依法对违反行政管理秩序的公民、法人或者其他组织，以减损权益或者增加义务的方式予以惩戒的行为。"行政处罚是对"应当受行政处罚"的行为的惩戒，其惩戒的效果主要体现在对义务的增加和权益的减损上。另外，在具体实践中要分清行政责任与刑事责任和民事责任的界限，不是所有违法行为都给予行政处罚。

"应当受行政处罚"的行为，具有以下含义。

1. 公民、法人或者其他组织的行为违反的是行政管理法律法规

公民、法人或者其他组织的行为违反了行政管理的法律、法规，是侵犯了行政管理法律秩序，应当承担的是行政责任。如果其违反的是民事法律，侵犯了他人的民事权益，则应当承担民事责任。

2. 主观上的故意或过失不是构成要件

主观方面上的故意或过失是判断刑事责任的重要构成要件。在应受行政处罚行为中，一般不考虑相对人在实施行为时是否具有故意或过失的主观因素，即行政处罚认为只要有违法行为，并有法定依据给予行政处罚的，就应承担行政责任，依法给予行政处罚。2021年修订的《行政处罚法》在第33条中加入过错排除原则。也就是说，在应受行政处罚行为的具体处理裁量上，根据具体的情况，可以从轻、减轻或者不予处罚；当事人有证据足以证明没有主观过错的，不予行政处罚。法律、行政法规另有规定的，从其规定。

3. 尚不构成犯罪的行为

行政处罚要面对的行为必须是尚不构成犯罪的违法行为，如果构成犯罪，就应当追究

刑事责任，不能以罚（行政处罚）代刑。在具体实践中要分清违法与犯罪的界限。一个行为既违反行政法律法规又触犯了刑法，那么有两种情况：①违法行为构成犯罪，人民法院判处拘役或者有期徒刑时，行政机关已经给予当事人行政拘留的，应当依法折抵相应刑期；②违法行为构成犯罪，人民法院判处罚金时，行政机关已经给予当事人罚款的，应当折抵相应罚金；行政机关尚未给予当事人罚款的，不再给予罚款。然而，刑事责任也不排除专属行政机关的职权的行使，如在煤矿安全生产行政处罚中，公民、法人和其他组织的行为触犯刑法，应承担刑事责任，安全生产行政许可证的暂扣或吊销的执行仍可以由有权机关同时行使。

4. 实施行政处罚的主体是行政机关

行政处罚由行政机关决定并实施，这也是行政处罚与刑事处罚、民事责任不同的一个特点。刑事案件由司法机关追究刑事责任。民事纠纷由当事人自己协商解决。

（二）煤矿安全生产行政处罚概述

在煤矿安全生产行政执法活动中，行政处罚是非常重要的行政执法内容。它是指煤矿安全监察机构对煤矿生产经营单位及其有关人员在煤矿生产经营活动中违反有关煤矿安全生产的法律法规、规章、标准和规程的违法行为给予行政法律制裁。煤矿安全生产行政处罚具有以下四个特征。

1. 主体的特定性

在煤矿安全生产行政执法活动中，行政处罚只能由根据法律法规的规定或授权拥有行政处罚权的特定煤矿安全生产行政执法机构作出，而且这种行政处罚权必须是依据法律事先就拥有。煤矿安全生产行政执法机构必须严格按照法定的权限实施行政处罚，超越法定权限的行政处罚无效。

在煤矿安全生产行政处罚中的执法主体是由县级以上人民政府负有煤矿安全生产监督管理职责的部门和其他有关部门、国家矿山安全监察机构及其设在地方的矿山安全监察机构按照职责分工决定。

案例分析

镇政府下属的原安全生产监督管理站是否是行政处罚的主体？

2018 年 12 月 26 日，在××县政府分管安全生产的副县长带领下，组织县安监局、县国土局、县公安局、县发改委、××镇政府联合某地煤监局，对××煤矿进行突击安全检查，共查处四大安全问题，并当即在××煤矿会议室召开检查情况研究会议，该煤矿的执行合伙人于某参加了会议。会议决定××煤矿停产整顿，会上于某表态绝对服从政府的处理决定，××镇原安全生产监督管理站按照会议精神对原告下达了停产整顿决定书。2018 年 12 月 26 日，××镇原安全生产监督管理站作出（某）安监现决〔2018〕12－2602 号现场处理措施决定书，责令原告××煤矿立即停产整顿。并于 2018 年 12 月 27 日、2019 年 1 月 13 日提出隐患整改方案。2019 年 5 月 24 日，因××煤矿整改难以达到验收要求，××县人民政府依据国家关于煤炭行业化解产能过剩的政策，对××煤矿实施永久关闭。

××煤矿认为，作为证照齐全的民营矿山企业，在××县××镇原安全生产监督管理站对原告矿山进行检查时，××煤矿积极整改，并已整改到位。××镇原安全生产监督管理站仍在无法律依据的情形下，直接作出“现责令你矿立即停产整顿”的决定，并强行上锁，导致矿井无法进行安全巡查、通风、排水、生产工作，侵害了××煤矿的合法权益；认为××镇政府不具有作出上述决定的主体资格，违反依法行政要求，简单执法造成原告企业重大经营损失，严重背离中央保护民营经济发展的要求，据此提起行政诉讼并根据损失情况依法追偿。

一审法院依照《行政诉讼法》第75条的规定，确认××县××镇原安全生产监督管理站于2018年12月26日作出的（某）安监现决〔2018〕12－2602号现场处理措施决定书无效。

问题：原安全生产监督管理站是否具备处罚主体资格？

解析：依据《安全生产法》第9条规定，国务院和县级以上地方各级人民政府应当加强对安全生产工作的领导，建立健全安全生产工作协调机制，支持、督促各有关部门依法履行安全生产监督管理职责，及时协调、解决安全生产监督管理中存在的重大问题。《中华人民共和国煤炭法》第30条规定，县级以上各级人民政府及其煤炭管理部门和其他有关部门，应当加强对煤矿安全生产工作的监督管理。因此，××县××镇原安全生产监督管理站不具备作出责令原告停产整顿的法定职权。依据《行政处罚法》第38条第1款规定，行政处罚没有依据或者实施主体不具有行政主体资格的，行政处罚无效。

2. 对象的确定性

行政处罚的对象应当是公民、法人或者组织。因此，煤矿安全生产行政执法机构的内部工作人员不可能成为行政处罚的对象；行政处罚必须以应当承担法律责任的煤矿安全生产违法行为的存在为前提。因此，在煤矿安全生产行政执法活动中，行政处罚的对象是十分明确而具体的，就是实施了煤矿安全生产违法行为并依法应当受到处罚的煤矿企业和主要负责人、负有安全生产责任的管理人员和煤矿安全生产中介机构及其从业人员。

3. 行为的制裁性

煤矿安全生产行政处罚是一种制裁性行为，是煤矿安全生产行政执法机构对实施了违反煤矿安全生产相关法律法规行为的煤矿企业、煤矿和煤矿安全生产中介机构及其从业人员的一种惩戒。行政处罚的这种制裁性主要体现为权益的减损或义务的增加。

4. 内容的处分性

行政处罚是煤矿安全生产行政执法机构对行政相对人权利和义务的一种处理或分配，是对行政相对人行为、财产等方面有关权益的剥夺或限制或科以法定义务之外的新义务。行政处罚对行政相对人来说，是一种处分性的损益。

（三）煤矿安全生产行政处罚的法律法规

行政处罚的法律依据是规范行政处罚行为的重要要素，主要包括法律、法规、规章等。

1. 法律

法律是指全国人民代表大会及其常务委员会依据宪法所制定的规范。法律的制定主体包括全国人民代表大会和全国人民代表大会常务委员会。全国人民代表大会制定和修改基本法律，全国人民代表大会常务委员会制定和修改除应当由全国人民代表大会制定的法律以外的其他法律。全国人民代表大会及其常务委员会依据宪法制定的法律，其效力低于宪法，高于行政法规。

煤矿安全生产行政处罚的法律依据不仅包括行政处罚类的一般法，也包括安全生产领域（含煤矿生产领域）的特别法。现行有效的可以作为煤矿安全生产行政处罚的法律主要有《行政处罚法》《安全生产法》《中华人民共和国矿山安全法》《中华人民共和国标准化法》《中华人民共和国职业病防治法》《中华人民共和国突发事件应对法》《中华人民共和国煤炭法》《中华人民共和国矿产资源法》等。

小贴士

“千呼万唤始出来”的修订版《行政处罚法》（2021 年）

2018 年，全国人大常委会法律工作委员会（以下简称“法工委”）启动行政处罚法修改工作，先后赴北京、江西等地进行调研，多次召开国务院相关部门、地方人大、政府法制机构、专家学者、律师和企业座谈会，听取各方面意见和建议。此外，法工委还通过上海虹桥街道基层立法联系点走访基层执法部门了解实际情况，并委托部分国务院部门、地方人大、基层立法联系点收集法律实施过程中存在的突出问题。2019 年 11 月，习近平总书记在上海虹桥街道考察法工委基层立法联系点，同正在参加法律草案意见建议征询会的中外居民交谈时深刻指出：“我们走的是一条中国特色社会主义政治发展道路，人民民主是一种全过程的民主。”历经三次审议，2021 年 1 月 22 日，十三届全国人大常委会第二十五次会议表决通过了新修订的《行政处罚法》，于同年 7 月 15 日起实施。《行政处罚法》的修改过程将党的十八大以来全面依法治国、深化行政执法领域改革的重要成果落实到法律中。以科学立法、民主立法、依法立法的丰富实践，充分证明“所有的重大立法决策都是依照程序、经过民主酝酿，通过科学决策、民主决策产生的”，展现出全过程人民民主的立法实践全景图。

2. 行政法规

制定行政法规是宪法赋予国务院的重要行政立法权，国务院制定的行政法规是我国法律体系的重要组成部分。行政法规效力在层级上低于宪法和法律，高于地方性法规，在适用空间上及于全国。行政法规一般采用条例、规定、办法等名称。行政法规以国务院总理签署、国务院令公布，在国务院公报上刊登的行政法规文本作为标准文本。

依据《煤矿安全生产条例》第5条、第6条、第7条规定，县级以上人民政府负责对煤矿安全生产工作的领导，建立健全工作协调机制，支持、督促各有关部门依法履行煤矿安全生产工作职责；县级以上人民政府负有煤矿安全生产监督管理职责的部门对煤矿安全生产实施监督管理，其他有关部门按照职责分工依法履行煤矿安全生产相关职责；国家矿山安全监察机构及其设在地方的矿山安全监察机构负责煤矿安全监察工作，依法对地方人民政府煤矿安全生产监督管理工作进行监督检查。由此，煤矿安全生产领域行政处罚的设定权有了明确的依据。

现行有效的可以作为煤矿安全生产行政执法依据的行政法规主要有《生产安全事故报告和调查处理条例》《建设工程安全生产管理条例》《国务院关于特大安全事故行政责任追究的规定》《中华人民共和国矿山安全法实施条例》《中华人民共和国矿产资源法实施细则》《煤矿安全生产条例》等。

3. 地方性法规

根据我国现行立法体制，地方性法规的制定主体有两个层次，一是省（自治区、直辖市）的人民代表大会及其常务委员会，二是设区的市（自治州）人民代表大会及其常务委员会。省（自治区、直辖市）人民代表大会及其常务委员会根据本行政区域的具体情况和实际需要，在不与宪法、法律、行政法规相抵触的前提下，可以制定地方性法规。设区的市（自治州）人民代表大会及其常务委员会根据本市（州）的具体情况和实际需要，在不与宪法、法律、行政法规和本省（自治区）的地方性法规相抵触的前提下，可以制定地方性法规，报省（自治区）人民代表大会常务委员会批准后施行。

全国各省（自治区、直辖市）根据本地的实际情况制定地方性法规，其具体内容也各有不同。例如，云南省现行有效的可以作为煤矿安全生产行政处罚依据的地方性法规有《云南省实施〈中华人民共和国矿山安全生产法〉办法》《云南省安全生产条例》等。

4. 自治条例和单行条例

根据我国宪法和《中华人民共和国立法法》的规定，民族自治地方的人民代表大会有权依照当地民族的政治、经济和文化的特点，制定自治条例和单行条例。自治条例是调整民族自治地方内各种关系的一种民族区域自治地方性法规；单行条例是专为调整民族自治地方某种社会关系的一种民族区域自治地方性法规。自治条例和单行条例是我国法律体系的重要组成部分。

各级煤矿安全生产行政执法机构在民族自治区域开展煤矿安全生产行政执法工作，应当遵守民族自治条例和单行条例中关于煤矿安全生产执法方面的有关规定。

5. 规章

规章包括地方政府规章和部门规章，它是煤矿安全生产行政执法活动中运用最为广泛、规定最为具体的法律规范。规章在行政机关开展行政管理活动中发挥着十分重要的作用。

（1）部门规章。根据《中华人民共和国立法法》的规定，部门规章是指国务院各部门，根据法律和国务院的行政法规、决定、命令，在本部门的权限范围内依照法定程序制定的规章。部门规章规定的事项属于执行法律或者国务院的行政法规、决定、命令的事项。部门规章以部门领导签署命令、予以公布，在国务院公报或者部门公报上刊登的规章文本作为标准文本。

现行有效的可以作为煤矿安全生产行政处罚依据的部门规章主要有《安全生产违法行为行政处罚办法》《煤矿安全监察行政处罚办法》《安全生产培训管理办法》《生产经营单位安全培训规定》《煤矿安全生产规程》《特种作业人员安全技术培训考核管理规定》《生产安全事故信息报告和处置办法》《生产安全事故应急预案管理办法》《安全生产事故隐患排查治理暂行规定》《煤矿领导带班下井及安全监督检查规定》《煤矿建设项目安全设施监察规定》《防治煤与瓦斯突出规定》《煤矿防治水规定》《煤矿重大事故隐患判定标准》《煤层气地面开采安全规程（试行)》《工作场所职业卫生监督管理规定》《用人单位职业健康监护监督管理办法》《职业卫生技术服务机构监督管理暂行办法》《煤矿安全培训规定》《安全评价机构管理规定》《安全生产检测检验机构管理规定》等。

（2）地方政府规章。根据《中华人民共和国立法法》的规定，地方政府规章指省（自治区、直辖市）和设区的市（自治州）人民政府，根据法律、行政法规以及本省（自治区、直辖市）的地方性法规，依照法定程序制定的规范性文件。地方政府规章以省长、自治区主席或者市长、自治州州长签署命令予以公布，在国务院公报或者地方人民政府公报上刊登的地方政府规章文本作为标准文本。

我国目前有煤地区的地方政府规章比较丰富，如《山西省非法违法煤矿行政处罚规定》《河北省安全生产违法行为行政处罚规定》《兰州市煤炭经营监督管理条例》等。

另外，煤矿安全生产行政执法机构在开展执法活动中，有时还会引用到政府规范性文件，其他引用到的规范性文件还包括国务院部门规范性文件和地方政府规范性文件。规范性文件规定的内容往往是对上位法有关规定的进一步细化，以便增强上位法有关规定的针对性和操作性，进一步强化执法效果。

6. 其他行政规范性文件及煤矿安全生产国家标准、行业标准

根据《煤矿安全监察行政处罚办法》，煤矿安全监察机构对煤矿及其有关人员违反有关安全生产的法律、行政法规、部门规章、国家标准、行业标准和规程的行为可以实施行政处罚。据此，煤矿安全生产行政规范性文件、国家标准和行业标准是煤矿安全生产行政处罚的重要依据。

煤炭行业是我国安全生产领域比较突出的重点行业，为保障煤矿生产安全，尽量减少事故的发生，维护人民群众生命财产安全，国家及行业主管部门制定颁布了很多煤矿安全生产国家标准及行业标准，其中有很多是强制性的标准，这些标准的落实，对保障煤矿生产安全有着重要的意义。煤矿企业在生产过程中必须认真贯彻落实这些标准，煤矿安全生产执法机构在执法过程中，也要对煤矿企业贯彻落实这些标准的情况进行监督检查。

有关煤矿安全生产的国家标准和行业标准有很多，例如：《煤炭工业矿井设计规范》（GB 50215—2015）、《煤矿矿井瓦斯地质图编制方法》（AQ/T 1086—2011）、《煤矿建设安全规范》（AQ 1083—2011）、《煤层气开采防尘防毒技术规范》（AQ 4213—2011）、《煤矿灾变环境混合气体测试方法与爆炸危险性判定规则》（AQ/T 1084—2011）、《煤矿安全风险预控管理体系规范》（AQ/T 1093—2011）、《金属非金属地下矿山紧急避险系统建设规范》（AQ/T 2033—2023）等。

二、煤矿安全生产行政处罚的原则

（一）法律适用的一般原则

行政处罚的目的是通过维护公共利益和社会秩序，保护公民、法人或者其他组织的合法权益。立法机关在立法过程中，根据违法程度、预防威慑以及维护行政管理秩序的要求相应的制定出对应的制裁幅度，以便行政机关对不同的违法行为作出行政处罚。行政机关在行政处罚中，对个案中出现的新问题、新情况，如果没有相应的具体法律条文调整时，行政机关可以依据行政处罚适用的基本原则予以解决，以弥补法律规范规定上的不足。

1. 新法优于旧法原则

新法优于旧法原则也称后法优于前法原则，是指当新法、旧法对同一事项有不同规定时，新法的效力优于旧法。因前后时间不同的同一法律规定不同，此时适用的原则是新法生效实施以后准用新法，新法实施以前包括新法公布以后尚未实施的这段时间，仍沿用旧法。

2. 高位阶法优于低位阶法原则

我国法律体系由不同位阶的法律组成，如：宪法、法律、行政法规、地方性法规、部门规章。其中，我国宪法具有最高法律效力，其次是全国人大及其常委会制定的其他法律，再次是国务院制定的行政法规。地方人大及其常委会制定的地方性法规不得与法律相抵触，否则视为无效。若高位阶法与低位阶法同时对同一事项作了规定，应当适用高位阶法。

3. 特别法优于一般法原则

一般法是指在一国范围内，对一般人员和事件有效的法律。在行政处罚领域，《行政处罚法》是基础法也是一般法。特别法是指在一国的特定地区、特定期间或对特定事件、特定公民有效的法律。在煤矿安全生产领域，《煤矿安全监察行政处罚办法》第 2 条规定：“本办法未作规定的，适用安全生产违法行为行政处罚办法”。由此，《煤矿安全监察行政处罚办法》属于安全生产行政处罚领域的特别法，《安全生产违法行为行政处罚办法》属于一般法。

4. 从旧兼从轻原则

从旧兼从轻原则是指行政机关在对违法行为人实施行政处罚时，对相应行为及其处罚的规定同时有新旧两部法律法规和规章存在时，一般应当适用旧法。但也有适用的例外，如新法与旧法比较，新法处罚较轻，行政机关应选择对被处罚人规定处罚较轻的法律法规和规章加以适用。例如，2021 年修订的《行政处罚法》第 37 条规定：“实施行政处罚，适用违法行为发生时的法律、法规、规章的规定。但是，作出行政处罚决定时，法律、法规、规章已被修改或者废止，且新的规定处罚较轻或者不认为是违法的，适用新的规定。”

（二）行政处罚的实施原则

煤矿安全生产行政执法机构实施行政处罚，应当遵循以下四项基本原则。

1. 处罚法定原则

行政处罚的法定原则是行政合法性原则下的必然。根据《行政处罚法》和《安全生产违法行为行政处罚办法》等规定，煤矿安全生产行政处罚必须依法实施。

2. 公正、公开原则

公正是指煤矿安全生产行政执法机关作出行政处罚必须以事实为依据，公平地对待所有行政相对人，且能做到“过罚相当”。所谓“过罚相当”是指煤矿安全生产行政执法机关作出的行政处罚决定必须与煤矿安全生产违法行为的事实、性质、情节以及社会危害程度相当，不能使“罚重于过”或“罚不抵过”。需要强调的是，公正原则既包括实体方面的公正，也包括程序方面的公正。

公开是指处罚依据的法律法规必须事先向社会公布，行政处罚的实施过程也应当公开。未经公开的法律法规不得作为行政处罚的依据，作出行政处罚决定的煤矿安全生产行政执法机构及其行政执法人员必须公开身份，作出行政处罚决定的事实、理由及依据必须在作出行政处罚决定之前向当事人公开。

3. 处罚与教育相结合原则

处罚与教育相结合是指在开展行政执法活动中要坚持教育先行，对于通过教育就能纠正的轻微违法行为，应当坚持教育敦促而非行政处罚；对于应当给予行政处罚的，也要在实施行政处罚的过程中，明确行政处罚只是一种手段，而非目的，既通过制裁手段严惩违法行为，又通过说服教育，让当事人充分认识到煤矿安全生产违法行为的危害性，自觉增强法治观念，以达到预防违法行为再次发生的目的。

4. 保障相对人权利原则

保障相对人权利是指在实施行政处罚的过程中，应当充分保障行政相对人享有的合法权利，行政相对人也可以依法维护其自身的合法权利。煤矿安全生产行政执法机构及其行政执法人员在实施行政处罚的过程中，应当保障行政相对人依法享有的知情权、陈述权、申辩权和申请听证等权利；行政相对人不服煤矿安全生产行政执法机构作出的行政处罚决定的，可以依法申请行政复议或者提起行政诉讼。实施行政处罚使行政相对人遭受损失的，行政相对人有获得行政赔偿的权利。

（三）煤矿安全生产行政处罚中原则的适用

1. 行政处罚的法定原则的适用

处罚法定是现代法治社会的基本要求。行政处罚涉及公民的许多基本权利，必须严格依照法律规定进行。处罚法定原则是行政处罚中最重要的原则，该原则不仅适用于行政处罚的实施阶段，也适用于行政处罚的设定阶段。处罚法定原则既是一个实体法上的原则，也是一个程序法上的原则。处罚法定原则的具体内涵包括以下四个方面。

（1）设定权法定。行政处罚由有权设定行政处罚的国家机关在其职权范围内设定，无权设定的不得设定，也不得越权设定。煤矿安全生产行政处罚的设定必须符合《行政处罚法》关于行政处罚设定权限的规定，违反法定权限设定的行政处罚无效，据此作出的行政处罚行为必然也属于违法行为。

（2）主体法定和职权法定。行政处罚主要由行政机关实施，但法律、行政法规或者地方性法规授权的组织也可以行使某些行政处罚权。这里应注意，并非所有的行政机关都有行政处罚权，只有法律、法规或者规章规定具有行政处罚权的行政机关，才能依照法律、法规或者规章确定的违法行为和规定所给予的行政处罚权实施行政处罚。实施行政处罚的主体资格和职权范围必须有法律法规明确的规定或授权，无权或越权实施的行政处罚均为无效。

（3）依据法定。公民、法人或者其他组织违反行政管理秩序的行为，依照法律、法规或者规章明文规定应予行政处罚的，才应当给予行政处罚；没有明文规定，任何行政机关或者其他组织不得实施行政处罚。作出煤矿安全生产行政处罚的依据必须是法律法规明确的规定，即哪些行为应当处罚、处罚的具体内容是什么等都必须有明确的法定依据。

（4）程序法定。实施行政处罚必须遵守法律规定的程序，既包括《行政处罚法》规定的程序，也包括其他行政法律关于程序的规定。《行政处罚法》也是一部程序法，是对行政机关如何实施行政处罚进行规范，一方面保障行政机关有效实施行政管理，另一方面也要在程序上进行必要的规范，防止滥施处罚。煤矿安全生产行政处罚的程序必须符合相关法律法规的规定，对于违反法定程序构成重大且明显违法的，行政处罚无效。

2. 信赖保护原则的适用

信赖保护原则是指在现代法治国家中，基于保护人民正当权益的考虑，行政机关对其作出的具有一定可预见性的行为、承诺、规则、惯例、状态等，必须遵守信用，不得随意变更或撤销，否则，将承担相应的法律责任。若因重大公共利益的需要而确需变更或撤销的，在相对人无过错的情况下，行政机关必须合理地给予补偿。

在行政处罚领域适用信赖保护原则，主要应注意对行政相对人的合理、合法利益予以保护，在行政处罚中兼顾实现公平与效率、公权与私权、公益与私益，在维护社会管理和社会秩序稳定的同时，提高行政处罚的公信力。

在煤矿安全生产行政处罚适用中，执法机关和执法人员应注意以下三个方面。一是正确认识到信赖保护在行政执法中的地位。各级矿山安全监察执法机关及行政执法人员应把信赖保护当作是一项必须履行的公法义务并自觉地将其落实到行政执法活动当中，以更好地保护行政相对人的合法、合理权益。二是慎重对待行政相对人的提问并作出行为。从立案、调查到最后执法决定的作出及后续执行等每一个过程，均应慎重对待行政相对人，没有决定的事情不能随便告知，应告知的义务不能懈怠，不确定的问题可以通知行政相对人在一定期限内等待答复，不能威吓或随意告知，以增强行政相对人对处罚的信赖度；三是煤矿安全生产监管监察部门及执法人员应谨慎对待执法办案中的每一过程和每一环节，在于法有据、证据确凿充分等前提下经过法定程序方可有所决定，切不可因一时疏漏而产生程序或实体上的瑕疵。

3. 处罚与教育相结合原则的适用

行政处罚具有明显的制裁和预防性，以此维护公共利益和社会秩序。但给予行政处罚并不单纯是为了惩罚。行政处罚的实施使得违法的相对人认识到自己的行为存在问题、明白为什么会受到行政处罚，令其在精神、财产或其他方面受到处罚，从而使其自觉维护行政管理秩序。因此，在行政执法中，执法工作人员对应当受到行政处罚行为和违法结果之间的因果关系的告知、处罚依据的告知等本身就是对违法行为人的一种法治教育。

4. 公平与效率兼顾原则

行政处罚程序作为行政程序的一个组成部分，是行政程序在行政处罚领域的特殊运用，体现了其提高行政效率和保护公民权利的双重作用。一方面，行政处罚的实施应是一个迅速的执法过程，违法行为应当及时予以追究，以保障社会秩序的稳定和有序。因此，行政处罚程序必须具有促进行政效率的功能。另一方面，在实施行政处罚的过程中，行政权始终居于主导地位，当事人在强大的行政机关面前显得较为弱小，因此，行政处罚程序保障公民权利的作用就显得十分重要。良好的行政程序不仅需要效率，而且需要公平，必须同时兼顾行政利益和当事人的利益。

三、煤矿安全生产行政处罚的相对人

（一）行政相对人的概念

在我国，行政相对人是与行政主体相对应的一个概念，属于学理概念，而非法律概念。学理上认为，行政管理法律关系中与行政主体相对应的另一方当事人，其权益受行政主体实施的行政行为影响的公民、法人或其他组织，就是行政相对人。

对行政法律关系中行政管理相对一方的确认与判定，应当以公民、法人或其他组织的权利和义务与行政主体的职权与职责行为之间是否形成了行政法上的权利和义务的关系为标准。

依据《行政处罚法》第 2 条规定，在行政处罚法律关系中违反行政管理秩序的公民、法人或其他组织属于行政处罚中的相对人。

（二）煤矿安全生产行政处罚的相对人

根据《安全生产违法行为行政处罚办法》第 2 条规定，县级以上人民政府安全生产监督管理部门对生产经营单位及其有关人员在生产经营活动中违反有关安全生产的法律、行政法规、部门规章、国家标准、行业标准和规程的违法行为实施行政处罚。

根据《安全生产法》第 4 条至第 6 条的相关规定，生产经营单位有依据法律加强安全生产管理，建立健全全员安全生产责任制和安全生产规章制度，加大对安全生产资金、物资、技术、人员的投入保障力度，改善安全生产条件，构建安全风险分级管控和隐患排查治理双重预防机制，确保履行安全生产的法律义务；生产经营单位的主要负责人对本单位的安全生产工作全面负责，其他负责人对职责范围内的安全生产工作负责；生产经营单位的从业人员有依法履行安全生产方面的义务。在安全生产方面，生产经营单位和生产经营的负责人（包括主要负责人和其他负责人）、生产经营单位的从业人员是受行政处罚的相对主体。其中，生产经营单位的主要负责人是本单位的安全生产第一责任人，对本单位的安全生产工作全面负责，其他负责人对职责范围内的安全生产工作负责；依据《煤矿安全生产条例》，相对人主要包括煤矿及有关人员（煤矿矿长或者其他主管人员、直接负责的主管人员和其他直接责任人员、专职安全生产管理人员、从业人员以及与煤矿企业相关的设计、建设、施工单位）；另外，要注意煤矿企业实际控制人的法律义务。煤矿企业安全生产主体责任和煤矿实际控制人的确定是有效预防煤矿生产安全事故的重要方面，目前，我国采取的是“谁投资，谁受益，谁负责安全”和“分级管理，分级负责”的原则。煤矿企业实际控制人和法人是预防煤矿生产安全事故的第一责任人。

> ☞ **法条链接**
>
> **《煤矿安全生产条例》第 4 条第 2 款**
>
> 煤矿企业主要负责人（含实际控制人，下同）是本企业安全生产第一责任人，对本企业安全生产工作全面负责。其他负责人对职责范围内的安全生产工作负责。

案例分析

2017年9月5日，市安监局委托执法支队对某煤业公司进行监督检查时，发现该公司存在“图纸作假，1121采煤工作面情况未在采掘工程平面图上填绘以及在监控平台上反映”等安全隐患，并认为以上行为涉嫌违反《安全生产法》的规定，决定予以立案调查，并制作现场检查记录、送达现场处理措施决定书、拍摄现场照片、制作勘验笔录等。经询问、调查取证后，市安监局研究认为“企业实际控制人陈某未履行主要负责人法定责任，消除煤矿重大生产安全事故隐患”，涉嫌违反相关法律规定，拟对作为实际控制人的原告陈某作出处以人民币叁万元罚款的行政处罚。

2017年9月11日，市安监局向陈某直接送达了（内）安监罚告〔2017〕支监二19－2号行政处罚告知书和（内）安监听告〔2017〕支监二19－2号行政处罚听证告知书。市安监局作出的行政处罚告知书告知了陈某拟作出处罚决定的事实理由及依据，以及当事人依法享有陈述、申辩的权利。原告陈某提交了陈述申辩书。经复核，市安监局认为原告的申辩理由不成立，对于陈某的申辩意见不予采纳。原告陈某在规定期限内未提出书面听证申请。经调查、审批、执法支队进行的负责人集体讨论，市安监局于2017年9月29日作出（内）安监罚〔2017〕支监二19－2号行政处罚决定书，决定给予陈某人民币叁万元罚款的行政处罚，并于2017年9月30日送达。

陈某不服，提起行政诉讼，请求法院判决撤销于2017年9月29日作出的行政处罚决定。一审中，陈某诉称，2017年9月29日，被告以原告实际控股经营公司在整改过程中存在违规开采问题为由，对原告以该煤业公司的实际控制人为由作出的行政处罚决定程序违法，适用法律、法规错误。被告不应对作为实际控制人的原告进行处罚，而应对煤矿或煤矿企业负责人进行处罚。陈某认为《国务院关于预防煤矿生产安全事故的特别规定》（现已废止）中的第2条，应理解为只有在安全事故中负主要责任时才处罚实际控制人，原告陈某不属于该情形，不应被处罚。

被告市安监局认为：根据《国务院关于预防煤矿生产安全事故的特别规定》（现已废止）第2条，市安监局调查后认为原告作为实际控制人，负责公司全面工作，是煤矿的实际负责人，对煤矿存在的多项重大安全隐患理应负主要责任，对其处罚事实清楚，证据充分。

解析：原告陈某系某煤业公司的股东，占股90%，系实际控制人，负责公司全面工作。该煤业公司存在“1121采煤工作面情况未在采掘工程平面图上填绘以及在监控平台上反映”的违法事实清楚，原告陈某作为该公司的实际控制人，负责公司全面工作。被告市安监局依照《国务院关于预防煤矿生产安全事故的特别规定》（现已废止）、《煤矿重大生产安全事故隐患判定标准》等相关规定对原告陈某作出行政处罚决定并无不当。原告关于被告不应对作为实际控制人的原告进行处罚、投资人只有在煤矿出现安全事故中负主要责任时才能被处罚的理由缺乏事实和法律依据，法院不予支持。

（三）相对人在处罚后的救济权

行政处罚决定的单方性决定了受处罚相对人应当享有法定救济的权利。为了更好地规范行政机关的执法行为，保障相对人的权利，国家通过制定《行政复议法》《行政诉讼法》《中华人民共和国国家赔偿法》等法律保障相对人的救济权利。依据法律规定，在煤矿安全生产行政处罚的执法行为中，相对人可通过复议、诉讼等方式主张自己的权利。

1. 申请复议权

国家制定的《行政复议法》，赋予行政相对人申请行政复议的权利。针对煤矿安全生产行政处罚过程中出现的一些行政违法行为或者是行政相对人认为侵犯了其合法权益有异议的行为，行政相对人有权向行政机关提出行政复议申请。复议机关应当依法受理行政复议并作出行政复议决定。为了保障行政相对人的复议权，《行政处罚法》规定，公民、法人或者其他组织对行政处罚不服的，有权依法申请行政复议。

2. 提出诉讼权

在依法作出行政复议决定后，行政相对人不服的，仍然有权向人民法院提起行政诉讼，维护自身合法权益。《行政诉讼法》规定，公民、法人或者其他组织认为行政机关和行政机关工作人员的行政行为侵犯其合法权益的，有权依照本法向人民法院提起诉讼，行政诉讼既可以由行政相对人直接向人民法院提起，也可以经过行政复议后再向人民法院提起，法律规定不可以再诉讼的除外。《行政处罚法》规定，公民、法人和其他组织对行政处罚不服的，有权依法提起行政诉讼。

3. 申请国家赔偿权

公民、法人和其他组织认为行政机关及其工作人员实施行政处罚侵犯了其合法权益，造成损害，要求获得行政赔偿，可以通过侵权机关主动赔偿、行政复议、行政诉讼等方式予以解决。

第二节　煤矿安全生产行政处罚的种类和设定权限

一、安全生产行政处罚种类

根据《行政处罚法》《安全生产法》《煤矿安全生产条例》《安全生产违法行为行政处罚办法》《煤矿安全监察行政处罚办法》相关法律法规的规定，煤矿安全生产行政处罚的种类主要有以下七种。

（一）警告、通报批评

警告、通报批评是指煤矿安全生产行政执法机构对已实施煤矿安全生产违法行为的行政相对人，通过对其名誉、声誉等施加影响，以达到予以谴责和告诫的目的。警告、通报批评是一种精神罚，亦称申诫罚或影响声誉罚，它是通过给予行政相对人一种精神上的惩戒，申明其有违法行为，促使其不再违法。警告适用于情节比较轻微的煤矿安全生产违法行为，对煤矿企业、煤矿安全生产中介组织及其从业人员都可以适用。警告、通报批评可单处，也可与其他行政处罚合并适用。

（二）罚款

罚款是指安全生产行政执法机构对实施了煤矿安全生产违法行为的行政相对人，依法强制其向国家缴纳一定数额的金钱，以达到惩戒的目的。罚款是一种财产罚，是依法剥夺行政相对人某些财产的行政处罚，其目的是使行政相对人在经济上遭受损失，促使其不敢再违法。罚没收入必须全部上缴国库，任何煤矿安全生产行政执法机构及其行政执法人员都不得截留罚没收入。

在我国现行的煤矿安全生产行政法律规范中，有关罚款的规定是比较多的，罚款数额的设定跨度也特别大，既可以单独适用，也可以并处，如2021年修订的《安全生产法》第98条及第99条规定。根据违法行为的严重程度，罚款额度从几百元、几千万元至上亿元不等。依据《安全生产法》第114条，发生生产安全事故，对负有责任的生产经营单位除要求其依法承担相应的赔偿等责任外，若发生特别重大事故，由应急管理部门处以一千万元以上二千万元以下的罚款。发生生产安全事故，情节特别严重、影响特别恶劣的，应急管理部门可以按照前款罚款数额的二倍以上五倍以下对负有责任的生产经营单位处以罚款。

在煤矿安全生产行政执法实践中，罚款是一种常见的行政处罚。罚款的适用形式多样，既可以单独适用，也可以与其他行政处罚合并适用；其适用对象也很广，既可适用于违法生产经营的煤矿企业、煤矿安全生产中介机构等生产经营单位，也可以适用于违法的煤矿企业和煤矿安全生产中介组织的从业人员。

小贴士

新安法加大处罚力度　新规紧跟新安法

2021年修订的《安全生产法》针对安全生产领域“屡禁不止、屡罚不改”的问题作出一系列有针对性的规定，例如：第94条规定，在原有的企业主要负责人未履行本法规定的安全生产管理职责的“责令限期改正”基础上，增加了“处二万元以上五万元以下的罚款”，即只要发现企业主要负责人未履行法定的安全生产职责，就必须对其进行不少于二万元的处罚；逾期未改正的，除责令生产经营单位停产停业整顿外，原“处二万元以上五万元以下的罚款”修改为“处五万元以上十万元以下的罚款”。

新安法的众多亮点将习近平总书记关于安全生产一系列重要指示批示精神转化为法律规定，为统筹发展和安全两件大事提供坚强的法治保障。为贯彻党中央、国务院决策部署，奋力推进应急管理体系和能力现代化，应急管理的事业、安全生产的事业必须坚持稳中求进工作总基调，坚持人民至上、生命至上，坚持统筹发展和安全，紧紧围绕保持平稳健康的经济环境、国泰民安的社会环境、风清气正的政治环境，全力防范化解重大安全风险。

《煤矿安全生产条例》进一步提高煤矿企业违法成本。对发生一般事故、较大事故、重大事故的企业，罚款下限分别提高至50万元、150万元和500万元；加大关闭力度，对新现象老问题进行较为严厉的处罚。进一步强化煤矿安全生产的要求和监督监察力度，限制不合规、不安全、超能力生产等现象的发生，提高煤矿安全生产水平，进一步降低事故发生风险。

需要强调的是,在煤矿安全生产行政处罚中,人员要注意区分罚款和罚金。罚款不同于罚金,罚款属于行政处罚,适用于行政违法行为;而罚金则属于刑事处罚,适用于犯罪行为。

（三）没收

没收是指煤矿安全生产行政执法机构将行政相对人的违法所得和非法财物予以剥夺并收归国有的一种行政处罚形式。由此可见，没收包括两个部分，没收违法所得和没收非法财物。违法所得是指煤矿安全生产行政相对人在实施煤矿安全生产违法行为时所获得的物质利益，如煤矿企业超层越界开采煤炭资源而获得的利益；非法财物一般是指违禁品和实施违法活动所借助的工具、物品等，从煤矿安全生产的角度看，非法财物主要是指实施煤矿安全生产违法活动所借助的采掘设备和其他工具、物品等。

没收也是一种财产罚，没收的违法所得必须上缴国库；没收的非法财物，应当妥善保管，不得随意毁损，经依法处理后，所得款项也必须全部上缴国库，不得私分、截留。

（四）责令停产停业、责令停产停业整顿、责令停止建设、责令停止施工

根据《行政处罚法》《安全生产法》《煤矿安全生产条例》《安全生产违法行为行政处罚办法》等法律法规的规定，《行政处罚法》中关于“责令停产停业”的行政处罚形式，在安全生产行政处罚的体系中描述为责令停产停业、责令停产停业整顿、责令停止建设和责令停止施工四种具体的行政处罚形式。

（五）暂扣或者吊销有关许可证件、降低资质等级

暂扣或者吊销有关许可证件、降低资质等级是指煤矿安全生产行政执法机构依法限制或者剥夺行政相对人的某些行为资格或者能力，使其从事某种活动能力受限的一种处罚形式。依据 2021 年修订的《行政处罚法》规定，在有关资格罚的行政处罚方面做出了新的规定，第 3 款增加为“暂扣许可证件、降低资质等级、吊销许可证件”。

暂扣或者吊销有关许可证件和降低资质等级都是一种能力罚，它们是通过限制或者剥夺行政相对人的某些行为资格或者能力的方式，来达到惩戒的目的。作出暂扣或者吊销有关许可证件和降低资质等级这一类行政处罚决定的首要前提是行政相对人已经合法拥有相关行政许可，其次是该行政相对人实施了违法行为，两者必须同时具备，否则不能作出此类行政处罚。如果是被吊销许可证件或者降低资质等级，行政相对人的相关资格或者能力即完全终止，这种终止可能是永久性的，也可能按照一定的程序可以重新申请曾被剥夺的资格或者能力。由此可见，吊销许可证件及降低资质等级是比较严厉的行政处罚。需要强调的是，有些煤矿安全生产行政许可并没有颁发许可证或者执业资格、岗位证书，而是通过下发许可文件的形式予以行政许可,如果这些行政许可需要予以终止,应当按照《行政许可法》的规定,采用撤回或者撤销的方式予以处理。且按照相关法律法规的规定,行政相对人可以要求听证。

按照煤矿安全生产相关法律法规的规定，与煤矿安全生产活动有关的行政许可项目主要有煤矿安全生产许可证的颁发、煤矿建设工程安全设施设计的审批、煤矿安全生产评价机构和咨询机构资质的认可、煤矿安全生产检测检验机构资质的认可、煤矿职业卫生技术服务机构资质的认定、煤矿安全生产标志认证机构的确定、注册安全工程师资格的认定、煤矿特种作业人员操作资格的认定（特种设备作业人员除外）等。上述有关煤矿安全生产行政许可项目的实施中，有的颁发许可证、执业资格、岗位证书，有的下发许可文件。许可证可以按照法定程序及条件由有权的煤矿安全生产行政执法机构予以暂扣或者吊销，执业资格、岗位证书可以按照法定程序及条件由有权的煤矿安全生产行政执法机构予以暂停或者撤销，许可文件可以按照法定程序及条件由有权的煤矿安全生产行政执法机构予以撤销。

（六）关闭

关闭是指由有权的执法机关依法剥夺行政相对人主体资格的一种行政处罚形式。依据法律规定，予以关闭的行政处罚，由负有安全生产监督管理职责的部门报请县级以上人民政府按照国务院规定的权限决定。依据《煤矿安全生产条例》第 70 条，煤矿企业存在下列情形之一的，应当提请县级以上地方人民政府予以关闭：①未依法取得安全生产许可证等擅自进行生产的；②3 个月内 2 次或者 2 次以上发现有重大事故隐患仍然进行生产的；③经地方人民政府组织的专家论证在现有技术条件下难以有效防治重大灾害的；④有《中华人民共和国安全生产法》规定的应当提请关闭的其他情形。

关闭是对严重违法或不具备安全生产条件的煤矿矿井的一种最为严厉的行政处罚，它是对煤矿企业主体生产资格的彻底剥夺。一旦被关闭，煤矿企业的主体资格即消灭。2024 年 5 月 1 日施行的《煤矿安全生产条例》增加了对地方人民政府作出予以关闭处罚后的具体要求及相关责任。关闭煤矿应当达到：①依照法律法规有关规定吊销、注销相关证照；②停止供应并妥善处理民用爆炸物品；③停止供电，拆除矿井生产设备、供电、通信线路；④封闭、填实矿井井筒，平整井口场地，恢复地貌；⑤妥善处理劳动关系，依法依规支付经济补偿、工伤保险待遇，组织离岗时职业健康检查，偿还拖欠工资，补缴欠缴的社会保险费；⑥设立标识牌；⑦报送、移交相关报告、图纸和资料等；⑧有关法律法规规定的其他要求。

（七）行政拘留

行政拘留是指公安机关对实施煤矿安全生产违法行为的人员，依法在短期内剥夺或者限制其人身自由的一种行政处罚形式。按照相关法律的规定，给予拘留的行政处罚，由公安机关依照《中华人民共和国治安管理处罚法》的相关规定决定。因此，煤矿安全生产行政执法机构在执法过程中认为需要对行政相对人实施行政拘留的，应当移交公安机关处理。比如，煤矿企业主要负责人在本单位发生重大生产安全事故时逃匿的处十五日以下拘留的行政处罚，这类行政处罚只能由公安机关实施。

二、煤矿安全生产行政处罚中的五类设定权

（一）法律对煤矿安全生产行政处罚的设定权

煤矿安全生产行政处罚设定权的主要依据是《安全生产法》。处罚种类包括罚款、没收违法所得、停产停业整顿、关闭、拘留等。依据《安全生产法》规定，发生生产安全事故，对负有责任的生产经营单位除要求其依法承担相应的赔偿等责任外，应急管理部门可以依照下列规定处以罚款：①发生一般事故的，处三十万元以上一百万元以下的罚款；②发生较大事故的，处一百万元以上二百万元以下的罚款；③发生重大事故的，处二百万元以上一千万元以下的罚款；④发生特别重大事故的，处一千万元以上二千万元以下的罚款。发生生产安全事故，情节特别严重、影响特别恶劣的，应急管理部门可以按照前款罚款数额的二倍以上五倍以下对负有责任的生产经营单位处以罚款。

（二）行政法规对煤矿安全生产行政处罚的设定权

不同层级的法律规范在不同权限范围内有不同的设定权限。行政法规可以设定除限制人身自由以外的行政处罚。法律对违法行为已经作出行政处罚规定，行政法规需要作出具体规定的，必须在法律规定的给予行政处罚的行为、种类和幅度的范围内规定。法律对违法行为未作出行政处罚规定，行政法规作为实施法律，可以补充设定行政处罚。拟补充设定行政处罚的，应当通过听证会、论证会等形式广泛听取意见，并向制定机关作出书面说明。行政法规报送备案时，应当说明补充设定行政处罚的情况。

在国务院发布的关于煤矿安全生产的行政法规中，涉及煤矿安全生产行政处罚的主要是《煤矿安全生产条例》和《生产安全事故报告和调查处理条例》。

《煤矿安全生产条例》（国务院第 774 号）对省、自治区、直辖市人民政府；省、自治区、直辖市人民政府负有煤矿安全生产监督管理职责的部门；县级以上地方人民政府；县级以上人民政府相关主管部门；县级以上地方人民政府负有煤矿安全生产监督管理职责的部门；乡镇人民政府的监管责任等进行明确。国家矿山安全监察机构及其设在地方的矿山安全监察机构履行职责。

《生产安全事故报告和调查处理条例》(国务院第 493 号令)的制定背景是为了规范生产安全事故的报告和调查处理,落实生产安全事故责任追究制度,防止和减少生产安全事故。

（三）地方性法规对煤矿安全生产行政处罚的设定权

《行政处罚法》第 12 条规定，地方性法规可以设定除限制人身自由、吊销营业执照以外的行政处罚。法律、行政法规对违法行为已经作出行政处罚规定，地方性法规需要作出具体规定的，必须在法律、行政法规规定的给予行政处罚的行为、种类和幅度的范围内规定。法律、行政法规对违法行为未作出行政处罚规定，地方性法规为实施法律、行政法规,可以补充设定行政处罚。拟补充设定行政处罚的,应当通过听证会、论证会等形式广泛听取意见,并向制定机关作出书面说明。地方性法规报送备案时,应当说明补充设定行政处罚的情况。

我国各省市和地区相继出台了一些关于煤矿安全生产行政处罚的条例或办法，如《浙江省矿产资源管理条例》《四川省安全生产条例》等。

☞ 法条链接

《浙江省矿产资源管理条例（修正)》

第 37 条　对违反本条例规定的行为，法律、行政法规已有处罚规定的，依照有关规定执行。

第 38 条　违反本条例第 26 条、第 28 条规定的，由县级以上地质矿产主管部门按规定权限责令限期改正；逾期不改正的，处以一万元以下的罚款；情节严重的，由原登记发证机关吊销许可证。

《四川省安全生产条例》第 72 条

安全生产中介机构违反本条例第 57 条规定的，责令停止中介服务活动，没收违法所得，并处违法所得2倍以上5倍以下的罚款；违法所得不足5000元的，单处或者并处5000元以上2万元以下罚款；情节严重的，吊销资质证书；造成人员伤害或者财产损失的，负连带赔偿责任；构成犯罪的，依法追究刑事责任。

（四）部门规章对煤矿安全生产行政处罚的设定权

为了维护法制的统一，法律对违法行为已经作出行政处罚规定的，其他任何规定均不能与法律抵触或者相悖。不同位阶的规范性文件只能在《行政处罚法》的设定范围内设定处罚权。国务院部门规章可以在法律、行政法规规定的给予行政处罚的行为、种类和幅度的范围内作出具体规定。尚未制定法律、行政法规的，国务院部门规章对违反行政管理秩序的行为，可以设定警告、通报批评或者一定数额罚款的行政处罚。罚款的限额由国务院规定。

为了解决国务院直属机构进行管理的需要，处罚法采取授权的办法，规定具有行政处罚权的国务院直属机构设定行政处罚。

☞ 法条链接

《生产安全事故罚款处罚规定》第7条

对煤矿事故发生单位及其有关责任人员处以罚款的行政处罚，依照下列规定执行：（一）对发生特别重大事故的煤矿及其有关责任人员罚款的行政处罚，由国家矿山安全监察局决定；（二）对发生重大事故、较大事故和一般事故的煤矿及其有关责任人员罚款的行政处罚，由国家矿山安全监察局省级局决定。

上级煤矿安全监察机构可以指定下一级矿山安全监察机构对事故发生单位及其有关责任人员实施行政处罚。

在事故发生时，以对事故发生单位发生较大事故，单位主要负责人应受到的罚款作为比较，具体表现为以下法律规范。

法律层面，《安全生产法》第94条、第95条规定，生产经营单位的主要负责人未履行本法规定的安全生产管理职责的，责令限期改正，处二万元以上五万元以下的罚款；逾期未改正的，处五万元以上十万元以下的罚款，责令生产经营单位停产停业整顿；生产经营单位的主要负责人未履行本法规定的安全生产管理职责，导致发生较大生产安全事故的，处上一年年收入百分之六十的罚款。

行政法规层面，《生产安全事故报告和调查处理条例》对较大事故的定义为造成3人以上10人以下死亡，或者10人以上50人以下重伤，或者1000万元以上5000万元以下直接经济损失的事故；事故发生单位主要负责人未依法履行安全生产管理职责，导致事故发生的，依照下列规定处以罚款；属于国家工作人员的，并依法给予处分；构成犯罪的，依法追究刑事责任；发生较大事故的，处上一年年收入 40% 的罚款。

规章层面，一是《生产安全事故罚款处罚规定》第 19 条规定，事故发生单位主要负责人未依法履行安全生产管理职责，导致事故发生的，发生较大事故的，处上一年年收入 60% 的罚款；二是《特种作业人员安全技术培训考核管理规定》（2015 年修正）规定：生产经营单位使用未取得特种作业操作证的特种作业人员上岗作业的，对直接负责的主管人员和其他直接责任人员处 1 万元以上 2 万元以下的罚款；煤矿企业使用未取得特种作业操作证的特种作业人员上岗作业的，依照《中华人民共和国安全生产法》有关规定处罚；三是《安全生产事故隐患排查治理暂行规定》规定，生产经营单位安全生产事故隐患排查治理和安全生产监督管理部门、煤矿安全监察机构（以下统称安全监管监察部门）实施监管监察，适用本规定；生产经营单位及其主要负责人未履行事故隐患排查治理职责，导致发生生产安全事故的，依法给予行政处罚。

（五）地方政府规章对煤矿安全生产行政处罚的设定权

根据《行政处罚法》第 14 条，“地方政府规章可以在法律、法规规定的给予行政处罚的行为、种类和幅度的范围内作出具体规定。尚未制定法律、法规的，地方政府规章对违反行政管理秩序的行为，可以设定警告、通报批评或者一定数额罚款的行政处罚。罚款的限额由省、自治区、直辖市人民代表大会常务委员会规定。”

由此，地方政府规章可以设定一定的行政处罚，同时采用的是限制性的条件：一是设定权的前提限定必须是尚未制定法律法规，即针对某违法行为，法律、行政法规和地方性法规均未作规定；二是设定的种类限定，地方政府规章设定的行政处罚类型仅限于警告、通报批评或者处以一定数额的罚款，即地方政府规章不得设定限制人身自由、较大数额的罚款等行政处罚；三是限定数额，地方政府规章设定罚款的限额由省、自治区、直辖市人民代表大会常务委员会规定。

为了更好地规范行政处罚的设定权，2021 年修订的《行政处罚法》还规定了实施评估的新制度，即规定“国务院部门和省、自治区、直辖市人民政府及其有关部门应当定期组织评估行政处罚的实施情况和必要性，对不适当的行政处罚事项及种类、罚款数额等，应当提出修改或者废止的建议”。

地方各级人民政府应当加强煤矿安全生产管理工作，支持和协助煤矿安全监察机构依法对煤矿实施安全监察。煤矿安全监察机构应当及时向有关地方人民政府通报煤矿安全生产监察的有关情况，同时可以提出加强和改善煤矿安全生产管理的建议。地方各级政府在煤矿安全生产行政处罚的方面也有许多积极的作为。

小贴士

地方政府规章的设定与规定

2005 年，山西省人民政府第 58 次常务会议通过的《山西省非法违法煤矿行政处罚规定》，其中第 4 条规定，“发现非法违法煤矿企业，由相关执法部门依照相关法律法规没收违法所得、开采出的煤炭以及采掘设备，吊销各种证照，予以关闭，并处以违法所得1倍以上5倍以下罚款。”

2007年，河北省人民政府第77次常务会议通过《河北省安全生产违法行为行政处罚规定》，其中第16条规定，“生产经营单位不依法设立安全生产管理机构或者配备管理人员的，责令限期改正；逾期未改正的，责令停产停业整顿，并可以按下列规定处以罚款：(一)从业人员不足三十人的非煤矿山、建筑施工单位和危险物品生产、经营、储存单位，以及从业人员在三百人以下的其他生产经营单位，未按规定配备专职或者兼职安全生产管理人员，也未委托具有国家规定的相关专业技术资格的工程技术人员提供安全生产管理服务的，处五千元以上一万元以下罚款；(二)煤矿、从业人员在三十人以上的非煤矿山、建筑施工单位和危险物品生产、经营、储存单位，以及从业人员超过三百人的其他生产经营单位，未按规定设置专门从事安全生产管理的机构并配备与安全生产管理工作相适应的安全生产管理人员的，处一万元以上二万元以下罚款。

2000年，四川省凉山州人民政府颁布并实施《凉山彝族自治州矿产资源管理条例》，其中的第11条和第24条相关规定如下：

第11条 下列矿产资源的开采由自治州国土资源管理部门审批登记，颁发采矿许可证：(一)《矿产资源法》第十六条第一、二款规定、省规划矿区和对全省国民经济具有重要价值矿种以外可供开采储量规模为中型及以下的矿产资源；(二)可供开采储量规模为小型的煤、硫、磷矿和分散、零星的金矿。

第24条 违反本条例，有下列行为之一的，由县级以上国土资源管理部门进行处罚；给予吊销有关证照的处罚，须由原发证机关决定：(一)无证勘查、采矿、经营矿产品或超越勘查、采矿、经营规定范围进行勘查、采矿、经营的，擅自进入国家、省、州规划区和他人勘查、采矿区范围勘查、采矿的，擅自开采国家实行保护性开采特定矿种的，以及仅持勘查许可证进行边探边采或在勘查中以选冶试验为名进行经营性采矿的，责令停止违法行为，赔偿损失，没收违法所得，并处以5千元至10万元的罚款；(二)买卖、出租或者以其他形式转让矿产资源的，未经批准擅自转让探矿权、采矿权的，没收违法所得，并处5千元至10万元罚款；情节严重的，可吊销勘查许可证或采矿许可证；(三)不按规定报送地质勘查报告或撤销勘查项目报告的，责令限期补报；逾期不报的，处5千元至5万元的罚款；(四)无证运输矿产品的，没收矿产品和违法所得，并处承运方运输费两倍的罚款。

《重庆市煤矿安全生产监管行政执法程序暂行规定》(2011年)第17条第6款规定，对严重安全生产违法行为给予责令停产停业整顿、责令停产停业、责令停止建设、责令停止施工、依法吊销有关许可证、撤销有关执业资格或者岗位证书、3万元以上罚款、没收违法所得、没收非法开采的煤炭产品或者采掘设备价值3万元以上的行政处罚的，应当由煤矿安全监管部门的负责人组织集体讨论决定。

第三节　煤矿安全生产行政处罚的实施机关

一、煤矿安全生产行政处罚的实施机关概述

（一）行政处罚实施机关的一般要求

《行政处罚法》规定，行政处罚由具有行政处罚权的行政机关在法定职权范围内实施。我国的行政机关是个庞大的、组织严密的体系，由中央行政机关和地方行政机关组成。各级行政机关根据宪法或组织法授权，承担行政职能的行政机关并不是都有行政处罚权，有行政管理权不一定就有行政处罚权。行政机关行使处罚权，必须符合一定的条件，具体如下。

1. 必须履行外部行政管理职能

行政处罚是一种外部行政行为，必须由行政机关对外（公民、法人和其他组织而非行政机关内部）实施。同时，对外履行行政管理职能的机构必须是经过授权的组织而非行政机关内部的职能部门。

2. 外部行政机关必须依法取得特定的处罚权

行政处罚权是限制公民、法人等主体权利，或者是对公民、法人等增加义务或减损权益，该项权力不是行政管理权的自然延伸，不是行政机关自然就具有的。行政机关要取得处罚权，必须经法律法规和规章特别授予。

3. 必须在法定职权范围内实施

正如不同的行政机关有不同的行政管理权限一样，不同的行政机关也有不同的处罚权。煤矿安全生产的行政处罚也应当根据法律的规定，由专门的煤矿安全监管监察机构依职权进行。

（二）煤矿安全生产行政处罚的实施主体

1. 一般违法行为行政处罚的实施主体

国家设立了国家矿山安全监察机构和在省、自治区、直辖市设立的矿山安全监察机构（以下简称地区矿山安全监察机构）及其在大中型矿区设立的煤矿安全生产监察办事处。这些机构在矿山安全生产监管监察中统称为矿山安全监察机构（2020 年，国家矿山安全监察局和国家矿山安全监察局省级局承接其监管监察职能）。各级矿山安全监察机构依据国务院《煤矿安全生产条例》在履行煤矿安全监察职责时行使行政处罚权。未设立省级矿山安全生产监察局（原省级煤矿安全监察局）的省、自治区，由省、自治区人民政府指定的负责煤矿安全生产监察工作的部门依照《煤矿安全监督行政处罚办法》的规定对本行政区域内的煤矿安全生产违法行为实施行政处罚。

2. 生产安全事故行政处罚的实施主体

按照《安全生产法》第 114 条规定，发生生产安全事故，对负有责任的生产经营单位除要求其依法承担相应的赔偿等责任外，由应急管理部门依照法律规定行使罚款的处罚。依据《安全生产法》第 118 条规定，生产安全事故的划分标准由国务院规定。该条法律规定说明发生生产事故后行政处罚的实施主体是应急管理部门。以法律授权的方式交由国务院的行政法规《生产安全事故调查报告和处理条例》（国务院 493 号令）对生产

事故的等级进行规定。在《煤矿安全生产条例》第 32 条中规定，有关机关应当按照人民政府的批复，依照法律、行政法规规定的权限和程序，对事故发生单位和有关人员进行行政处罚，对负有事故责任的国家工作人员进行处分。事故处罚的实施主体是应急管理部门。法律、行政法规对行政处罚的种类、幅度和决定机关另有规定的，依照其规定。

同时，依据《煤矿安全生产条例》，国家实行煤矿安全监察制度。由此，作为“行政法规的另行规定”，煤矿生产安全事故行政处罚的实施主体是由应急管理部门和其他负有安全生产监督管理职责的部门按照职责分工决定的，主要包括：省、自治区、直辖市人民政府；省、自治区、直辖市人民政府负有煤矿安全生产监督管理职责的部门；县级以上地方人民政府；县级以上人民政府相关主管部门；县级以上地方人民政府负有煤矿安全生产监督管理职责的部门；国家矿山安全监察机构及其设在地方的矿山安全监察机构。

3. “关闭”“拘留”的实施主体

经停产整顿仍不符合《煤矿安全生产条例》第 70 条规定情形的，由煤矿安全监察机构报请县级以上人民政府按照国务院规定的权限决定。因此，处罚中“关闭”权限的主体是地方县级以上人民政府。给予拘留的行政处罚，由公安机关依照《中华人民共和国治安管理处罚法》的规定决定。

二、其他实施安全生产行政处罚的主体

（一）经法律法规授权的组织

授权执法是指法律、法规将某些行政处罚权授予非行政机关的组织行使。《行政处罚法》规定，法律、法规授权的具有管理公共事务职能的组织可以在法定授权范围内实施行政处罚。经过授权，非行政机关的组织就取得了执法的资格，可以以自己的名义行使处罚权，以自己的名义独立承担相应的法律后果。

目前，在煤矿安全生产行政处罚领域并没有单独的法律授权，采用的是行政法规授权的方式进行，即《煤矿安全生产条例》第 73 条规定，本条例规定的行政处罚由县级以上人民政府负有煤矿安全生产监督管理职责的部门和其他有关部门、国家矿山安全监察机构及其设在地方的矿山安全监察机构按照职责分工决定。

（二）委托实施安全生产行政处罚的主体

行政处罚权只能委托给行政机关或者符合条件的组织来行使，不能委托给不符合《行政处罚法》规定条件的组织行使，更不能委托给个人行使。

根据《行政处罚法》的规定，受委托组织，必须符合以下条件：①依法成立并具有管理公共事务的职能；②有熟悉有关法律、法规、规章及业务并取得行政执法资格的工作人员；③需要进行技术检查或者技术鉴定的，应当有条件组织进行相应的技术检查或者技术鉴定。

（三）其他实施煤矿安全生产行政处罚的主体

《行政处罚法》明确规定，行政处罚由违法行为发生地的县级以上地方人民政府具有行政处罚权的行政机关管辖。法律、行政法规等另有规定的除外。根据这一规定，乡镇人

民政府是没有行政处罚权的。同时，《行政处罚法》还规定，“法律、行政法规另有规定的除外”，这是对行政处罚管辖权问题作出的特殊规定。

三、超越职权的行政处罚的法律效果

行政处罚应当是特定的行政主体在法律法规规定的职权范围内作出的行为，超越法定职权会让行政执法机关处于不利的被动法律后果中。所谓超越职权，是指行政执法主体及其工作人员所作出的行为，超越了法律、法规所规定的权限范围，或者实施了无权实施的行政行为。

（一）超越职权的认定

根据我国有关法律法规的规定，依据我国行政管理的现状以及行政审判实践，可以从以下五个方面认定行政机关是否超越职权。一是从横向关系上认定，横向的超越职权是指无隶属关系的行政机关超越自己的业务主管范围，行使了属于其他行政机关权限的职权；二是从纵向关系上认定，指上下级行政机关之间实施的不属于自己职权范围内的行政行为；三是从程序上认定，指行政主体在作出行为时，超越了法律、法规规定的有效期限；四是从内容上认定，指行政主体在行使职权时，超越了法律法规的范围、幅度、手段等情形；五是从有无权限上认定，指行为主体没有依法获得或受委托取得行政职权，在完全不具有行政职权的情况下，对行政行为相对人作出行政行为，违法行使了行政机关或法律法规授权组织的行政职权。

（二）对超越职权的处理

对于行政机关的越权行政行为，根据对行政机关监督的不同途径，可以有不同的处理方式。

1. 国家权力机关对法的实施活动的监督

各级人民代表大会及其常务委员会对法的制定和实施活动的合法性的监督，就是对实施宪法、法律和法规等活动的合法性进行监督，主要包括对司法机关和行政机关的执法活动进行的监督。

2. 国家行政机关的监督

行政机关上下级之间存在的法律监督，分为一般行政监督和专门行政监督。一般行政监督是根据行政管理权限和行政隶属关系产生的，如上级政府部门对下级政府部门实施法律、法规的监督，是行使管理职能的一种手段。行政行为相对人对于行政机关越权行政不服的可向上级行政机关申请复议。

3. 审判机关的监督

人民法院是专门行使国家审判权的机关，它虽然不是国家的专门法律监督机关，但在我国整个法律监督体系中具有重要地位，人民法院的司法监督属于事后监督。

这些解决方式都可最大限度地用法律的武器保护行政相对人的合法权益。对于行政机关越权给行政相对人造成损失的，行政机关要承担相应的法律责任。

第四节　煤矿安全生产行政处罚的适用与管辖

一、行政处罚的时效

《行政处罚法》关于时效的规定，有着积极的现实意义，一方面是对于未过追诉时效的违反行政管理秩序的行为必须依法追究其行政责任，给予行政处罚，体现了执法的严肃性；另一方面是对于违法行为已经过了追诉时效期限的，不应再追究其行政责任，不再给予行政处罚。例如，行政执法机关在调查中，发现违法行为人的违法行为已超过了追诉时效，应采取相应的措施，终止调查、撤销案件或者作出不予行政处罚的决定，体现了行政处罚的教育与处罚相结合的原则。

2021 年修订的《行政处罚法》中，在第 60 条新增一项决定时效，即行政机关应当自行政处罚案件立案之日起九十日内作出行政处罚决定。法律、法规和规章另有规定的，从其规定。这里我们主要分析行政处罚的追诉时效。

（一）追诉时效的含义

《行政处罚法》中规定的时效，是指对违法行为人的违反行政管理秩序的行为追究行政责任、给予行政处罚的有效期限。依据《行政处罚法》第 36 条规定，违法行为在两年内未被发现的，不再给予行政处罚；涉及公民生命健康安全、金融安全且有危害后果的，上述期限延长至五年。法律另有规定的除外。此期限从违法行为发生之日起计算；违法行为有连续或者继续状态的，从行为终了之日起计算。

违法行为的追诉时效包括以下四层含义。

（1）在该违法行为发生后的两年内，对该违法行为有处罚权的行政机关未发现这一违反行政管理秩序的事实，在规定的两年超过后，无论在何时发现了这一违法事实，对当时的违法行为人不再给予行政处罚。

（2）如果违反行政管理秩序的行为在行为发生的两年内已被行政机关发现，但违法行为人在两年内未被查获或者违法行为人逃避处罚，在两年后行政机关将其查获，仍应当依法给予行政处罚。

（3）时效的规定期限是从违法行为发生之日起就开始计算的。“违法行为发生之日”是指违法行为的完成或者停止之日。

（4）对于违法行为有连续或者继续状态的，从行为终了之日起计算。

（二）煤矿安全生产行政处罚的时效

根据《行政处罚法》及煤矿安全生产相关法律法规的规定、煤矿安全生产行政执法机构实施行政处罚的时效为两年，也即煤矿安全生产违法行为在两年内未被发现的，煤矿安全生产行政执法机构不得给予行政处罚。行政处罚时效的计算方法有两种：一是违法行为没有连续或继续状态的，从违法行为发生之日起计算，比如，某日，某煤矿企业的某掘进作业班组在井下掘进作业过程中违章进行爆破，因爆破是一次性的，没有持续和继续状态，应当从违章爆破之日起计算；二是违法行为处于连续或继续状态的，从违法行为终了之日起计算，比如，煤矿企业在取得许可证之前已无证开采煤炭 6 个月的，应当从取得许可证之前的最后一天开始计算。

二、煤矿安全生产行政处罚适用的规则

实施行政处罚的根本目的是维护公共利益和社会秩序，保护公民、法人或者其他组织的合法权益，以纠正违法行为，教育公民、法人或其他组织自觉守法。根据《行政处罚法》《安全生产法》《煤矿安全生产条例》等相关法律法规的规定，煤矿安全生产行政执法机构作出行政处罚决定，应当遵循下列适用规则，且部分规则贯穿在煤矿安全生产行政处罚的始终。

（一）责令改正规则

煤矿安全生产行政处罚的目的不仅为了处罚本身，更是通过行政处罚的惩戒制裁功能促使当事人增强守法意识，以维护正常的煤矿安全生产法律秩序。煤矿安全生产行政执法机构对行政相对人的安全生产违法行为不能简单一罚了之，而应在给予行政处罚的同时，责令其纠正违法行为，恢复到其义务应履行的状态。在煤矿安全生产行政执法实践中，对于需要给予行政处罚的煤矿安全生产违法行为，一般会通过现场处理决定的形式责令当事人纠正违法行为。依据《煤矿安全监察行政处罚办法》第 6 条规定，煤矿安全监察机构及其煤矿安全生产监察员对检查中发现的煤矿安全生产违法行为，可以作出下列现场处理决定：①当场予以纠正或者要求限期改正；②责令限期达到要求；③责令立即停止作业（施工）或者立即停止使用；经现场处理决定后拒不改正，或者依法应当给予行政处罚的煤矿安全生产违法行为，依法作出行政处罚决定。

（二）处罚裁量规则

处罚裁量是指煤矿安全生产行政执法机构在作出行政处罚决定前，必须考虑分析违法行为构成要素，分析违法行为和危害后果之间的因果关系等，判断是否存在应当不予处罚的情形和应当从重、从轻或者减轻处罚的情形，确实存在上述情形的，应当严格按照法律规定执行。

1. 不予处罚

不予处罚是指虽然当事人确实实施了煤矿安全生产违法行为，但因存在相关法律规范规定的特别情形，煤矿安全生产行政执法机构就对当事人不给予行政处罚。依据《行政处罚法》规定，应当不予行政处罚的情形主要有以下三种：一是当事人未满 14 周岁，未达到行政法律责任年龄的；二是当事人无行政法律责任能力的，比如，精神病患者在不能辨认或者不能控制自己行为时实施的违法行为；三是违法行为轻微并及时纠正，没有造成危害后果的。

2. 从轻处罚

从轻处罚是指对于应当给予行政处罚的煤矿安全生产违法行为，因存在相关法律法规规定的特别情形，在法定的处罚幅度内给予较低限的行政处罚。当然，从轻处罚并不等于最轻的处罚，在行政执法实践中，应根据行政行为相对人的具体情况及违法行为的情节进行综合考量后再作出具体的裁量决定。

3. 减轻处罚

减轻处罚是指对于应当给予行政处罚的违法行为，因存在相关法律法规规定的特别情

形，在法定的处罚幅度最低限以下对行政相对人实施行政处罚。应当从轻或者减轻处罚的情形主要有以下五种：一是当事人已满 14 周岁未满 18 周岁的；二是当事人主动消除或者减轻违法行为危害后果的；三是当事人是受他人胁迫有违法行为的；四是当事人配合行政机关查处违法行为有立功表现的。需要注意的是，对于只能从轻处罚的违法行为，不能减轻处罚；五是对于只能减轻处罚的违法行为，不能免除处罚。

4. 从重处罚

依据《煤矿安全生产条例》规定，对被责令停产整顿的煤矿企业，应当暂扣安全生产许可证等。对违反本条例规定的严重违法行为，应当依法从重处罚。

小贴士

规范行政裁量权基准制定和管理工作

解决行政处罚合法性和合理性的现实需要。《安全生产法》《矿山安全法》《煤矿安全监察条例》（2024 年 5 月 1 日已废止）《国务院关于预防煤矿生产安全事故的特别规定》（2024 年 5 月 1 日已废止）《安全生产违法行为行政处罚办法》等存在立法冲突，执法人员根据法律适用原则选择适用法律的能力不足，导致一些同一违法行为作出的行政处罚不尽相同，甚至出现法律适用错误。为适应当前煤矿安全监管监察执法工作实际，依据《国务院办公厅关于进一步规范行政裁量权基准制定和管理工作的意见》相关要求，2023 年，国家矿山安全监察局组织起草了《煤矿安全监管监察行政处罚自由裁量基准》，该《基准》分为总则和细则两大部分，共 254 条。2024 年 5 月 1 日起实施的《煤矿安全生产条例》为煤矿领域规范行政裁量权基准提供重要立法支持。

（三）一事不再罚规则

一事不再罚是指对行政相对人的同一个违法行为，不得以同一事实和同一依据给予两次以上的行政处罚。根据《行政处罚法》的规定，对于煤矿安全生产行政相对人的同一个安全生产违法行为，不得给予两次以上罚款的行政处罚，同一个违法行为违反多个法律规范应当给予罚款处罚的，按照罚款数额高的规定处罚。一事不再罚作为行政处罚的适用原则，目的在于防止重复处罚，体现过罚相当的法律原则，以保护行政相对人的合法权益。

一事不再罚款规则要求，煤矿安全生产行政执法机构和其他行政执法机关对煤矿安全生产行政相对人的安全生产违法行为，不论是否基于同一事实和依据，均不得给予两次以上罚款的行政处罚。另外，煤矿安全生产行政执法机构在行政执法活动中，发现相对人的安全生产违法行为已被其他行政机关给予责令停止生产、责令停产整顿等行政处罚的，不得再以同一事实和同一依据给予责令停止生产或责令停产整顿的行政处罚；若该行为同时触犯了多个法律规范的，按照罚款数额最高的规定进行处罚。

（四）行刑折抵规则

行刑折抵是指违法行为构成犯罪的，人民法院在对当事人执行刑罚时，行政机关已经执行的行政处罚应当予以折抵。需要注意的是，行刑折抵针对的必须是同一个违法行为；行刑折抵只限于行政拘留和罚款的行政处罚，行政拘留可以折抵拘役或有期徒刑，罚款可以折抵罚金，其他行政处罚不能折抵刑罚；行刑折抵以后，行政处罚和判处的刑罚仍然有效。

☞ **法条链接**

《行政处罚法》第 35 条

违法行为构成犯罪，人民法院判处拘役或者有期徒刑时，行政机关已经给予当事人行政拘留的，应当依法折抵相应刑期。

违法行为构成犯罪，人民法院判处罚金时，行政机关已经给予当事人罚款的，应当折抵相应罚金；行政机关尚未给予当事人罚款的，不再给予罚款。

（五）处罚时效规则

处罚时效是指对于行政相对人的煤矿安全生产违法行为，如果已经超过一定期限，煤矿安全生产行政执法机构就不能对其给予行政处罚。确立处罚时效规则的主要目的是促使行政机关提高行政管理效率，维护正常的社会秩序。

（六）公正处罚规则

公正处罚规则也是过罚相当原则的体现。根据我国《行政处罚法》的有关规定，行政处罚应公正、公开。设定和实施行政处罚，必须以事实为根据，以法律为准绳，设定和实施行政处罚必须与违法行为的事实、性质、情节以及社会危害程度相当，即符合“过罚相当”的原则。该原则要求行政执法人员在执法中，不能对较轻的违法行为给予较重的处罚；同样，也不能对造成社会危害较大的违法行为给予较轻的处罚，这是公正原则的具体要求。所谓显失公正，是指行政机关及其工作人员和法律、法规授权的组织在法律、法规规定的范围和幅度内，所作出的行政行为明显不适当。该行政处罚决定虽然在形式上合法，但是存在明显的不合理性。要达到法律追求的最主要目的，必须做到对违法行为人的处罚公正、公平，明显的不合理、不恰当显然违背了法律、法规设立行政处罚的最主要目的，从这个意义上来说，显失公正的行政处罚，实质上是不合法的行政处罚。

三、煤矿安全生产行政处罚的适用

（一）免于处罚、从轻、减轻处罚的适用

对违法行为人给予行政处罚是行政机关贯彻执行法律的一个重要手段，为了维护行政管理秩序，对少数违法者依法实施行政处罚是十分必要的，同时应对违法者进行教育。基于这一考虑，《行政处罚法》规定了对于违反行政管理秩序的行为在两种情况下行政机关可以依法给予从轻处罚或者减轻处罚。

1. 已满 14 周岁不满 18 周岁的人有违法行为的，从轻或者减轻行政处罚

行政处罚法从处罚违反行政管理秩序的违法青少年入手明确规定，对于已满 14 周岁不满 18 周岁、有违法行为的，从轻或者减轻行政处罚。这样规定，有利于对违法未成年人进行挽救，有利于保障未成年人的健康成长，是十分必要的。

2. 当事人有下列情形之一的，应当在法定的范围内从轻或者减轻行政处罚

具体为：①主动消除或者减轻违法行为危害后果的；②受他人胁迫有违法行为的；③配合行政机关查处违法行为有立功表现的；④其他依法从轻或者减轻行政处罚的。

违法行为轻微并及时纠正，没有造成危害后果的，不予行政处罚。

（二）从重处罚的适用

1. 从重处罚的一般理论

行政处罚中的从重处罚是指行政机关在法定的处罚方式和幅度内，对行政违法行为人在数种处罚方式中选择较严厉的处罚方式，或者在某种处罚方式允许的幅度内选择上限或者接近于上限进行的处罚。

《行政处罚法》没有对行政处罚的从重情节作出明确规定，这是考虑到行政违法达到一定的严重程度往往触犯了刑律，会受到刑事法律的制裁。由行政执法机关根据违法事实的具体情节和构成要件的不同，认定是行政违法还是犯罪，适当考虑运用行政处罚或者移送司法机关进行刑事处罚。实践中，行政机关对某种行政违法行为情节严重的给予从重处罚的情况还是比较多的。

实践中，对于违法当事人有下列情形之的，一般都应在法定范围内从重给予行政处罚：①违法行为造成较严重后果的；②妨碍、逃避或者抗拒执法人员检查的；③胁迫、诱骗或者教唆他人实施违法行为的；④其他依法应当从重给予行政处罚的。

2. 煤矿安全生产行政处罚中的从重处罚

煤矿安全生产行政处罚中的从重处罚是指煤矿安全生产行政执法机构对于应当给予行政处罚的煤矿安全生产违法行为，因存在相关法律法规规定的特别情形，在法定的处罚幅度内给予高限的行政处罚。从重处罚不能高于法定处罚幅度的最高限，但从重处罚并不等于最高限的处罚，在行政执法实践中，应根据执法相对人的具体情况及违法行为的情节进行综合考量后再作出具体的裁量决定。应当从重处罚的情形主要有以下四种：一是危及公共安全或者其他生产经营单位安全，经责令限期改正，逾期未改正的；二是一年内因同一违法行为受到两次以上行政处罚的；三是拒不整改或者整改不力，其违法行为呈持续状态的；四是拒绝、阻碍或者以暴力威胁煤矿安全生产行政执法人员的。

《安全生产法》中的第 113 条第 1 款、第 2 款规定考量了违法行为的连续性和持续性：当存在重大事故隐患，一百八十日内三次或者一年内四次受到本法规定的行政处罚的；经停产停业整顿，仍不具备法律、行政法规和国家标准或者行业标准规定的安全生产条件的负有安全生产监督管理职责的部门应当提请地方人民政府予以关闭，有关部门应当依法吊销其有关证照。生产经营单位主要负责人五年内不得担任任何生产经营单位的主要负责人；情节严重的，终身不得担任本行业生产经营单位的主要负责人。

四、煤矿安全生产行政处罚的管辖

煤矿安全生产行政处罚的管辖是指对不同的煤矿安全生产行政执法机构之间查处具体煤矿安全生产违法行为权限的划分。煤矿安全生产行政执法机构实施行政处罚，首先要确

定本单位有无管辖权，如果没有管辖权，则其所实施的行政处罚无效。

（一）煤矿安全生产行政处罚的管辖的规则

《行政处罚法》规定，行政处罚由违法行为发生地的县级以上地方人民政府具有行政处罚权的行政机关管辖，法律、行政法规另有规定的除外。这一规定包含了行政处罚管辖权的多项原则，也包括了行政处罚的地域管辖、职能管辖及级别管辖等几方面的内容。

依据《煤矿安全监察行政处罚办法》规定，矿山安全监察机构即国家矿山安全监察局省级局、矿山安全监察分局实施行政处罚按照属地原则进行管辖。国家矿山安全监察局（原国家煤矿安全监察局）认为应由其实施行政处罚的，由其管辖。两个以上煤矿安全监察机构因行政处罚管辖权发生争议的，由其共同的上一级煤矿安全监察机构指定管辖。

煤矿安全生产行政处罚的一般规则包括管辖规则和案件移送规则。

1. 管辖规则

地域管辖是指同级煤矿安全生产行政执法机构之间根据行政管理辖区范围来划分行政处罚的权限，也即违法行为发生在哪个煤矿安全生产行政执法机构的辖区范围内，就由哪个执法机构负责实施行政处罚。

级别管辖又称为层级管辖，是指根据煤矿安全生产行政执法机构的行政级别来划分行政处罚的权限。这是对上下级煤矿安全生产行政执法机构之间行政处罚的权限分工。依据《煤矿安全生产条例》第 39 条，煤矿安全生产实行地方党政领导干部安全生产责任制，强化煤矿安全生产属地管理。省、自治区、直辖市人民政府应当按照分级分类监管的原则，明确煤矿企业的安全生产监管主体。

职能管辖又称为职权管辖，是指根据煤矿安全生产行政执法机构法定的职能来划分行政处罚的权限。任何煤矿安全生产行政执法机构都只能按照法定的职能来实施行政处罚。比如，关闭的行政处罚只能由地方县级以上人民政府决定并组织实施；吊销煤矿安全生产许可证的行政处罚只能由发证机关实施。

2. 案件移送规则

案件移送是指在实施行政处罚的过程中，执法机构发现违法行为可能已经构成犯罪或者还需要其他行政机关作进一步的处理时，及时将案件移送司法机关或其他行政机关依法进行处理。

例如，煤矿安全生产行政执法机构在处理某煤矿企业超层越界开采违法行为的过程中，发现煤矿企业超层越界开采的煤炭数量过大，该违法行为可能已经涉嫌安全生产犯罪时，应当立即按照法定程序将案件和相关材料移送司法机关依法处理。

另外，为使不同行政机关针对同一行政相对人所实施的行政执法行为协调一致，以确保行政执法的效果，煤矿安全生产行政执法机构在实施行政处罚过程中，如果发现违法行为还需要其他行政机关进一步处理的，应当及时将案件相关材料移送其他行政机关。当然，对违法行为是否还作进一步的行政处理，应由受移送的行政机关按照法定程序进行最终决定。比如，煤矿安全监察机构根据某煤矿企业存在的安全生产违法行为，对其作出吊销煤矿安全生产许可证的行政处罚时，应当将案件相关材料移送自然资源部和市场监督管理部门，由自然资源部和市场监督管理部门依法决定是否吊销该煤矿企业的采矿许可证和营业执照。

（二）行政处罚的一般违法行为和刑法之间衔接

行为人的一个行为既违反行政法中某项法条的规定同时又触犯了刑法中的某项法条的规定，从而构成行政违法行为与犯罪的竞合。在实践中，存在煤矿安全生产行政处罚中的违法行为同时触犯了行政法和刑法的情况，如非法采煤、重大责任事故、危险作业等，此类行为在构成犯罪的同时还违反了有关行政法的规定。主要依据的法律规范有：《中华人民共和国刑法》《中华人民共和国刑事诉讼法》《中华人民共和国安全生产法》《中华人民共和国消防法》《行政执法机关移送涉嫌犯罪案件的规定》《生产安全事故报告和调查处理条例》《最高人民法院最高人民检察院关于办理危害生产安全刑事案件适用法律若干问题的解释》《安全生产行政执法与刑事司法衔接工作办法》等。根据有关规定，发生行政违法行为和犯罪竞合的实施处罚大致有以下两种情况。

1. 单处刑罚

单处刑罚即对行政违法行为已构成犯罪的，由司法机关给予刑事处罚，行政机关不得就同一事实重复处罚。这实际上也是“一事不再罚”规则的具体体现。对于给予刑罚就足以达到惩处和预防行政犯罪目的的，就不需要再由行政机关予以有关行政处罚。

2. 刑罚与行政处罚双重适用

刑罚与行政处罚双重适用即对涉事行为人除由司法机关予以刑罚处罚外，有关行政机关还应予以行政处罚。这主要是因为：一方面，犯罪行为具有触犯刑法和行政法的双重性，涉事行为人应当相应承担刑事责任和行政责任；另一方面，刑罚与行政处罚的种类及功能的差异决定了在适用刑罚的同时，还必须适用行政处罚以弥补刑罚的不足。

（三）涉罪案件的移送与交接

依据应急管理部、公安部、最高人民法院、最高人民检察院联合研究制定的《安全生产行政执法与刑事司法衔接工作办法》（以下简称《办法》），针对涉嫌安全生产犯罪的七类案件，主要有两种不同的移送程序。

1. 日常执法中的涉罪案件移送

煤矿安全监察机构在查处违法行为过程中发现涉嫌安全生产犯罪案件的，应当立即指定两名以上的行政执法人员组成专案组专门负责，核实情况后提出移送涉嫌犯罪案件的书面报告。应急管理部门正职负责人或者主持工作的负责人应当自接到报告之日起3日内作出批准移送或者不批准移送的决定。煤矿安全监察机构在移送时应将下列材料（案件移送书、案件调查报告、涉案物品清单、鉴定意见、证据材料、行政处罚决定书等）同移送书一并抄送同级人民检察院，并配合公安机关完成相关材料的补正。

2. 事故调查中的涉罪案件移送

从《办法》的规定来看，在事故调查的处理介入主体中，公安机关的主动性较强，即事故发生地有管辖权的公安机关根据事故的情况，对涉嫌安全生产犯罪的，依职权应当依法立案侦查。事故调查中发现涉嫌安全生产犯罪的，事故调查组或者负责调查的相关部门应当及时将有关材料或者其复印件移交有管辖权的公安机关依法处理。组织事故调查的应急管理部门及同级公安机关、人民检察院对涉嫌安全生产犯罪案件的事实、性质认定、证据采信、法律适用以及责任追究有意见分歧的，应当加强协调沟通。必要时，可以就法律适用等方面问题听取人民法院意见。对发生一人以上死亡的情形，经依法组织调查，作出不属于生产安全事故或者生产安全责任事故的书面调查结论的，应急管理部门应当将该调查结论及时抄送同级监察机关、公安机关、人民检察院。

第五节　煤矿安全生产行政处罚的决定

一、煤矿安全生产行政处罚决定的作出

在作出煤矿安全生产行政处罚决定前，执法机关应充分准备，将法定材料作出预判并依据相关程序作出行政处罚的决定。行政机关依法作出行政处罚决定后，应当制作行政处罚决定书。行政处罚决定书是行政机关作出行政处罚的行政行为具备法律效力的表现形式。通过这一法律形式，确定行政机关实施行政处罚的法律效力，对当事人产生约束力，形成行政行为的合法的效果。

（一）作出处罚的事实依据

事实依据的认定，是指煤矿安全生产执法机构及其执法人员在执法中分辨和确定与执法内容相关的各种客观情况的活动。

在煤矿安全生产行政执法实践中，往往也是在这个环节发生纰漏，从而导致整个执法活动出现问题。比如，在某省××有限责任公司××煤矿重大煤与瓦斯突出事故处理中，按照法律规定成立的事故调查组根据调查情况和有关事实作出了事故调查的处理意见，认定郭某的行为违反了《防治煤与瓦斯突出规定》相关的规定，应对事故发生负直接责任。对其应承担法律责任的行为，依据的相关事实是：钻孔验收单上的钻孔参数图、部分应有签收人员但是没有签字人的验收单。事故调查人员在相关笔录中对郭某的防突队仅验收了孔深，没有按规定验收倾角、方位角中也作了相同的表述。事后，经调查组专家重新填图发现，钻孔见煤段与该层面回风顺槽实际揭露的煤层不符，说明实际抽放钻孔在预抽区域内未达到均匀布置。当事人不服并申请行政复议，要求撤销事故调查报告的批复意见。复议机关根据该煤矿企业提出的行政复议申请，对该起案件进行了审查，事故调查小组对煤矿企业调查提供的相关证据足以证明防突队未按《××煤矿钻孔验收管理规定》作废孔处理，却将其按合格孔编制到钻孔成果图上，造成穿层抽放钻孔覆盖面未达到规定要求的事实，因此裁定应对相关责任人员进行处理。这是一个典型的案例，此案件因为涉及刑事问题，批复意见须移送司法机关。在实际的煤矿安全生产行政执法活动中，在事实依据的认定方面产生纰漏的情况多种多样，因此，每位执法人员都应严肃对待关于事实依据的认定工作，严格认定每一项行政法律事实，坚决避免出现纰漏。

所谓事实清楚，是指煤矿安全生产行政执法机构及其执法人员在作出决定时，据以作出行政执法决定的事实，必须做到具体、准确，符合客观实际。特别是在煤矿安全生产行政违法案件的处理过程中，认定的违法事实必须能够反映违法事实发生、发展的全过程，必须交代清楚违法事实发生的时间、地点、状态、手段、情节、后果、责任主体及其应负的责任等要素，而不能含糊不清、牵强附会、前后矛盾，更不能把一些道听途说、捕风捉影，甚至颠倒是非、无中生有、随意夸大或缩小的材料当作行政执法决定的事实依据。

所谓证据确实、充分，既包括对证据“质”的要求，也包括对证据“量”的要求。

一般认为，在煤矿安全生产行政执法过程中，“证据确实、充分”可以作以下理解。

（1）据以认定行政法律事实的证据均已查证属实。这是指作为认定行政法律事实根据的每一个证据都具有客观性、关联性和合法性等证据的本质属性，能经得起检验。

（2）认定的行政法律事实均有必要的证据予以证明。这是指煤矿安全生产行政执法机构认定的据以作出行政执法决定的煤矿安全生产行政法律事实均有证据予以证明，对没有证据证明的事实不予认定。

（3）证据之间、证据与将要认定的行政法律事实之间的矛盾得到合理的排除。煤矿安全生产行政执法机构及其执法人员在办理煤矿安全生产行政违法案件过程中收集到的证据，可能与其他证据或者与将要认定的行政法律事实有矛盾，出现这种情况的时候，必须进一步补充调查取证，有根据地排除矛盾，去伪存真，查明事实真相。绝不可置矛盾于不顾，勉强认定据以作出煤矿安全生产行政执法决定的行政法律事实。

（4）对已认定的行政法律事实的证明结论是唯一的，排除了其他的可能性。这是指整个煤矿安全生产行政执法案件的证据不仅能够证明认定的煤矿安全生产行政法律事实，而且，根据它们只能得出指向性矛盾的结论。

上述（1）主要是证据确实方面的要求，(2)(3)(4）共同构成证据充分方面的要求，缺一不可。当然，证据确实与证据充分是联系在一起的，同时又是相互影响的。证据不确实，就谈不上充分；证据不充分，假证据就可能掺杂其中。因此，以上四点必须同时具备，才能认为证据已经达到确实、充分的程度。

在煤矿安全生产行政违法案件的办理过程中，证据确实、充分并非要求证据越多越好，更不意味着凡能证明案件真实情况的证据都必须收集齐全。一个案件，能够证明其真实情况的证据可能有很多，但是，执法人员不可能也没有必要把所有证据统统收集到手，只要收集到的证据能够达到上述四点要求即为妥当。围绕要点搜集证据能够保证案件得到及时、正确的处理，促进行政执法效率的提高。当然，收集到的证据再多，如果不符合上述四点要求，也是不能定案的。

（二）回避

《行政处罚法》规定，执法人员与当事人有直接利害关系的应当回避。回避是一项司法制度，民事诉讼法和行政诉讼法都有关于回避制度和程序的规定。回避是指按照法律规定的条件，执法人员与本案有直接利害关系或者是有可能影响公正处理的其他关系的，应当退出对案件的调查和处理。所谓与本案有直接利害关系，是指执法人员本人是当事人或者是本案当事人的近亲属，案件处理的结果可能对其权益产生影响等情况。所谓可能影响公正处理的其他关系，是指除上述有利害关系以外的关系，有可能利用这些关系影响执法人员对案件的公正处理的情况。

（三）行政处罚决定书的应记载事项

一般来说，行政处罚决定书应当载明下列事项。

1. 当事人的姓名或者名称、地址

当事人包括公民、法人或者其他组织。对公民的行政处罚，应当写明当事人的姓名、地址；对法人或者其他组织的行政处罚，应当写明法人或者其他组织的名称、地址。

2. 违反法律法规和规章的事实和证据

违法事实与证据是实施行政处罚的根据，行政处罚决定书上应当予以载明。

3. 行政处罚的依据和种类

行政机关给予当事人何种行政处罚，以及行政机关作出行政处罚决定所依据的法律、行政法规、地方性法规或者规章的规定，应当在行政处罚决定书上载明。

4. 行政处罚的履行期限

行政处罚的履行期限是法律规定的或者由行政机关要求、限定当事人履行行政处罚决定的期间，如：当事人应当在十五日内到指定的银行缴纳罚款；当事人应当在行政机关要求的一个月内拆除违章建筑等。当事人不按照履行方式和限定的期限履行行政处罚决定即为违法行为，行政机关可以据此对其采取执行措施，强制当事人履行处罚决定。

5. 申请行政复议或者提起行政诉讼的途径和期限

行政机关在作出行政处罚决定的同时，应向当事人说明不服行政处罚决定的法律救济途径。同时，告知当事人申请行政复议或者提起行政诉讼的期限。

6. 作出行政处罚决定的行政机关名称和作出决定的日期

行政机关的名称是不可缺少的载明事项。行政处罚决定书必须盖有作出行政处罚决定的行政机关的印章。署名处应有准确的行政机关的名称。煤矿安全生产行政处罚决定书应统一印制，有预定的格式，编有号码，依照法律规定填写，向当事人宣告并当场交付当事人，即对当事人产生法律约束力。

二、煤矿安全生产行政处罚的证据

（一）概念和特征

证据的运用是十分广泛的，人们常常会在日常生活和工作中举出自己已经知道的事实，来证明另一些事实的存在，这些已经知道的事实就是证据。法律上的证据是对待证事实的法定证明。

煤矿安全生产行政执法证据，是指煤矿安全生产行政执法人员按照法定程序收集，并经审查核实的，用以证明行政执法案件认定的事实依据的一切客观事实。根据这一定义，煤矿安全生产行政处罚的证据具有以下三个特征。

1. 客观性

证据的客观性，是指煤矿安全生产行政执法证据应当是通过法定程序收集的客观存在的真实情况的材料，而非通过执法人员或者举报人等主观想象、推测或者捏造得来的。

例如，某煤矿企业井下某掘进工作面瓦斯超限仍在进行作业，这是典型的煤矿安全生产违法行为。要想确定这一违法行为确实存在，就要证明“瓦斯超限”与“从业人员仍在进行作业”这两项事实确实存在，而且是同时存在。

（1）待证“瓦斯超限”这一事实的认定，就是通过专用仪器进行检测确定当时作业现场空气中的瓦斯含量是否超过了规定的界限，如果超过了，就可认定为“瓦斯超限”，否则就不能认定为“瓦斯超限”。这就说明，认定“瓦斯超限”这一事实的重要证据就是现场瓦斯检测记录（可由专业人员在现场进行检测，也可以是煤矿安全生产监控系统对于该工作面瓦斯变化情况的实时监测记录）。按照证据客观性的要求，在收集该证据的过程中，我们应当做到：①现场空气中瓦斯的含量是真实检测出来的结果，而非估算或猜测；②现场检测出来的空气中瓦斯的含量是经过检测设备检测的，检测设备、检测方式都是符合要求的，检测结果也是真实的、确定的、唯一的、排他的；③现场瓦斯检测结果应当有书面记录，并记有现场检测情况描述（时间、地点、检测方式、检测人员、检测结果等）。

（2）对于“从业人员仍在进行作业”这一事实的认定。证据的客观性包含以下三层含义：①证据所反映的内容必须是对客观事实的反映，是不以人的意志为转移的；②证据的内容本身必须符合客观发生的实际情况；③证据必须具备能以某种方式为人们所感知的客观存在的形式，不能为人们所感知的“事物”，不应作为证据。

证据的客观性是证据的本质属性，事实上，正是因为证据的客观性，也即用客观事实来证明行政执法中认定的案件事实，使我们在煤矿安全生产行政执法过程中，在认定案件事实的时候，增强了可靠性和说服力，提升了可信度，保证了执法的质量及效果。

2. 关联性

证据的关联性，是指证据必须与所要证明的煤矿安全生产行政执法案件事实之间有着客观的联系，多种证据之间能够相互印证，并形成证据链。这里需要强调的是，我们说证据与案件事实之间存在着客观的联系，只是说明这种联系是不以人的意志为转移的客观存在，人们只能如实地反映这种联系，而不能妄作联系。我们不能因为证据与案件事实之间的联系是客观的，就认为证据的关联性也是证据的客观性。证据的关联性是证据的一个独立的基本特征，具有独立的价值。证据的关联性要求，在收集和采用执法证据的过程中，一切无关联的证据都应当予以排除。

为了正确把握证据的关联性，我们可以从以下四个方面进行理解。

（1）证据必须要与案件事实之间有联系，即证据与案件的基本事实相关联。在煤矿安全生产行政执法案件中，收集到的证据应关系到该行为方是否存在违法行为、情节的轻重、责任的大小等。如果收集到的证据与认定的案件事实之间没有联系，证据就失去了意义，应当予以排除。

例如，在一起煤矿安全生产行政处罚案件中，认定的违法事实是“该煤矿一水平八平巷上山采煤点无风作业”。执法人员收集到的证据材料有现场检查笔录、现场作业班长的询问笔录、陪同下井检查的矿长的询问笔录、现场检测风量记录、矿井通风系统运行情况现场检查记录、井下使用的爆破材料的现场照片、采煤工具的现场照片、矿井瓦斯日报表、井下煤炭运输工具照片、煤矿编制的采煤作业规程、煤矿制定的安全检查制度及安全检查记录、煤矿相关证照的复印件、矿井通风系统图、矿井采掘工程平面图等。上述证据材料中，只有现场检查笔录、现场作业班长的询问笔录、陪同下井检查的矿长的询问笔录、现场检测风量记录、矿井通风系统运行情况现场检查记录、矿井通风系统图等证据与认定的案件事实之间有关联性，能够从不同侧面证明案件事实的存在，应当予以保留；而其他证据材料，虽然也都是真实存在的事实，但与案件认定的特定事实之间没有联系，在本案件的处理过程中，应当予以排除。

（2）证据与案件事实之间的联系必须是客观存在的，而不是执法人员主观猜测和外部强加的。例如，煤矿安全生产行政执法人员在对某煤矿进行现场检查中发现该煤矿在井下使用非煤矿用机电设备，这是重大违法行为，证明这一违法行为的证据是执法人员在井下发现了煤矿正在使用的两台没有“MA”标志（煤矿用设备许可标志）的动力开关。那么，作为证据的两台没有“MA”标志的动力开关，与认定的违法行为（也即违法事实）“煤矿井下使用非煤矿用机电设备”之间是一种什么样的关系呢？事实上，我们会发现，只要执法人员在煤矿井下发现煤矿使用了没有“MA”标志的动力开关等机电设备，“煤矿井下使用非煤矿用机电设备”这一违法行为即可认定成立，二者之间的客观联系即产生，与执法人员的主观意志没有关系。如果执法过程中发现收集到的证据与认定的案件事实之间的联系是人为强加上去的，那么，该证据与案件事实之间的联系就不存在客观联系，这样的证据应当予以排除。

（3）证据与案件事实之间的联系是多种多样的。证据与案件事实之间的联系形式或渠道是多种多样的，包括直接的或间接的联系、正面的或反面的联系、肯定性的或否定性的联系等。不管它们之间存在什么样的联系，都能够反映一定的案件事实。以煤矿安全生产行政处罚案件中的证据为例，有的能够反映违法行为实施主体的情况、有的能够反映违法的手段、有的能够反映安全隐患的存在状态、有的能够反映违法行为的实施条件及过程、有的能够反映违法的后果等。

（4）证据必须能据以证明案件的真实情况。这是证据关联性的根本，即证据要有相应的证明力，不管是正面的，还是反面的，证据都要对案件事实有相应的证明作用。如果收集了很多证据，但是案件的主要事实还是不清楚，说明已经收集到的证据的证明力不强，价值不大。这就要求我们在行政执法实践中，要尽力收集与案件关联性大、证明力强的证据。

例如，对于“煤矿企业在井下爆破作业中使用非煤矿用炸药”这一违法事实，有两个证据：①该煤矿企业某从业人员从该煤矿爆破员处得知，该煤矿在井下爆破作业中使用的是非煤矿用炸药；②执法人员在现场检查中发现该煤矿企业在井下生产作业中使用非煤矿用炸药进行爆破作业，并制作了现场检查笔录。在这两份证据中，第二份证据的证明力明显强于第一份证据，在实际执法过程中，应采用第二份证据。因为第一份证据只是转述别人说过的话，转述的内容是否是事实还有待于进一步证明，其证明力太弱；而第二份证据记录了执法人员亲眼看见的煤矿企业的违法行为，具有较强的证明力。

3. 合法性

证据的合法性，是指取得证据的程序和证据的形式，应当符合法律法规的要求。它包括两方面的含义：①证据应当具备法定形式；②证据的取得应当遵守法定程序，用非法手段取得的证据材料不能作为煤矿安全生产行政执法证据。证据的合法性关系到证据能力问题，也即一定的事实材料能够成为证明待证案件事实是否存在的证据在法律上的资格问题。不具备合法性特征的证据，就没有证据能力，不能作为认定案件事实的证据。

（二）煤矿安全生产行政处罚的证据类型

根据《行政处罚法》《行政诉讼法》《生产安全事故报告和调查处理条例》《安全生产行政执法与刑事司法衔接工作办法》等相关法律法规等规定，结合多年来各级煤矿安全生产行政执法机构在执法实践中收集和使用证据的实际情况，在煤矿安全生产行政执法的过程中，特别是煤矿安全生产事故调查处理案件、行政处罚案件的办理过程中，认定案件事实依据的证据种类主要有当事人陈述、书证、物证、证人证言、视听资料、鉴定意见、勘验笔录、现场检查笔录、电子数据。

☞ **法条链接**

《行政处罚法》第46条

证据包括：（一）书证；（二）物证；（三）视听资料；（四）电子数据；（五）证人证言；（六）当事人的陈述；（七）鉴定意见；（八）勘验笔录、现场笔录。

1. 现场检查笔录

现场笔录是书证的一种，是指行政机关执法人员在现场，对当场实施行政处罚的现场情况的记录，如煤矿监察执法人员在处理现场情况时对执法过程的记录。现场笔录上应当有执法人员和当事人的签名。现场笔录可以证明案件的真实情况。执法中要注意现场笔录的完整性、合法性及正当性问题，注意其和《行政诉讼法》的衔接。《行政诉讼法》将其规定为一种独立的证据，以防止执法人员在诉讼中出现“事出有因，查无实据”的情况。

现场检查笔录主要用于记载煤矿安全生产行政执法人员对煤矿企业生产现场进行检查的情况，它真实记录了执法人员在现场检查中发现的煤矿企业现场安全生产状况、存在的事故隐患和非法违法生产行为，它是证明煤矿安全生产行政执法机构及其执法人员据以作出现场处理决定、实施行政处罚、采取行政强制措施的事实依据存在的重要证据，这就要求现场检查笔录必须做到真实、准确、详尽。

现场检查笔录具有以下特点：①煤矿安全生产行政执法人员制作的；②煤矿安全生产行政执法人员在“现场”制作的；③既记录执法人员在现场发现的煤矿企业的违法行为，又记录执法人员现场检查的方式方法等；④以文字记录为主，如果需要，也可以附上现场拍摄的照片及收集的图片等；⑤现场检查笔录必须有被检查单位负责人的签字及意见，被检查单位负责人拒绝签字或不能签字的，应当注明原因，有其他人在场的，可由其他见证人签字。

2. 当事人的陈述（参与人陈述）

当事人的陈述，是指当事人向执法人员所作的关于案件真实情况的叙述和承认。《行政处罚法》规定，行政机关在作出行政处罚决定之前，行政机关必须充分听取当事人的意见。因此，当事人的陈述与申辩，行政机关必须认真听取，并制作询问笔录：同时，行政机关对于当事人提出的事实、理由和证据，应当进行复核，复核成立的，才能作为行政处罚的证据。

这里当事人的陈述是广义上的参与人陈述，参与人包括煤矿安全生产行政执法案件的当事人和其他有关人员。

参与人陈述，是指案件当事人和其他有关人员对自己所知道的案件事实所做的陈述。不完全等同于《行政处罚法》中的执法活动的当事人陈述，参与人陈述是从理论上对煤矿安全生产行政执法证据所做的分类。

以煤矿安全生产行政处罚案件的调查处理为例：在多数情况下，对煤矿企业的安全生产重大违法行为应给予行政处罚。按照行政处罚的普通程序，煤矿安全生产行政执法机构应进行调查取证。这时，我们就会发现，煤矿企业是行政处罚的相对人，行政处罚的责任由煤矿企业承担。但是，煤矿安全生产违法行为的具体实施者可能是煤矿企业的多个从业人员，包括煤矿企业的法定代表人或负责人和其他有关从业人员，他们是真正了解违法事实真实情况的人员，他们对案件事实的陈述具有不可替代性，具有独立的证据价值。为了认定清楚案件事实，一般情况下，执法人员既要听取煤矿企业法定代表人或负责人对案件事实的陈述，也要听取其他了解案件情况的从业人员的陈述。在这里，煤矿企业的法定代表人或负责人是“当事人”，其他从业人员是“相关人员”，他们都是案件的“参与人”，他们对案件事实的陈述统称为“参与人陈述”。在执法实践中，了解案件真实情况的不是煤矿企业的法定代表人或负责人，而是现场作业人员或协助开展现场执法检查的管理人员，他们要么直接参与违法行为的实施，要么参与执法人员的现场检查活动。在具体的执法活动中，执法人员收集的“参与人陈述”多数是“有关人员”，证据的证明力更强。

综上可知，参与人陈述能够成为煤矿安全生产行政执法的重要证据种类，是由煤矿安全生产行政执法活动的特点决定的。一般情况下，煤矿安全生产行政执法的相对人是煤矿企业，一方面，煤矿企业的安全生产违法行为由具体的从业人员实施；另一方面，煤矿企业的生产作业场所基本上与外界相隔离，特别是井工煤矿，生产活动现场都在井下，人员出入井又有严格的规定，只有从业人员才会了解煤矿企业的现场安全生产情况，非煤矿企业从业人员根本不可能了解煤矿企业井下生产现场的情况。在办理煤矿安全生产行政执法案件的过程中，应认定案件事实，煤矿安全生产执法人员必然要找到了解案件事实的从业人员提取相关证据，这些证据就是参与人陈述，而不是证人证言，这一点，我们应当区分清楚。由于煤矿企业生产作业现场的特殊性，如果没有参与人陈述，案件事实的认定将非常困难。另外，参与人陈述也能够为执法人员查清案件事实提供很多有价值的线索。因此，在煤矿安全生产行政执法活动中，我们应当特别注意收集参与人陈述。

参与人陈述具有如下特点：参与人陈述是煤矿企业当中了解案件事实真实情况的从业人员对案件事实所进行的陈述；参与人陈述应当由煤矿安全生产行政执法人员制作；煤矿安全生产行政执法人员制作参与人陈述，一般使用的文书为“调查取证笔录”；参与人陈述的内容应当与其他证据材料相符。

3. 物证

物证是指以其存在、外形、质量、特征等来证明案件事实的物品。物证的特点是不具有主观性的东西，而只以其客观存在来证明案件的事实。对物证必须妥善地加以保管，以保持物证的原有形态。如果不能保持物证原有形态或者物证有可能灭失的，行政机关必须采取措施予以保全。

从煤矿安全生产行政执法案件办理的实际情况来看，物证是多种多样的，煤矿企业生产过程中几乎所有的客观存在都可能成为物证，如失爆的机电设备、没有“MA”标志的矿灯、瓦斯燃烧或爆炸的痕迹、现场发现的非煤矿用爆破物品、非法开采出的煤炭、不符合要求的风门、煤矿企业从业人员所穿的不符合要求的劳保用品等。在煤矿安全生产行政执法活动中，物证是一种非常直观而重要的证据，具有很强的证明力。只要掌握有确实可靠的物证，不管行政相对人如何托词或辩解，我们都可以认定案件事实。因此，执法人员在收集证据的过程中，一定要做到眼界开阔，广泛收集与案件事实有关的各种物证。

物证具有如下三个特点。

（1）物证是以物品所特有的属性即物质特征来证明案件真实情况的。这是物证的一个重要特点，也是物证区别于其他证据的重要特征。物品的物质特征，包括外部特征和内部特征。物品的外部特征是指物品的外形、颜色、规格、大小、结构、商标、图案、存在的位置、数量、检测日期等特殊的标志；物品的内部特征是指物品的密度、质量等物理属性和化学成分。物品和痕迹都是依靠上述物质特征来证明案件的真实情况的。例如，在煤矿安全生产行政执法案件办理过程中，没有“MA”标志的煤矿用机电设备、事故中燃烧的电缆残留的痕迹等物证是以物品的外部特征来证明案件的真实情况的；而煤矿井下检测出的瓦斯、一氧化碳、硫化氢等有害气体在多数情况下是以该物品的内部特征，即化学成分，来证明案件真实情况的。

（2）与其他证据种类相较而言，物证更直观，更容易把握。一般情况下，特别是以物品的外部特征来证明案件真实情况的物证，一看就能明白它要证明的内容，与参与人陈述、证人证言等言词证据相比，更为直观，更容易确认和把握。物证可以不依赖于言词证据而存在，而言词证据一般要靠物证来进行检验，往往需要与物证相结合，才能发挥其证明作用。

（3）物证一旦形成后，不易受到人们主观因素的影响，客观性更强。事实上，所有证据种类都有客观性，只是相较而言，物证的客观性要更强一些。物证一旦出现以后，不可能仅仅是因为人们的主观意识的变化而发生变化，它的消失或者改变，只可能是受到了其他客观行为的作用。物证是人的客观行为对物品产生作用的结果。而言词证据却不一样，言词证据在形成过程中，其真实性会受到一系列人的主观因素的影响。当然，我们说物证的客观性比较强，并不等于所有的物证都是真实的，尽管物证不易受到人们主观因素的影响，但也有可能被伪造。在行政执法实践中，仍然需要对物证进行认真的审查判断。

鉴于物证在煤矿安全生产行政执法活动中的重大意义，物证的提取、固定和保管工作就显得尤为重要。特别是物证的固定工作，从当前的执法实践来看，还有很大的差距，每个执法人员都要引起特别的重视。所谓物证的固定，就是指在物证的提取和使用过程中，通过合理的方法和科学的技术手段，使作为物证的物品和痕迹的物质特征保持不变，不发生变形或者毁损。物证的固定方法多种多样，对于体积较小、重量较轻的物品，应当尽量提取原物，并制作笔录予以说明；对于无法移动或体积较大的物品，以及难以提取的痕迹和无法长期保存的物品，应当采取制作笔录、拍照片、摄像或者复制模型等方法加以固定；对于一氧化碳、二氧化硫等必须用检测检验仪器才能确定的证物，应当制作检测检验笔录，对检测检验方式、人员、结果等内容予以详细的记录。收集的物证要随案保管，不得使其毁损和丧失证明作用。

4. 书证

书证是指以文字、符号、图画等所表达的思想和记载的内容来证明煤矿安全生产行政执法案件真实情况的书面文件或其他物品。在煤矿安全生产行政执法案件办理实践中，书证是一种最为常见、使用最为广泛、非常重要的证据之一，其形式多样，如煤矿企业采矿许可证、安全生产许可证、特种作业人员操作资格证、安全管理制度、安全生产会议记录、隐患排查治理记录、采掘工程平面图、通风系统图、瓦斯检查员现场瓦斯检查记录、瓦斯日报表、现场瓦斯检测记录牌板、人员出入井记录、采掘作业规程、巷道贯通技术方案、从业人员安全培训记录、爆破物品领取记录、矿领导下井带班记录、合同书等。

书证具有如下三个特点。

(1) 书证是以其表达的思想和记载的内容来证明案件真实情况的。这是书面文件或其他物品成为书证的前提条件。例如，某煤矿企业某年某月某日形成的瓦斯日报表，一般情况下，它记载了该煤矿企业当日生产现场不同时间段的瓦斯检测结果及煤矿企业负责人的审阅记录，既能说明当日生产现场的瓦斯变化情况，又能说明煤矿企业的瓦斯管理情况。由此可见，瓦斯日报表记载了一定的内容，所以，它就可能成为书证。但是，如果我们拿到的瓦斯日报表是一张没有任何内容的备用空表，没有表达任何思想或没有记载任何内容，它肯定是不能成为煤矿安全生产行政执法案件的书证的。对于任何物品，如果附着其上的文字、符号、图画等，未表达任何思想或未记载任何内容，就根本不能成为书证（如一张乱涂乱画的纸）。当然，书证所记载的内容或表达的思想，必须是能够为人们所认知和理解，并能够借以发现有关信息的。如果一个物品所记载的内容或表达的思想，人们无法认知和理解，这个物品就肯定不能成为书证了，因为它对证明案件事实没有任何意义。对此，应当特别注意的是，能够为人们所认知和理解的内容，不仅仅是指人们所熟知的文字、符号或图画，在某些特定情况下使用的密码、暗号和标记等，也属于人们能够认知和理解的范围。

(2) 书证表达思想或记载内容的方式及载体具有多样性。首先，反映书证所表达的思想或记载的内容的表现方式具有多样性，既可以是文字、图画，也可以是符号；其次，书证的载体具有多样性，书证的载体既可以是最为常见的纸张，也可以是石头、木头、皮革、布帛、竹片等其他材料；再次，书证的制作工具具有多样性，既可以是人们最为常用的笔，也可以是刀子、锥子、印刷机械等；最后，书证的制作方式具有多样性，既可以手写，也可以刀刻、印刷、火烙等。因此，执法人员在收集书证的时候，不能简单地把书证的范围限定在以纸张为载体的书面文件上，同时，也不能简单地把日常生活中常见的以纸张为载体的书面材料等同于书证。

(3) 书证所表达的思想和记载的内容，必须与案件有关联，能够用来证明案件真实情况。例如，执法人员在现场检查中发现某煤矿企业在进行正常生产作业，但是，该煤矿企业提供的采矿许可证却已经过期，这时，采矿许可证上记载的有效期限与煤矿企业的生产行为结合起来判断，就能确定煤矿企业在进行非法生产，执法人员应当责令煤矿企业停止生产。在这个行政执法案件中，采矿许可证就是书证，它与案件有关联，它所记载的内容能够用来证明案件真实情况。又如，某煤矿企业通风系统极不合理，采掘工作面风量不能满足需要，仍在组织生产活动。执法人员经过调查后，以“通风系统极不合理，存在重大安全隐患”为由，依法对该煤矿企业作出责令停产整顿的行政处罚。在办理这个案件的过程中，执法人员收集了很多书面材料，当作书证使用。其中，有一份煤矿企业与供应商之间签订的矿用机电设备采购合同，当作证明煤矿企业组织生产的证据，也归入到书证当中。很明显，这份合同书与案件之间没有关联，煤矿企业采购机电设备的行为，不能证明煤矿企业在实际组织生产，可能只是在为生产活动作准备，这与实际的生产活动是有区别的。因此这份合同书虽然记载了一定的内容，但不能作为本案件的证据。

小贴士

听证笔录的证据属性

煤矿安全生产行政执法机构对行政执法案件进行言词审理过程中制作形成的笔录，包括听证笔录。

听证笔录是煤矿安全生产行政执法机构在组织召开听证会时，记录听证会进行情况及听证参加人的陈述和质证等所形成的笔录。按照《行政处罚法》和《安全生产违法行为行政处罚办法》和《煤矿安全监察行政处罚办法》的规定，煤矿安全生产行政执法机构作出责令停产整顿、责令停止生产、吊销有关证照、较大数额罚款等行政处罚之前，应当告知相对人有要求举行听证的权利；相对人要求听证的，煤矿安全生产行政执法机构应当组织听证。按照《行政许可法》的规定，煤矿安全生产行政执法机构在实施行政许可项目过程中，如果需要组织听证，也应当组织听证。组织听证应当制作听证笔录。听证结束后，煤矿安全生产行政执法机构应当根据听证情况，作出相应的行政处罚或行政许可决定。所以，听证笔录是煤矿安全生产行政执法机构作出行政处罚决定和行政许可决定的重要依据。

制作听证笔录，首先，要记清楚时间、地点、参加人等听证基本信息。其次，要认真记录听证会的全部过程，特别是行政执法机构案件承办人、行政相对人、案件第三人对案件事实的陈述、申辩等方面的内容要详细记录。最后，听证参加人都要在听证笔录上签字或盖章。

5. 证人证言

证人证言是知道案件真实情况的人对案情的描绘与陈述。《中华人民共和国民事诉讼法》规定，凡是知道案件情况的人，都有义务出庭作证。《行政处罚法》规定，在行政机关对行政处罚案件进行调查时，“被调查人应当如实回答询问”。行政机关在处理行政处罚案件时，必须以事实为根据。在行政机关调查时，被调查人必须据实陈述其所了解的真实情况，不作伪证。

在煤矿安全生产行政执法实践中，特别是在煤矿安全生产事故的调查处理和煤矿安全生产中介机构行政违法案件的办理过程中，证人证言是一种常见的、运用较为广泛的证据种类。这里所称证人是指能够辨别是非和正确表达，且知道案件真实情况的除案件参与人以外的自然人。生理上、精神上有缺陷或者年幼，不能辨别是非、不能正确表达的人不能作为证人；煤矿安全生产行政执法案件的参与人也不是证人，他们是独立的案件参与人。证人应当就自己所了解的案件情况如实进行陈述，而不需要对案件进行分析和判断。证人所陈述的案件情况，可以是亲自听到的或看到的，也可以是别人听到或看到后转告的。当然，别人听到或看到后转告的情况，必须说明来源，不能把说不清楚来源的道听途说的消息当作证人证言来证明案件事实。在煤矿安全生产行政执法实践中，制作证人证言所用的文书，一般称为“调查取证笔录”。

一般来讲，证人证言往往能够证明案件事实的全部或一部分，即便证明不了全部或一部分，也能反映案件的有关线索，为办案人员进一步调查收集相关证据提供帮助。另外，通过与其他证据相对照，证人证言还可以起到印证和核实其他证据的作用。因此，在煤矿安全生产行政执法案件的办理过程中，不可忽视证人证言的重要作用。

6. 视听资料

视听资料是指以声音、图像记录存储载体和计算机等现代科技设备和工具存储的音像或者电子信息来证明案件事实的证据。视听资料是一种随着科学技术的发展和普及而出现的新的证据种类，是一种独立的证据，它的具体内容也将随着现代科学技术的不断发展而更加丰富。

视听资料具有如下三个特点。

（1）物质载体的先进性。视听资料本身就是科技发展的产物，目前，绝大多数视听资料是通过高精技术手段制作而成的，其内容的显示通过现代的高科技设备进行播放或演示，视听资料的物质载体具有先进性。例如，现代录音、录像储存体已不仅仅停留在录音带、录像带，还有更为先进的数字录音、录像储存卡，更多的信息则通过计算机进行处理。

（2）信息内容的综合性。视听资料，特别是录音、录像资料，通过听录音、观看录像内容，不仅能够使人感受到证据内容本身，还可以使其了解到证据形成的环境和背景，让人产生亲临现场的感觉，也即能够提供综合性的信息，更具有说服力。

（3）证明作用的直接性。由于视听资料，特别是录音、录像资料，直接来自于案件事实，是案件事实的直接反映，能够以原声、原貌，直观地、生动地再现案件事实的发生过程，其证明过程比较简单，能让人一听就明白、一看就清楚，与书证和物证不同，不需要经过一个推理或逻辑演绎的过程，可以作为证明案件事实的直接证据使用。

当然，由于视听资料的制作过程和物质载体的特殊性，其内容是可以修改的，甚至是能够伪造的，所以，在使用视听资料前要认真进行审查判断，以确保视听资料的真实性。

7. 电子数据

在煤矿安全生产行政执法实践中，各地认真推进行政执法“三项制度”，通过制定《煤矿安全监察执法公示实施办法》《煤矿安全监察执法全过程记录实施办法》等推行执法全过程记录制度。通过文字、音像等方式，对执法活动进行全过程记录，实现执法全过程留痕、可回溯，全面规范行政执法行为。由此，电子数据是对认定案件事实不可缺少的证据。除此以外，日常监测系统如煤矿监测监控系统关于一段时间内采掘工作面瓦斯涌出变化情况的记录，通过对监控记录数据变体情况的分析，并结合煤矿企业针对变化情况所采取的措施，执法人员就能够对煤矿企业瓦斯管理是否符合有关要求作出准确的判断。煤矿安全生产监测监控系统、人员定位系统等自动控制系统，可以随时掌握煤矿井下主要危险因素的变化情况及劳动定员管理情况。执法中以音像等反映煤矿安全生产管理实际状况，对认定煤矿是否存在安全生产违法行为，具有重要的意义。在煤矿安全生产事故调查处理中，这些信息也能够为正确认定事故种类、事故发生原因提供重要依据。

依据《煤矿安全生产条例》第57条规定，国家矿山安全监察机构及其设在地方的矿山安全监察机构应当加强煤矿安全生产信息化建设，运用信息化手段提升执法水平。煤矿企业应当按照国家矿山安全监察机构制定的安全生产电子数据规范联网并实时上传电子数据，对上传电子数据的真实性、准确性和完整性负责。

8. 鉴定意见

鉴定意见是鉴定人运用自己具有的专门知识针对案件中的专门性问题进行的分析、鉴别和判断。

在煤矿安全生产行政处罚中，鉴定意见不同于一般诉讼证据中的鉴定意见，是鉴定人对专门性问题进行检测、分析、判断的活动。鉴定意见是指由接受指派、委托或聘请的调查人或鉴定人，运用自己的专门知识和现代科技手段，对某些专门性问题进行科学鉴定后所作出的结论性意见。鉴定意见是一种独立的证据，鉴定结论的书面表现形式为鉴定人提供的鉴定意见书。在煤矿安全生产行政执法案件的办理过程中，特别是在煤矿安全生产事故调查处理的过程中，也会遇到不少专门性问题，需要委托或聘请鉴定人进行鉴定。根据鉴定意见，我们可以解决办理案件中的疑难问题，正确认定案件事实。例如，在煤矿安全生产事故调查处理的过程中，事故直接原因的确定是个非常重要而又非常专业的问题。针对这一专门性问题，我们可以按照相关规定成立事故直接原因调查鉴定专家组，指派或委托专家组对事故发生的直接原因进行鉴定，根据专家组作出的事故直接原因鉴定报告，正确认定事故发生的直接原因，及时开展事故调查，严肃追究相关责任单位和责任人员的事故责任。

实践中要注意，鉴定意见不等于事故调查报告。依据《中华人民共和国安全生产法》《生产安全事故报告和调查处理条例》规定，特别重大事故由国务院或者国务院授权有关部门组织事故调查组进行调查。重大事故、较大事故、一般事故分别由事故发生地省级人民政府、设区的市级人民政府、县级人民政府负责调查。省级人民政府、设区的市级人民政府、县级人民政府可以直接组织事故调查组进行调查，也可以授权或者委托有关部门组织事故调查组进行调查。未造成人员伤亡的一般事故，县级人民政府也可以委托事故发生单位组织事故调查组进行调查。

调查报告作为国家公文，证据效力优于其他书证。事故调查报告中会涵盖鉴定意见。《生产安全事故报告和调查处理条例》第 27 条规定：“事故调查中需要进行技术鉴定的，事故调查组应当委托具有国家规定资质的单位进行技术鉴定。必要时，事故调查组可以直接组织专家进行技术鉴定。”

关于鉴定意见（结论）的特点有以下四个方面。

一是科学性。鉴定结论是由符合条件的鉴定人，运用自己所掌握的专门知识，借助必要的科学仪器和设备，对鉴定材料进行检测、分析、判断后作出的结论性意见。我们说鉴定结论具有科学性，是与鉴定人的特殊性和鉴定方法的科学性紧密联系在一起的。首先，鉴定人必须是具备专门知识的人员，并不是任何人都可以做鉴定人，这样就增强了鉴定结论的可信度和科学性。例如，煤矿事故死亡人员死亡原因的鉴定结论，一般由法医作出；煤矿安全生产事故直接原因的鉴定结论，由煤矿安全生产工程技术人员作出。其次，鉴定人是运用专门知识，甚至借助先进的仪器和设备，对鉴定材料进行检测、鉴别后作出鉴定结论的，而不是凭空编造出来的，鉴定方法和鉴定过程具有科学性。

二是事实针对性。鉴定结论只能叙述鉴定人依据鉴定材料所观察到的情况、鉴定手段和方法、鉴定过程、鉴定结果及其理由与依据等内容，而不应当对鉴定对象专门性问题的断定做法律上的评价。在办理行政执法案件中，对有关事实进行法律评价是行政执法机构的职权。行政执法机构在办理案件的过程中，也只可能依据鉴定人经过鉴定后提出的结论性意见来证明案件事实，而其他的内容对证明案件事实不具有任何意义。

三是结论的派生性。作为一种独立的证据种类，鉴定结论并不是产生、形成于案件事实发生、发展的过程中，而是在案件事实发生以后，因涉及专门性问题，需要由具备专门知识的鉴定人进行解决时才出现的。在这一点上，鉴定结论与其他证据种类有着明显的区别。同时，鉴定材料是鉴定结论之源，鉴定结论是鉴定人通过对鉴定材料的科学鉴定而引申出来。脱离了鉴定材料，鉴定结论无从产生。所以说，鉴定结论具有派生性，是派生性证据。

四是结论的确定性。鉴定人经过鉴定后提出的结论性意见，应当是十分明确的，而不能是模棱两可的，也即要有确定性。否则，委托或聘请鉴定人对专门问题进行鉴定就失去了意义。对于行政执法机构来讲，委托或聘请鉴定人对专门问题进行鉴定，就是要通过鉴定破解专门问题，得出一个明确的结论。如果一份鉴定意见书，没有明确的结论性意见，它的证明作用必然也是十分有限的。

在煤矿安全生产行政执法活动中，需要注意的是，由于鉴定结论往往会涉及很多专门性问题，必须要求鉴定人提交书面的鉴定结论，而不能只做口头陈述，以便保存和使用。

9. 勘验笔录

勘验是指行政机关的执法人员或者专门人员为了解案件的事实，对事实发生的现场或者物品进行勘验、检查。例如，查处非法出版物，执法人员对该出版物的印刷场所进行勘验、检查，对印刷的非法出版物或者印刷工具进行勘验、检查等。勘验应当制作笔录，勘验笔录是对客观事实的反映，能够证明案件的真实情况，是一种独立的证据。

煤矿安全生产行政执法案件办理人员必须对与案件有关的场所、物品进行勘察、检验，并制作实况记录。一般情况下，在办理煤矿安全生产行政执法案件中制作的勘验笔录，由现场文字记录、现场绘图和现场照片三个部分组成。例如，煤矿安全生产事故直接原因调查现场勘察报告，一般都附有勘察现场示意图及相关图件和勘察现场照片。勘验笔录，既不是书证，也不是物证，而是一种独立的证据种类。在煤矿安全生产行政执法活动中，特别是在煤矿安全生产事故调查处理的过程中，勘验笔录是一种经常用到的证据，对正确认定案件事实具有重要的作用。

勘验笔录具有如下三个特点。

（1）勘验笔录的制作人员是办案人员。与鉴定意见不同，勘验笔录一般是由办案人员在现场制作或主持制作的。当然，参加勘验的办案人员，应有相应的专业知识，而且，与案件没有利害关系。例如，煤矿安全生产事故直接原因调查现场勘察人员必须是具备煤矿安全生产知识的专业工程技术人员。

（2）勘验笔录只能记载观察到的事实。勘验人员在制作勘验笔录时，只能采用白描的手法，直接将勘验过程、勘验方法、现场状况、发现的其他证据、勘验结果描述出来。例如，在煤矿安全生产事故直接原因调查现场勘察报告时，直接将现场勘察中发现的事实反映出来即可，而不需要对这些事实进行分析和判断。对勘察报告中反映出来的事实进行分析和判断，是事故直接原因鉴定的任务。当然，勘验笔录要把观察到的事实记载全面。

（3）勘验笔录的记录手段具有多样性。勘验笔录一般以文字记录为主，但是，根据需要，也可以用现场绘制的示意图及相关图件、现场拍摄的照片，甚至可以用现场录音、录像等方式，真实记载勘验过程中观察到的事实，因此，勘验笔录往往也比较形象生动。

（三）调查取证过程中的证据收集

1. 收集证据中的一般理论

（1）证据收集的概念。行政机关在调查行政处罚案件时应当收集充分、完整的证据。煤矿安全生产行政处罚的证据应当符合以下三个特征：①证据必须是客观存在的事实材料；②证据必须是与案件有关联的事实材料；③证据必须是符合法律要求的形式，按法定程序收集的事实材料。

（2）重视行政处罚执法证据的诉讼意义。我国行政诉讼法明确规定，被诉具体行政行为主要证据不足的，人民法院应判决撤销。由此，主要证据是否充分，是人民法院判断具体行政行为是否合法的要件之一。主要证据是指对违法事实的认定起主要作用，是对于案件的定性处罚有重要影响的证据。每个案件主要证据的表现形式不尽相同，对各方面的事实都能合法有效地证明，是当事人是否构成违法的事实；是违法情节轻重以及承担怎样法律责任的事实；是其他有关被处理人权利和义务的基本事实。如果收集的证据不能证实以上事实，就属于主要证据不足。行政违法案件的认定往往有多个事实，每个事实中有关权利和义务的基本事实均要有证据加以证实。如果有的基本事实有证据加以证实，有的没有证据或证据存在瑕疵，也应当认定为主要证据不足，如果行政处罚中有关定性和处罚的基本事实清楚，但一些不影响定性和处理结果的事实证据不足，则不能依此确定被诉行政行为的主要证据不足。

2. 煤矿安全生产行政处罚证据的收集要求

（1）证据的收集必须由法定人员进行。参与执法的行政执法人员应当具备行政执法资格，依法取得行政执法资格证。不具备煤矿安全生产行政执法资格的人员收集的证据，不具有证据能力，不能作为行政执法证据使用。按照相关规定，地方煤矿安全生产监督管理执法人员要取得省政府法制部门颁发的“行政执法证”；国家煤矿安全生产监察执法人员要取得“煤矿安全监察执法证”。只有取得上述执法资格证的人员才可以依法实施煤矿安全行政执法活动，收集相关执法证据。这里需要强调指出的是，法定人员不一定是具有煤矿安全生产行政执法资格的人员。比如，在除特别重大事故以外的煤矿安全生产事故的调查处理过程中，按照相关法律法规的规定，要由国家煤矿安全监察机构牵头组织相关部门组成事故联合调查组进行调查处理，在法定的调查组组成人员中，有的具备行政执法资格，有的不具备行政执法资格，但他们都是合法的调查组组成人员，都应当按照调查组的统一安排，开展事故调查取证工作，此时不具备行政执法资格的事故调查组组成人员依法提取的证据也是合法有效的。

（2）证据的收集必须依照法定程序进行。行政执法的顺序是行政程序正义的重要体现，也会直接影响到实体的正义。例如，现场检查笔录的制定顺序，应当是先对煤矿企业的生产现场进行检查，然后再根据现场情况制作现场检查笔录，不能先按照预判填好现场笔录再现场检查。又如，在制作调查取证笔录时，应当由两名执法人员进行，而不能由一名执法人员单独询问和记录。再如，作为证明煤矿安全生产行政执法机构对煤矿企业作出行政处罚决定的事实依据存在的证据，应当在作出行政处罚决定前进行调查收集并审查认定，而不能在作出行政处罚决定后，再收集相关证据。

（3）确保证据的来源合法。所谓来源合法，是指获取证据的途径必须符合法律法规规定的条件。执法机关对证据来源合法性的保障也是程序正义的体现。例如，现场检查笔录应当由煤矿安全生产行政执法人员制作，其他人员没有资格制作现场检查笔录；当事人的陈述应当是煤矿企业了解实际情况的从业人员所做的陈述，而不能是其他人员的陈述；证人证言必须由合格的证人作出。

（4）证据必须具备法定的形式。例如，现场检查笔录要有执法人员的签字和执法对象负责人的意见与签字；调查取证笔录要有调查取证对象对于记录的意见；报表、隐患排查记录等书证应当提取原件，不能提取原件的，复制件要由煤矿企业进行盖章确认并与原件核对无异，注明复制时间及原件所在处。

三、煤矿安全生产行政处罚程序

行政程序是指由行政行为的方式、步骤时间、顺序等构成的行为过程，其目的是规范行政权力的运作，防止行政主体滥用权力，保护相对人的合法权益，因此必须建立法定的、科学的程序规则。从一定意义上讲，依法行政主要是依法定程序行政。违反法定程序，也是一种违法行政行为。

（一）煤矿安全生产行政处罚程序的规则

1. 申辩和听证程序

《行政处罚法》规定，行政机关在作出行政处罚决定之前，应当告知当事人作出行政处罚决定的事实、理由及依据，并告知当事人依法享有的权利。当事人有权进行陈述和申辩。行政机关必须充分听取当事人的意见，对当事人提出的事实、理由和证据，应当进行复核；当事人提出的事实、理由或者证据成立的，行政机关应当采纳。行政机关不得因当事人申辩而加重处罚，同时还规定，在行政机关作出责令停产停业、吊销许可证或者执照、较大数额罚款等行政处罚决定之前，应当告知当事人有要求举行听证的权利：当事人要求听证的，行政机关应当组织听证。当事人不承担行政机关组织听证的费用。

2. 办案人员与作出行政处罚决定的人员分开

《行政处罚法》规定，除当场作出行政处罚决定的以外，其他行政处罚决定经调查终结，行政机关负责人应当对调查结果进行审查，根据不同情况分别作出决定。同时还规定，对情节复杂或者重大违法行为给予较重的行政处罚，行政机关的负责人应当集体讨论决定。对执法人员当场作出行政处罚决定的，处罚结果必须报告所属行政机关备案。

3. 作出罚款决定的机关与收缴罚款的机构分离

《行政处罚法》明确规定，作出罚款决定的行政机关应当与收缴罚款的机构分离。除该法规定的当场收缴罚款的个别情形外，作出罚款处罚决定的行政机关及其执法人员不得自行收缴罚款。当事人应当在规定的时间内，到指定的银行缴纳罚款。银行应当收受罚款，并将罚款直接上缴国库。

（二）简易程序

行政处罚简易程序，也称当场处罚程序，是指行政处罚实施主体对事实清楚、情节简单、后果轻微的行政违法行为给予当场处罚所遵循的步骤、方式、时限和顺序。依法使用简易程序可以迅速、及时地化解纠纷，提高行政效率。

执法人员适用简易程序应当依据以下三个条件：①违法事实确凿，当事人确有违法事实，并且能够证明当事人具有违法行为的证据确实清楚、充分；②有法定依据，有法律、行政法规、地方性法规和规章作为行政处罚的依据，如无明文规定，不予处罚；③符合规定的行政处罚的种类和幅度，可以当场作出行政处罚的种类是罚款和警告、通报批评，并且还必须符合规定的幅度，即对公民处以二百元以下、对法人或者其他组织处以三千元以下罚款或者警告的行政处罚。

依据《行政处罚法》第 52 条规定，执法人员当场作出行政处罚决定的，应当向当事人出示执法证件，填写预定格式、编有号码的行政处罚决定书，并当场交付当事人。当事人拒绝签收的，应当在行政处罚决定书上注明。

《行政处罚法》第 51 条至第 53 条对执法中简易程序的适用条件作出明确规定。在本领域，依据《安全生产违法行为行政处罚办法》等相关规定，在开展煤矿安全行政执法工作时应注意以下四个问题。

（1）煤矿安全生产行政处罚的简易程序当场作出后，应当在 5 日内予以备案。对煤矿企业的有关负责人、安全管理的负责人等未履行安全管理职责或因未履行安全管理职责导致安全生产责任事故的处罚在当场作出决定后，制作行政处罚决定书并报分管局领导审查，分管局领导同意后，于 7 个工作日内将行政处罚决定书送达给当事人。

（2）应注意简易处罚文书制作的规范性。行政法律文书的制作，直接体现出行政机关的执法水平，并影响着行政案件的复查、档案信息的保存和查询。煤矿安全生产的行政处罚采用的是格式化的文本，应当载明的内容包括：当事人的违法行为，行政处罚的种类、依据、罚款数额、时间、地点，申请行政复议、提起行政诉讼的途径和期限以及行政机关的名称，并由执法人员签字或者盖章。在具体的执法过程及填写中会出现以下问题：①称谓等内容不全或者不规范，被处罚人的身份不明确，在处罚决定书中未列全基本情况，如出生年月日、籍贯、住址或社会信用代码信息空白等；②简易行政处罚决定书要件不齐全，如文书中对违法行为的地点、时间、违法事实、证据等缺少基本记录；③对于应处罚的行政行为与处罚决定之间的因果关系缺少论证，甚至没有此类的描述；④处罚决定文书制作简单、书写潦草，事后无法辨认。

（3）严格执行“罚款收缴分离制度”，规范处罚程序。简易程序不等同于当场缴纳罚款。简易程序是在法定情形下针对特定处罚对象和处罚内容进行的程序，而当场缴纳罚款是基于法律法规规定，因交通不便，被处罚人无法在限期内将罚没款缴至指定银行而采取的收缴罚款的方式。因此，在简易程序中要继续严格执行“罚款收缴分离”制度，禁止随意罚没收缴现金。另外，罚款应向被处罚人开具法定的收据。非格式化的收据应准确填写相对人的信息。

（4）应及时履行告知行政相对人的复议、诉讼等权利。简易程序的行政处罚虽然针对的是事情清楚、证据确凿、处罚类型特定的违法行为，并未免除告知被处罚人的行政复议、行政诉讼权利。应避免出现在处罚过程中不告知、不完全告知或者不正确告知行政管理相对人的复议、诉讼权利的情况。在履行告知义务时，应注意全面、准确地告知相关信息，尤其是直接会影响到相对人救济权利行使的信息，如告知具体复议机关、受诉人民法院；告知相对人行政复议、诉讼期限等。应注意，依据2023年修订的《行政复议法》第23条第1款第1项的规定，对当场作出的行政处罚决定不服的，属于复议前置，即申请人应当先向行政复议机关申请行政复议，对行政复议决定不服的，可以再依法向人民法院提起行政诉讼。

小贴士

执法领域的“三项制度”

《中共中央关于全面推进依法治国若干重大问题的决定》提出，要推行行政执法公示制度；完善执法程序，建立执法全过程记录制度；严格执行重大执法决定法制审核制度。2016年12月30日，中央全面深化改革领导小组第三十一次会议审议通过了行政执法“三项制度”试点工作方案。2017年初，《国务院办公厅关于印发推行行政执法公示制度执法全过程记录制度重大执法决定法制审核制度试点工作方案的通知》（国办发〔2017〕14号）公布实施。2019年，国务院办公厅印发了《国务院办公厅关于全面推行行政执法公示制度执法全过程记录制度重大执法决定法制审核制度的指导意见》，即全面推行行政执法公示制度、执法全过程记录制度、重大执法决定法制审核制度。

全面推行“三项制度”，对促进严格规范公正文明执法具有基础性、整体性、突破性作用，对切实保障人民群众合法权益，维护政府公信力具有重要意义。要以习近平新时代中国特色社会主义思想为指导，全面贯彻落实党的二十大精神和中央人大工作会议精神，着力推进行政执法透明、规范、合法、公正，不断健全执法制度、完善执法程序、创新执法方式、加强执法监督，全面提高执法效能，推动形成权责统一、权威高效的行政执法体系和职责明确、依法行政的政府治理体系。

（三）普通程序

按照相关法律法规的规定，煤矿安全生产行政执法机构依照普通程序实施的行政处罚和现场检查的程序基本一致，应注意以下五个方面的内容。

1. 立案

立案，就是设立专案。一旦立案，煤矿安全生产行政执法机构就必须确定专门的执法人员对该案件进行调查处理。一般来说，立案的前提是执法人员已经对拟立案查处的违法事实作了初步的调查了解，至少已经掌握了部分违法事实。立案是按照普通程序实施行政处罚的重要环节。在时间次序上，煤矿安全生产行政执法机构在对案件进行调查处理之前，必须先办理立案手续。对确需立即查处的煤矿安全生产违法行为，可以先进行调查取证，并在5日内补办立案手续。

立案决定应当由煤矿安全生产行政执法机构的负责人作出。对执法人员提出的立案建议，煤矿安全生产行政执法机构的负责人应当认真进行审查，对于同意立案的，应当作出予以立案的决定并指定该案件的调查处理人员。立案要办理立案手续，填写立案审批表，制作立案决定书。立案决定书确定的执法人员就是该案件的调查处理人员。当然，在案件调查处理的过程中，根据工作需要，煤矿安全生产行政执法机构可以对调查处理人员进行调整。立案决定书确定的调查处理人员必须是具备行政执法资格的人员，而且不得少于两人。

2. 案件调查

在立案后，执法人员应对案件进行全面、客观、公正地调查，并收集和保存相关证据材料。根据现场检查中掌握的情况，执法人员可以制定一个详细的调查方案，并按照调查方案进行调查取证，这样可以使调查取证工作有条不紊地进行。案件调查可以采取检查、勘验、检测、抽样、询问、查阅有关材料等方式进行。在案件调查的过程中，要特别注意收集和保存与案件有关的现场检查笔录、证人证言、书证、物证、视听资料等各种证据材料。案件调查工作要突出重点，要着重收集能够证明案件主要事实的直接证据材料，以提高案件调查的效率。

在案件调查的过程中，需要特别注意的是，有关案件事实的正反两个方面的证据都要收集，不能只收集正面的证据。在证据可能灭失或者以后难以取得的情况下，经煤矿安全生产行政执法机构的负责人批准，执法人员可以对证据先行登记保存。案件调查终结后，执法人员应当将案件调查结果报至所属煤矿安全生产行政执法机构的负责人进行审批。

3. 案件审查

案件审查，就是由煤矿安全生产行政执法机构的负责人对执法人员调查终结的案件进行审核，并对案件作出处理决定。当案件调查终结后，负责承办案件的执法人员应当填写案件处理呈批表，连同有关证据材料一并报至所属煤矿安全生产行政执法机构的负责人进行审批。

煤矿安全监察机构在案件审查方面的情况相对特殊。由于有些省份矿山安全生产监察机构的监察区域比较大，从办公驻地到煤矿企业的路程较远，为提高执法效率，对于依法需要经矿山安全生产监察机构负责人批准或者煤矿安全监察机构负责人主持集体讨论决定的行政处罚，可以由现场监察执法人员以电话或者电传形式，把案件调查情况和处罚意见如实报告所属煤矿安全监察机构负责人，经批准或者集体讨论决定后，以电话或者电传形式通知现场监察执法人员，由现场监察执法人员依法实施行政处罚。电话应作书面记录。

煤矿安全生产执法机构负责人应当对案件调查结果进行审查，根据不同情况，分别作出以下决定：①确有应受行政处罚的违法行为的，根据情节轻重及具体情况，作出行政处罚决定；②违法行为轻微，依法可以不予行政处罚的，不予行政处罚；③违法事实不能成立的，不予行政处罚；④违法行为涉嫌犯罪的，移送司法机关。

对严重的煤矿安全生产违法行为需要给予责令停产停业整顿、责令停产停业、责令停止建设、责令停止施工、吊销有关行政许可证照、撤销有关执业资格或者岗位证书、较大数额罚款、没收违法所得或者没收非法开采的采掘设备折合人民币 3 万元以上的行政处罚的，由煤矿安全生产行政执法机构的负责人集体讨论决定。

4. 告知

在煤矿安全生产行政执法机构的负责人对案件调查结果进行审查后，对认为需要给予行政处罚的，在依法作出行政处罚决定前，应当指派执法人员告知当事人拟作出的行政处罚的事实、理由、依据及当事人享有的权利。除按照简易程序实施的行政处罚外，告知应当采用书面形式，制作行政处罚告知书并送交当事人。当事人可以对煤矿安全生产行政执法机构拟作出的行政处罚决定进行陈述和申辩，如果当事人提出的事实、理由或者证据成立的，煤矿安全生产行政执法机构应当予以采纳，并对拟作出的行政处罚决定进行修正。当事人对拟作出的行政处罚提出听证申请的，煤矿安全生产行政执法机构应当依法组织听证。

5. 作出行政处罚决定

《行政处罚法》规定，调查终结，行政机关负责人应当对调查结果进行审查，根据不同情况，分别作出行政处罚决定。这是对一般行政处罚案件的决定程序。

（1）当行政机关执法人员或者行政处罚案件调查人员对案件的调查已经终结，违法事实基本查清，并且可以根据事实，依据法律、法规和规章的规定，确定给予行政处罚时，执法人员或者调查人员应当将情况报告行政机关负责人并附有对案件的处理意见。

（2）行政机关负责人对案件的调查结果和处理意见进行审查，行政机关负责人在进行审查时，应当认真审查执法人员是否依照法定程序进行调查，发现违反法定程序的，必须及时纠正。认真核实执法人员给予违法行为的行政处罚是否有法律、法规或者规章的依据，适用法律、法规的规定是否适当，发现有不适当的，应当依照法律、法规的规定办理。认真审查违法事实是否确凿，证据是否充分，发现有不足的，应当责成执法人员予以补充。

（3）行政机关负责人经审查后，对事实清楚、证据确凿、适用法律正确的行政处罚案件，可以作出行政处罚决定。不能及时决定的，行政机关负责人可以将报告和意见交有关机构，再提出处理意见，行政机关负责人根据有关机构的意见，作出行政处罚的决定。依据《行政处罚法》第58条规定，在行政机关负责人作出行政处罚的决定之前，应当由从事行政处罚决定法制审核的人员进行法制审核；未经法制审核或者审核未通过的，不得作出决定：①涉及重大公共利益的；②直接关系当事人或者第三人重大权益，经过听证程序的；③案件情况疑难复杂、涉及多个法律关系的；④法律、法规规定应当进行法制审核的其他情形。

（4）在行政机关认为有必要时，可以将即将作出的行政处罚决定的内容告知当事人，再次听取当事人对案件处理的意见和申辩。当事人的意见和申辩与行政机关调查的事实、对案件的认定有出入的，行政机关应当进行复查；当事人无异议的，行政机关可以作出行政处罚的决定。

（5）制定行政处罚决定书，行政机关负责人应当在行政处罚决定书上签名，并加盖行政机关的印章。

煤矿安全生产行政执法机构听取当事人的陈述和申辩或者组织听证后，仍然认为要给予行政处罚的，煤矿安全生产行政执法机构应当作出行政处罚决定，并制作行政处罚决定书送交当事人。煤矿安全生产行政执法机构不得因当事人的陈述或者申辩而加重处罚。煤矿安全生产行政执法机构制作的行政处罚决定书应当载明以下内容：①当事人的姓名或者名称、地址或者住址；②煤矿安全生产违法行为的事实和证据；③行政处罚的种类和依据；④行政处罚的履行方式和期限；⑤不服行政处罚决定，申请行政复议或者提起行政诉讼的途径和期限；⑥作出行政处罚决定的煤矿安全生产行政执法机构的名称和作出决定的日期。煤矿安全生产行政执法机构在作出行政处罚决定的同时，还应当责令当事人停止、改正或者限期改正违法行为。

（6）期限是行政程序的基本组成要素。法律对行政机关作出或完成一个行政行为提出了明确的时间上的要求，以期提高行政效率，充分保障行政行为相对人的权益，即法律所规定的行政机关作出或完成某一个行政行为的时间限制。违反法定期限的行政行为属于典型的程序违法，依法应当予以撤销。

（四）撰写案件事故调查报告中事项和权限

事故调查报告是事故调查结果的综合体现。依法组成的煤矿生产安全事故调查组在进行事故调查后，应当形成事故调查报告。并提交负责事故调查处理的应急管理部门或国家矿山安全监察机构。事故调查报告应当是全面且具体的，包括调查组调查的内容和法定时间内补充的内容，主要包括以下七个方面：①事故发生单位概况，事故发生的时间、地点以及事故现场情况；②事故类别（顶板、瓦斯、机电、运输、爆破、水害、火灾、其他事故）；③事故救援情况；④事故已经造成的人员伤亡人数、可能造成的伤亡人数（包括下落不明的人数）和初步估计的直接经济损失；⑤事故防范和整改措施；⑥事故发生的原因和事故性质；⑦事故责任的认定以及对事故责任者的处理建议；⑧其他应当报告的情况（包括事故报告后出现新情况补报的材料）。

☞ **法条链接**

《生产安全事故报告和调查处理条例》（国务院第493号令）第30条

事故调查报告应当包括下列内容：（一）事故发生单位概况；（二）事故发生经过和事故救援情况；（三）事故造成的人员伤亡和直接经济损失；（四）事故发生的原因和事故性质；（五）事故责任的认定以及对事故责任者的处理建议；（六）事故防范和整改措施。

事故调查报告应当附上有关证据材料。事故调查组成员应当在事故调查报告上签字。要注意，事故调查的有关资料应当由组织事故调查的部门归档保存。归档保存的材料包括技术鉴定报告、重大技术问题鉴定结论和检测检验报告、尸检报告、物证和证人证言、直接经济损失文件、相关图纸、视听资料、批复文件等。

调查的时效性和处理的权限。①事故调查工作应注意时效性。根据《生产安全事故报告和调查处理条例》规定，自事故发生之日起60日内，提交事故调查报告；特殊情况下，经负责事故调查的人民政府批准，提交事故调查报告的期限可以适当延长，但延长的期限最长不超过60日。事故抢险救灾超过60日，无法进行事故现场勘察的，事故调查时限从具备现场勘察条件之日起计算。瞒报事故的调查时限从查实之日起计算。②处理的权限。按照国务院493号令规定，重大事故、较大事故、一般事故，负责事故调查的人民政府应当自收到事故调查报告之日起15日内作出批复；特别重大事故，30日内作出批复，特殊情况下，批复时间可以适当延长，但延长的时间最长不超过30日。具体的结案和批复权限按照相关法律规定执行，不同级别的事故，权限也有所不同。重大及以下非煤矿山事故的调查报告，由负责事故调查的地方人民政府按程序结案。国务院安全生产委员会挂牌督办的重大事故、国务院安全生产委员会办公室或者国家矿山安全监察局挂牌督办的典型事故，在事故调查报告初稿形成后，事故调查组组长单位应当向国家矿山安全监察局汇报，并根据国家矿山安全监察局的意见和建议，组织事故调查组对事故调查报告进行修改完善，并正式报国务院安全生产委员会办公室或者国家矿山安全监察局，经审核同意后，按程序结案。事故提级调查的，由组织提级调查的单位按程序结案。

事故调查报告结果的公布。在煤矿生产安全事故调查处理完毕后，除依法应当保密的以外，应当按照分级实施的原则，及时向社会公布调查处理情况。根据相关法律法规的规定，特别重大煤矿生产安全事故的调查处理情况由国务院或国务院授权组织事故调查的应急管理部门和其他部门向社会公布；特别重大事故以下等级的事故的调查处理情况由组织事故调查的煤矿安全监察机构向社会公布。

四、行政处罚的听证程序

（一）听证的概念

对当事人不利的决定必须听取当事人的意见，这是现代法治的一个重要原则。被处罚的当事人享有的陈述权和申辩权就是这一原则的体现。陈述权和申辩权是当事人的重要权利。

《行政处罚法》规定，行政机关作出较大数额罚款；没收较大数额违法所得、没收较大价值非法财物；降低资质等级、吊销许可证件；责令停产停业、责令关闭、限制从业；其他较重的行政处罚；法律、法规和规章规定的其他情形等行政处罚的案件之前，应当告知当事人有要求举行听证的权利，当事人要求听证的，行政机关应当组织听证。

另外，行政机关认为有必要进行听证的也可以组织听证。《行政处罚法》对听证的范围作了限定，并不是所有的行政处罚案件都必须听证。限定听证案件的范围，是从公平与效率兼顾的原则出发，既保证行政机关处理行政处罚案件的效率，也注重行政处罚程序中的民主程序建设。但是，听证并不是行政处罚的必经程序。只有属于法律规定范围内的行政处罚案件，才举行听证。

（二）听证的范围

当事人提出听证要求应具备的一个前提是当事人对《行政处罚法》决定中“违法事实的认定上”有重大分歧。如果当事人与行政机关对违法事实的认定无异议，则不必举行听证。其次，必须是属于行政处罚规定的听证范围内的案件，只有属于重大的行政处罚案件才可以举行听证，即给予责令停产停业、吊销许可证或者执照、较大数额罚款的行政处罚案件。最后，必须是由当事人按照程序提出听证要求的或者行政机关认为有必要举行听证的，行政机关才组织听证。前两个条件具备后，当事人本人不要求听证的，行政机关可以不组织听证。

听证除了由当事人提出以外，行政机关认为有听证必要的也可以组织听证。但是，必须事先取得当事人的同意。行政机关认为有必要举行听证的情况大致有以下三种。

（1）行政处罚案件重大、复杂，需要慎重决定的。在作出行政处罚之前，行政机关组织听证，有利于作出正确的行政处罚决定。

（2）符合《行政处罚法》规定的听证案件范围，并且当事人对事实的认定确有不同意见，当事人又有听证意愿的，但是当事人因客观原因或者有正当理由，在行政机关告知后的5日内未能提出听证要求的，行政机关可以根据情况决定是否组织听证。

（3）行政处罚案件在本行政机关的权限范围内的行政管理事项中，带有普遍性或者有很大影响的，通过公开举行听证可以扩大影响，有利于教育公民、法人或者其他组织自觉守法，行政机关可以组织听证。

（三）行政相对人提出听证的程序

《行政处罚法》对行政处罚中的听证程序作了明确具体的规定。根据该规定，听证依照以下程序组织。

当事人要求听证的，应当在行政机关告知后5日内提出。提出听证要求的时间，应当是行政机关对案件已经调查终结、在作出行政处罚决定之前，由行政机关通知当事人到场，告知当事人已经查明的违法事实、处罚的法律依据和拟将给予的行政处罚等事项。当事人对行政机关告知的事项有不同意见，并且与行政机关的认定不能一致，即有重大分歧的。行政机关应当在举行听证的7日前，通知当事人举行听证的时间、地点。

除涉及国家秘密、商业秘密或者个人隐私依法予以保密外，听证必须公开举行，这是为了遵循行政处罚的公开原则，便于人民群众对听证进行监督，保证听证的公正性。听证由行政机关指定的非本案调查人员主持。当事人认为主持人与本案有直接利害关系的，有权申请回避。

当事人可以亲自参加听证，也可以委托一至两人代理。在举行听证时，调查人员提出当事人违法的事实、证据和行政处罚建议；当事人进行申辩和质证。听证应当制作笔录，笔录应当交当事人审核无误后签字或者盖章。另外，要求听证当事人不承担行政机关组织听证的费用。当事人不承担听证费用，是指行政机关为组织听证所支付的费用，如租用场地等费用，但不包括当事人聘请律师、取得证据等个人所应支付的费用。依据《行政处罚法》第64条第6款规定，当事人及其代理人无正当理由拒不出席听证或者未经许可中途退出听证的，视为放弃听证权利，行政机关终止听证。

五、行政处罚的送达与结案

（一）送达概述

行政机关及其执法人员在作出行政处罚决定时，必须出具行政处罚决定书。无论是当场处罚还是依照普通程序作出的处罚，都应当制作行政处罚决定书，并应当当场交付当事人。当事人不在场的，行政机关应当在7日内依照《中华人民共和国民事诉讼法》中的有关规定，将行政处罚书送达当事人。在行政机关作出行政处罚决定后，应当向当事人当场宣布。当场可以是行政机关派人到当事人的所在单位向当事人宣告行政处罚决定；也可以通知当事人到行政机关，听取行政机关宣告行政处罚决定。行政机关到当事人所在单位宣告行政处罚决定时，当事人不在场的，或者经通知当事人拒不到行政机关也拒绝签收的，行政机关应当在行政处罚决定书上注明。送达方式依照《中华人民共和国民事诉讼法》中的有关规定执行。

（二）送达的方式

根据《中华人民共和国民事诉讼法》中的有关规定，送达方式可以归纳为以下六种，即直接送达，留置送达、转交送达、委托送达、邮寄送达和公告送达。

（三）结案与备案

按照普通程序实施的行政处罚案件在执行完毕后，执法人员应当制作案件结案报告，及时办理案件结案手续。根据《行政处罚法》规定，行政处罚案件自立案之日起，一般应当在 90 日内办理完毕，法律、法规和规章另有规定的，从其规定。根据《安全生产违法行为行政处罚办法》第 32 条规定，行政处罚案件应当自立案之日起 30 日内作出行政处罚决定；由于客观原因不能完成的，经安全监管监察部门负责人同意，可以延长，但不得超过 90 日；特殊情况需进一步延长的，应当经上一级安全监管监察部门批准，可延长至 180 日。

结案后必须按要求进行案卷归档。按照普通程序实施的行政处罚案件在办结后，执法人员应当制作执法案卷首页和卷内目录，将办理案件过程中形成的执法文书、证据材料等案件材料，按照“一案一卷”的原则分类归档。执法案卷应当集中保管，不得长期由个人留存。在案件材料立卷归档后，任何煤矿安全生产行政机构和个人不得擅自增加、抽取、涂改和销毁案卷材料。煤矿安全生产行政执法机构要加强对执法案卷的管理。

煤矿安全生产行政执法机构作出行政处罚决定，应当按照相关规定办理备案手续。

第六节 煤矿安全生产行政处罚的执行

一、煤矿生产行政处罚的执行原则

行政处罚的执行是指保证行政处罚决定所确定的内容得以实现的活动。行政处罚的执行对煤矿安全生产行政处罚的有效实施具有重要的意义，是煤矿安全生产行政执法机构实现行政执法目的的重要保障。《行政处罚法》确立了行政处罚执行的三项原则。这三项原则也是煤矿安全生产行政处罚中应坚持的执行原则。

（一）当事人按期自觉履行的原则

煤矿安全生产行政执法机构依法作出行政处罚决定后，煤矿安全生产行政相对人应当在规定的期限内自觉予以履行，而不能拖延履行或不履行，因为这是行政相对人的法定义务。如果行政相对人不自觉履行行政处罚决定，煤矿安全生产行政执法机构可以依法强制执行或者申请人民法院强制执行，确保行政执法目的的实现，维护正常的煤矿安全生产法律秩序。

（二）行政复议和行政诉讼不停止执行的原则

煤矿安全生产行政执法机构作出行政处罚决定后，行政相对人对行政处罚决定不服提出行政复议申请或者提起行政诉讼的，除法律另有规定外，行政处罚不停止执行。当事人对限制人身自由的行政处罚决定不服，申请行政复议或者提起行政诉讼的，可以向作出决定的机关提出暂缓执行申请。符合法律规定情形的，应当暂缓执行。当事人申请行政复议或者提起行政诉讼的，加处罚款的数额在行政复议或者行政诉讼期间不予计算。

按照《行政处罚法》及《行政复议法》的规定，行政复议期间可以停止行政处罚决定的执行的情形有下列四种：①作出行政处罚决定的煤矿安全生产行政执法机构认为需要停止执行的；②行政复议机关认为需要停止执行的；③行政相对人申请停止执行，复议机关认为其要求合理，决定停止执行的；④法律规定停止执行的。

按照《行政处罚法》及《行政诉讼法》的规定，诉讼期间停止行政处罚决定的执行的情形有下列三种：①被告（作出行政处罚决定的煤矿安全生产行政执法机构）认为需要停止执行的；②原告（煤矿安全生产行政相对人或其他利害关系人）申请停止执行，人民法院认为该行政处罚决定的执行会造成难以弥补的损失，并且停止执行不损害社会公共利益，裁定停止执行的；③法律、法规规定停止执行的。

（三）决定罚款机关与收缴罚款机关相分离的原则

《行政处罚法》设定这一原则的主要目的是防止行政机关在利益驱动下为了“罚款”而罚款，滥施罚款这一行政处罚种类，损害行政相对人的合法权益。根据这一原则的要求，煤矿安全生产行政执法机构及其行政执法人员可以作出罚款的行政处罚决定，除了法定的可当场收缴的情形外，不能自行收缴罚款。行政相对人应当自收到煤矿安全生产行政执法机构依法作出的罚款的行政处罚决定书之日起 15 日内到指定银行缴纳罚款或者通过电子支付系统缴纳罚款，银行收受罚款后应当直接上缴国库。

按照《行政处罚法》及相关法律法规的规定，煤矿安全生产行政执法机构及其行政执法人员可以当场收缴罚款的情形有下列三种：①依法给予 100 元以下罚款的行政处罚的；②不当场收缴事后难以执行的；③在边远、水上、交通不便地区，行政机关及其执法人员依照法律的规定作出罚款决定后，当事人到指定的银行或者通过电子支付系统缴纳罚款确有困难，经当事人提出，行政机关及其执法人员可以当场收缴罚款。

对于当场收缴的罚款，煤矿安全生产行政执法人员应当自收缴罚款之日起 2 日内，将罚款交至煤矿安全生产执法机构；煤矿安全生产行政执法机构应当在 2 日内将罚款缴付指定的银行。另外，根据《行政处罚法》及煤矿安全生产相关法律法规的规定，煤矿安全生产行政执法机构没收违法所得和拍卖没收非法财物所得款项都应当上缴国库，不得截留、私分。

另外，对煤矿违法违规行为进行行政处罚后，如遇煤矿拒缴罚款的情形，根据行政机关的职权和权限，一般是由作出处罚决定的属地矿山安全监察局申请法院强制执行。

小贴士

拖欠不执行怎么办

陕西煤矿安全监察局咸阳监察分局在 2016 年 12 月对旬邑县 A 煤矿的越界生产行为进行了立案调查，决定对该矿罚款 59 万元。在该行政处罚决定书送达后，该矿一直未缴纳罚款。2017 年 6 月 23 日，因 A 煤矿在履行期内未履行全部缴纳罚款的义务，咸阳分局又作出行政决定履行催告书，并送达A煤矿。在催告期内，A煤矿未提出任何异议，也未缴纳罚款。因旬邑县A煤矿针对处罚决定的六个月法定行政诉讼期限已经届满，其无正当理由拒不执行处罚决定，咸阳分局于2017年9月8日委托律师向旬邑县人民法院申请强制执行。经旬邑县人民法院于2017年9月13日组织合议庭进行听证、咸阳市中级人民法院于2017年12月5日组织合议庭进行听证、旬邑县人民法院于2018年2月1日组织合议庭进行听证，最终，旬邑县人民法院于2018年2月7日作出行政裁定书。旬邑人民法院认为：咸阳分局于2016年12月15日作出的行政处罚决定书认定旬邑县A煤矿违法事实清楚、证据充足、程序合法、适用法律法规正确，旬邑县A煤矿在法定期限内既未申请复议或者提起诉讼，又不履行缴纳罚款的义务，对咸阳分局提出的强制执行的申请应予支持。

陕西煤矿安全监察局渭南监察分局辖区的白水县B煤业有限责任公司于2016年7月18日发生一起较大瓦斯事故，造成6人死亡。事故发生时，该公司未按规定上报事故。渭南监察分局调查时发现，该公司存在改扩建期间，超出安全设计规定的范围，违法在批准开采范围外开采4号煤层等7项违法违规行为，遂对事故和违法行为分别立案进行调查处理。于2017年9月22日和10月14日分别以监察和事故对该公司处罚共计959.9071万元。该公司当时缴纳150万元，其余罚款一直未缴纳。渭南分局于2017年4月21日对该公司进行催缴，但没有效果。渭南分局随即向白水县人民法院申请强制执行。法院受理后，主持进行了调解，下达了调解书，约定分期付款。

二、行政处罚执行的内容

（一）行政处罚执行的概念

煤矿安全生产行政执法机构在作出行政处罚决定后，当事人应当自觉履行处罚决定。当事人拒不履行处罚决定的，煤矿安全生产行政执法机构应当依法强制执行或者申请人民法院强制执行，除了法律另有规定外，当事人对煤矿安全生产行政执法机构作出的行政处罚决定不服申请行政复议或者提起行政诉讼的，行政处罚不停止执行。

（二）六类执行的具体规定

1. 罚款

对于罚款的行政处罚，采用的是罚款决定的机构和收缴罚款的机构相分离的制度。行政机关及其执法人员当场收缴罚款的，必须向当事人出具国务院财政部门或者省、自治区、直辖市人民政府财政部门统一制发的专用票据；不出具财政部门统一制发的专用票据的，当事人有权拒绝缴纳罚款。

2. 没收违法所得

违法所得是指实施违法行为所取得的款项。当事人有违法所得，除依法应当退赔的外，应当予以没收。法律、行政法规、部门规章对违法所得的计算另有规定的，从其规定。

3. 没收非法财物

对于没收非法财物的行政处罚，煤矿安全生产行政执法机构应当依法处理没收的非法财物。对于应当予以销毁的非法物品，依照国家有关规定进行销毁处理；没有规定的，经县级以上矿山安全生产行政执法机构负责人批准，由两名以上煤矿安全生产行政执法人员监督销毁，并制作销毁记录。除依法应当予以销毁的物品外，依法没收的非法财物必须按照国家规定公开拍卖或者按照国家有关规定处理。没收非法财物拍卖的款项，必须全部上缴国库，任何煤矿安全生产行政执法机构或者个人不得以任何形式截留、私分或者变相私分。

4. 责令停产停顿

对被责令停产整顿的煤矿企业，在停产整顿期间，有关地方人民政府应当采取有效措施进行监督检查。

煤矿企业有安全生产违法行为或者重大事故隐患依法被责令停产整顿的，应当制定整改方案并进行整改。对于整改结束后要求恢复生产的煤矿企业，县级以上地方人民政府负有煤矿安全生产监督管理职责的部门应当组织验收，并在收到恢复生产申请之日起 20 日内组织验收完毕。验收合格的，经本部门主要负责人签字，并经所在地矿山安全监察机构审核同意，报本级人民政府主要负责人批准后，方可恢复生产。

县级以上地方人民政府负有煤矿安全生产监督管理职责的部门对被责令停产整顿或者关闭的煤矿企业，应当在 5 个工作日内向社会公告；对被责令停产整顿的煤矿企业经验收合格恢复生产的，应当自恢复生产之日起 5 个工作日内向社会公告。

5. 暂扣有关证照

对于暂扣有关证照的行政处罚，煤矿安全生产行政执法机构宣告暂扣有关证照的行政处罚决定后，当事人应当当场将相关证照的正副本交给煤矿安全生产行政执法机构暂扣保存。对于作出暂扣有关证照的行政处罚的，煤矿安全生产行政执法机构应当同时责令当事人停产停业。

对煤矿企业作出暂扣证照行政处罚的，煤矿安全生产行政执法机构应当将暂扣有关证照的行政处罚决定报送煤矿企业所在地县级以上地方人民政府。证照暂扣期间，煤矿安全生产行政执法机构应当对当事人进行监督检查。暂扣证照期限届满，符合返还条件的予以返还；返还煤矿企业有关证照的，应当告知煤矿企业所在地县级以上地方人民政府。对暂扣证照期限届满，仍不具备返还条件的，经当事人申请，可以延长暂扣期限，经延长暂扣期限仍不具备返还条件的，依法吊销证照。

6. 吊销证照

对于吊销有关证照的行政处罚，如果是吊销煤矿企业的有关证照，煤矿安全生产行政执法机构应当将吊销有关证照的行政处罚决定报送煤矿企业所在地县级以上地方人民政府。吊销有关证照的，颁证部门应当在相关媒体予以公告。

三、票据收取中行政主体的法律责任

行政机关及其执法人员在实施行政处罚的过程中，应当严格遵守法律的规定。

（一）行政执法人员行使职权，应当公正无私，不得以手中的权力谋取私利

根据《行政处罚法》的规定，执法人员利用职务上的便利，索取或者收受他人财物、收缴罚款据为已有，构成犯罪的，依法追究刑事责任；情节轻微、不构成犯罪的，依法给

予行政处分。

（二）罚款、没收违法所得和没收非法财物拍卖的款项是国有财产，应当全部上缴国库

根据《行政处罚法》的规定，行政机关将罚款、没收的违法所得或者财物截留、私分或者变相私分的，由财政部门或者有关部门予以追缴，对直接负责的主管人员和其他直接责任人员依法给予行政处分。情节严重构成犯罪的，依法追究刑事责任。

行政机关违反法律规定自行收缴罚款的，财政部门违反《行政处罚法》第53条的规定向行政机关返还罚款或者拍卖款项的，由上级行政机关或者有关机关责令改正，对直接负责的主管人员和其他直接责任人员依法给予处分。

（三）罚款、没收财物应当出具法定票据

罚款、没收财物的单据是行政机关收取被处罚人金钱、财物的法定凭证，也是行政机关向财政部门缴纳罚款和没收财物拍卖所得款项的凭证。罚款、没收财物不使用罚款、没收财物单据或者使用非法定部门制发的单据，财政部门无法收取行政机关应上缴国库的罚款和没收财物拍卖所得款项，这样会造成国家财产流失。同时，这些金钱和财物落入行政机关“小金库”或执法人员手中，致使行政机关滥发钱物，执法人员贪污腐化，容易引发行政机关滥施处罚。因此，《行政处罚法》规定，罚款或者没收财物必须使用财政部门统一印制的单据。行政机关对当事人进行处罚不使用罚款、没收财物单据或者使用非法定部门制发的罚款、没收财物单据的，当事人有权拒绝处罚，并有权予以检举。由上级行政机关或者有关机关对使用的非法单据予以收缴销毁，对直接负责的主管人员和其他直接责任人员依法给予行政处分。

思考题

1. 煤矿安全生产行政处罚证据的收集应遵循哪些要求？

2. 结合我国矿山安全执法体制改革的发展，思考本领域执法如何建立执法裁量基准、标准化和可追溯的工作流程，以及量化执法考核监督等为执法实施的行政处罚改革目标。

3. 行政处罚不是目的，请结合行政处罚的原则思考如何树立煤矿企业及其员工的安全生产意识？

第三章　煤矿安全生产行政复议

本章教学目的与要求

（1）掌握行政复议的概念、目标和基本原则。
（2）了解行政复议的程序和法律效果。
（3）了解我国行政复议法制改革的发展趋势。
（4）掌握我国煤矿安全监管监察行政复议的主体及实施程序。
（5）了解我国矿山安全监管监察复议体制改革的现状。

第一节　煤矿安全生产行政复议总论

煤矿安全生产行政复议是基于行政执法内部层级监督的行政救济制度，对防止、纠正违法行政行为或者不当行政行为，保护公民、法人和其他组织的合法权益，监督和保障行政机关依法行使职权，发挥行政复议化解行政争议的主渠道作用，推进煤矿安全生产依法行政有着重要的作用。

党中央高度重视行政复议工作。党的十八大以来，以习近平同志为核心的党中央将行政复议制度改革作为法治政府建设的重要内容，纳入法治国家、法治政府、法治社会建设一体推进。

2023 年 9 月 1 日，新修订的《行政复议法》由第十四届全国人民代表大会常务委员会第五次会议通过。这次修改与前两次不同，是“修订”而不是“修正”，其修订幅度之大超出人们的预期，法律条文从最初的 43 条增加至 90 条，其修改从内容到形式几乎覆盖到每一个条文。新修订的《行政复议法》，积极回应社会关切，更好地发挥行政复议公正高效、便民为民的制度优势和化解行政争议的主渠道作用，有利于保护人民群众合法权益、推进法治政府建设、促进社会公平正义。

一、煤矿安全生产行政复议的概述

煤矿安全生产行政复议是煤矿安全生产行政复议机关对公民、法人或者其他组织认为煤矿安全生产监管监察部门侵犯其合法权益的、基于申请办理行政复议案件的制度。

我国实行煤矿安全监察制度。由此，国家矿山安全监察机构及其设在地方的矿山安全监察机构负责煤矿安全监察工作，依法对地方人民政府的煤矿安全生产监督管理工作进行监督检查。

基于我国矿山安全监察体制改革的现状，本教材中的煤矿安全生产行政复议是指公民、法人或者其他组织请求国家矿山安全监察局对煤矿安全生产监察部门（国家矿山安全监察局或者国家矿山安全监察局省级局作出的行政行为）的违法或不当行政行为予以纠正的制度。对于地方各级人民政府、县级以上人民政府负有煤矿安全生产监督管理职责的部门和其他有关部门违法或不当行政行为产生的行政复议按照《行政复议法》相关规定进行。

煤矿安全生产行政复议的法律依据主要是2023年9月修订的《中华人民共和国行政复议法》和《中华人民共和国行政复议法实施条例》《政府信息公开条例》等；部门规章方面，目前安全生产行政复议领域的依据是2007年11月1日起施行的《安全生产行政复议规定》；部门规范性文件方面，2021年8月，国家矿山安全监察局根据《中华人民共和国行政诉讼法》《中华人民共和国行政复议法》《中华人民共和国行政复议法实施条例》制定了《国家矿山安全监察局行政复议及行政应诉办法》并公布实施。在此之前适用两部规范性文件：原国家煤矿安全监察局于2001年3月26日发布的《煤矿安全生产监察行政复议暂行规定》和2003年8月1日起实施的原国家安全生产监督管理局（国家煤矿安全监察局）《煤矿安全生产监察行政复议规定》。

从执法实践层面来看，国家矿山安全监察局省级局在煤矿辨识风险、制定管控措施、排查隐患、关闭煤矿、对无证或证照过期矿井等的执法检查工作贯穿全年。近些年，全国各矿山安全监察机构的执法力度还是很强的，大多数的矿山安全监察机构在完成执法后，全年并无行政诉讼和行政复议的情况。通过裁判文书网及相关机构对复议信息的统计来看，全国行政复议的数量在近十年内不到二十件，大部分行政纠纷问题经过复议一次后便不再诉讼，不符合复议要求被驳回的也不在少数。

这一行政复议数量反映出煤矿安全生产行政执法的规范性总体情况较好。2019年全年无一起行政复议的案例，这与各矿山安全监察局（原地方煤矿安全监察局）对行政许可、行政处罚等信息进行主动公开力度和不断提升信息公开的标准化规范化水平有着重要的关联。另外，矿山安全监察系统坚持以公开为常态、不公开为例外，对做好查处重大安全隐患、防范化解重大安全风险、淘汰退出落后产能等重点工作的信息公开提出明确要求，通过传统媒体与“两微一端”（微信、微博及新闻客户端）等新媒体加强社会舆论指引，以复议为标杆不断提高行政执法的能力和水平。

二、煤矿安全生产行政复议的定位

安全生产行政复议建设对于我国安全生产的法治建设、应急管理法律体系的建设而言都具有重要的意义。煤矿安全监察行政复议既是自我监督、自我纠错的生动法治实践，也是解决煤矿安全行政争议、化解行政争议的主渠道，对我国煤矿领域行政执法能力的提升有着重要的意义。

（一）推动复议应诉机构建设

复议法治可以推进各级煤矿安全生产监察部门实施有效措施，加强行政复议应诉机构和人员队伍建设。依据《行政复议法》第6条规定，国家建立专业化、职业化行政复议人员队伍。煤矿安全生产监管监察部门要建立明确的行政复议应诉机构，配备、充实和调剂专兼职行政复议应诉人员，根据工作实际需要，逐步增加专职行政复议应诉人员，由专人负责法制和复议应诉工作。将政治思想好、业务能力强、有较高法律素质的干部充实到行政复议应诉机构，保证行政复议案件有两人以上承办。依据煤矿安全监察行政复议与应诉的最新规定，政策法规和科技装备司（以下简称法规科技司）是国家矿山安全监察局的行政复议机构，具体承办行政复议案件。

（二）保证开展煤矿安全生产行政复议应诉工作的必要条件

各级煤矿安全生产行政监管监察机关要根据《行政复议法》《安全生产行政复议办法》《国家矿山安全监察局行政复议及行政应诉办法》等，将开展行政复议应诉工作所需经费列入本机关的行政经费，由本级财政予以保障。各级行政复议应诉机构要合理使用行政复议应诉经费。要配备必要的办公、取证等相应设备和交通工具，积极创造条件设置接待受理和公开审理的场所，保证行政复议应诉工作的顺利进行。

（三）提高复议应诉人员的职业素养

不断提高矿山安全监察行政复议应诉人员的政治素质，加强作风建设。强化复议应诉人员的自律意识，做到秉公办案，保持清正廉洁。依据《行政复议法》第 6 条规定，行政复议机构中初次从事行政复议工作的人员，应当通过国家统一法律职业资格考试取得法律职业资格，并参加统一职前培训。国务院行政复议机构应当会同有关部门制定行政复议人员工作规范，加强对行政复议人员的业务考核和管理。

（四）加强复议应诉工作的总结和研究

各级行政复议应诉机构更加注意总结和分析典型案例，加强相互之间的经验沟通和交流，努力提高行政复议应诉工作水平。复议应诉机构要定期向分管领导提交行政复议和行政应诉工作分析报告，保证工作程序的稳定性和制度化。

三、安全生产行政复议的基本原则

行政复议工作坚持中国共产党的领导。行政复议机关履行行政复议职责，应当遵循合法、公正、公开、高效、便民、为民的原则，坚持有错必纠，保障法律、法规的正确实施。另外，根据行政复议的一般原理并结合煤矿安全生产的实践，行政复议应坚持以下五项原则。

（一）合法、公正、公开、高效为民、便民为民的原则

（1）合法原则。通过《行政复议法》第 3 条所确立的原则。合法原则是指要求复议机关必须严格按照宪法和法律规定的职责权限，以事实为依据，以法律为准绳，对申请复议的行政行为，按法定程序进行审查，并根据审查的不同情况，依法作出不同的复议决定。坚持有错必纠，保障法律法规的正确实施。合法原则主要包括以下内容：一是承担复议职责的主体应当合法、职权应当合法。复议机关应当是依法成立并享有法律法规所赋予的复议权的行政机关，复议机关对复议案件必须依法享有管辖权，参加复议的工作人员必须符合法定的资格和条件，必须以现行有效的法律法规和规章为依据。二是审理复议案件的程序应当合法。行政复议机关办理行政复议案件必须严格遵守法定程序。

（2）公正原则。公正原则是指行政复议要符合公平、正义的要求。

（3）公开原则。公开原则要求行政复议的依据、程序及其结果都要公开，复议参加人有获得相关资料的权利。

（4）高效为民原则。《行政复议法》规定，对履行行政复议机构职责的地方人民政府司法行政部门的行政行为不服的，可以向本级人民政府申请行政复议，也可以向上一级司法行政部门申请行政复议。

（5）便民为民原则。便民为民原则主要体现在：一是要求行政机关通过互联网渠道送达行政行为决定的，应当同时提供提交行政复议申请书的互联网渠道；二是对行政复议前置有关情形，行政机关在作出行政行为时，应当告知公民、法人或者其他组织先向行政复议机关申请行政复议；三是对当场作出或者依据电子技术监控设备记录的违法事实作出的行政处罚决定不服而申请行政复议的，可以通过作出行政处罚决定的行政机关提交行政复议申请。

（二）不利变更禁止原则

不利变更禁止原则是指与原具体行政行为相比较，对行政复议申请人更为不利的行政复议决定，包括加重对行政复议申请人的处罚、对行政复议申请人科以新义务、减损行政复议申请人的既得利益或者权利等。

在行政复议机关作出的变更、撤销、确认违法、维持决定、驳回决定等行政复议决定中，只有变更的行政复议决定有可能将复议申请人置于较原具体行政行为更为不利的境地。在行政复议中，确立不利变更禁止原则，就是对行政机关在作出变更的行政复议决定时，对变更的内容进行限定，即行政复议机关在变更原具体行政行为的情况下，不得加重对行政复议申请人的处罚，不得对行政复议申请人科以更多的义务，也不得减损行政复议申请人的既得利益或者权利。

（三）一级复议原则

《行政复议法》第 10 条规定，公民、法人或者其他组织对行政复议决定不服的，可以依照《中华人民共和国行政诉讼法》的规定向人民法院提起行政诉讼，但是法律规定行政复议决定为最终裁决的除外。《行政复议法》第 34 条规定，若行政复议机关决定不予受理复议申请、驳回申请或受理后超过复议期限不作答复的，申请人可以自收到的决定书或者行政复议期限届满之日起十五日内，依法向人民法院提起行政诉讼。由此，就同一个行政行为只能提起一次行政复议，而不能向其上一级行政机关再次申请行政复议，这就是一级复议原则。

依据《行政复议法》第 35 条规定，公民、法人或者其他组织依法提出行政复议申请，行政复议机关无正当理由不予受理、驳回申请或者受理后超过行政复议期限不作答复的，申请人有权向上级行政机关反映，上级行政机关应当责令其纠正；必要时，上级行政复议机关可以直接受理。

一级复议制度是我国《行政复议法》确立的基本制度，主要是考虑到我国行政复议决定在多数情况下并非最后的救济手段，当事人对复议决定不服，还可以提起行政诉讼，仍可以得到人民法院的救济。这样就没有必要在行政系统内实行两级或多级复议制度，以此避免行政争议在行政系统内迟迟不能解决，对保护公民、法人或者其他组织的合法权益产生不利影响，而且影响行政效率的提高。

（四）多渠道灵活听取意见原则

行政复议具有行政性，它不仅要追求公平，更要追求效率。

原《行政复议法》第22条规定了以书面审理为主原则，即行政复议原则上采取书面审查的办法。依据2023年修订的《行政复议法》第49条至第50条规定，适用普通程序审理的行政复议案件，行政复议机构应当当面或者通过互联网、电话等方式听取当事人的意见，并将听取的意见记录在案。因当事人原因不能听取意见的，可以书面审理。审理重大、疑难、复杂的行政复议案件，行政复议机构应当组织听证。行政复议机构认为有必要听证，或者申请人请求听证的，行政复议机构可以组织听证。

（五）“复议适用调解”原则

原《行政复议法》遵循“复议不适用调解”原则，根据2023年修订的《行政复议法》规定，行政复议机关办理行政复议案件，可以进行调解，且复议调解书与复议决定书具有同样的法律效力。调解应当遵循合法、自愿的原则，不得损害国家利益、社会公共利益和他人合法权益，不得违反法律、法规的强制性规定。此外，当事人在行政复议决定作出前可以自愿达成和解，和解内容不得损害国家利益、社会公共利益和他人合法权益，不得违反法律、法规的强制性规定。当事人达成和解后，由申请人向行政复议机构撤回行政复议申请。复议调解、和解方式的确立，丰富了行政复议结果的处理方式，提升了行政复议化解行政争议的能力。

四、对煤矿安全生产行政复议的指导与监督

加强和改进行政复议工作的措施，充分发挥行政复议有效化解行政争议的重要性，对于加快建设法治政府有着重要的意义。应急管理部门注重加强安全生产行政复议工作，实现与《行政复议法》的衔接。煤矿安全监察机构不仅要对行政复议工作进行谋划部署，更要加强煤矿安全监察机构行政复议工作的指导、协调和检查督促。在对煤矿安全生产行政复议的指导与监督方面，要注意行政复议的期限、被申请人的法定义务及举证责任等几方面问题。

（一）关于行政复议期限的法律规定

根据相关法律的规定，适用普通程序审理的行政复议案件，行政复议机关应当自受理申请之日起六十日内作出行政复议决定；但是法律规定的行政复议期限少于六十日的除外。情况复杂，不能在规定期限内作出行政复议决定的，经行政复议机构的负责人批准，可以适当延长并书面告知当事人；但是延长期限最多不得超过三十日。

适用简易程序审理的行政复议案件，行政复议机关应当自受理申请之日起三十日内作出行政复议决定。行政复议机关在办理行政复议案件过程中，发现被申请人或者其他下级行政机关的有关行政行为违法或者不当的，可以向其制发行政复议意见书。有关机关应当自收到行政复议意见书之日起六十日内，将纠正相关违法或者不当行政行为的情况报送行政复议机关。

（二）被申请的法定义务之举证责任

根据《行政复议法》的规定，在行政复议中，被申请人（行政机关）对作出的行政行为的合法性和适当性具有举证责任。

1. 举证责任的法律规定

在行政复议过程中，适用简易程序的行政复议案件，被申请人应当自收到行政复议申

请书副本或者行政复议申请笔录复印件之日起五日内，提出书面答复，并提交作出行政行为的证据、依据和其他有关材料；适用普通程序的行政复议案件，被申请人应当自收到行政复议申请书副本或者行政复议申请笔录复印件之日起十日内，提出书面答复，并提交作出行政行为的证据、依据和其他有关材料。

依据相关办法，国家矿山安全监察局政策法规和科技装备司是国家矿山安全监察局的行政复议机构，具体承办行政复议案件。法规科技司应当自受理行政复议申请之日起七日内，制作《提出答复通知书》，连同行政复议申请书副本或者行政复议申请笔录复印件发送被申请人。被申请人是省级矿山安全监察机构的，省级矿山安全监察机构应当自收到《提出答复通知书》之日起十日内提出书面答复，对申请人的复议请求、事实及理由进行答辩，并提交当初作出具体行政行为的证据、依据和其他有关材料。

2. 举证不能的法律后果

根据有关规定，被申请人未能自收到行政复议申请书副本或者行政复议申请笔录复印件之日起十日内，向行政复议机关提出书面答复、提交其当初作出行政行为的证据、依据和其他有关材料的，视为该行政行为没有证据、依据，行政复议机关应当决定撤销、部分撤销该行政行为。也就是说，被申请人不依法提出各种材料和证据的，无论事实上行政机关在作出该行政行为时，是否有确凿的证据和适用的依据，也被看作是行政机关没有证据、依据。

（三）申请人可以向行政复议机关提起国家赔偿

公民、法人或者其他组织认为行政行为侵犯其合法权益，依法向行政复议机关提出行政复议申请的，有权同时对其所受到的损害提出行政赔偿请求，行政复议机关对申请人的行政赔偿请求应当依法处理。按照法律规定，公民、法人或者其他组织申请行政复议的具体行政行为在涉及其财产时，即使申请人在申请行政复议时没有提出行政赔偿请求，行政复议机关也应当就有关财产事项作出处理。

申请人提起国家赔偿有两种情形，一是申请人在提出行政复议时提起国家赔偿，二是申请人并未在复议时同时提出。

第一种情形，申请人在申请行政复议时一并提出赔偿请求的，行政复议机关对符合《中华人民共和国国家赔偿法》的有关规定应当给予补偿的，在决定撤销、变更具体行政行为或者确认机关对符合《中华人民共和国国家赔偿法》的具体行政行为违法时，应当同时决定对被申请人依法给予赔偿。

按照《中华人民共和国国家赔偿法》的规定，行政机关及其工作人员在行使行政职权时有下列侵权行为的，即可以提出国家赔偿。一是侵犯人身权，受害人有取得赔偿的权利，具体包括：违法拘留或者违法采取限制公民人身自由的行政强制措施；非法拘禁或者以其他方法非法剥夺公民人身自由的；以殴打、虐待等行为或者教唆、放纵他人以殴打、虐待等行为造成公民身体伤害或者死亡的；违法使用武器、警械造成公民身体伤害或者死亡的；造成公民身体伤害或者死亡的其他违法行为。二是侵犯财产权，受害人有取得赔偿的权利，具体包括：违法实施罚款、吊销许可证和执照、责令停产停业、没收财物等行政处罚的；违法对财产采取查封、扣押、冻结等行政强制措施的；违法征收、征用财产的；造成财产损害的其他违法行为。由此，在煤矿安全行政执法过程中，执法人员应严格规范自身执法行为。

凡属于上述赔偿权利范围的，行政复议机关对依照《中华人民共和国国家赔偿法》的有关规定应当不予赔偿的，在作出行政复议决定时，应当同时决定驳回行政赔偿请求；对符合《中华人民共和国国家赔偿法》的有关规定应当给予赔偿的，在决定撤销或者部分撤销、变更行政行为或者确认行政行为违法、无效时，应当同时决定被申请人依法给予赔偿；确认行政行为违法的，还可以同时责令被申请人采取补救措施。但是因行政机关工作人员与行使职权无关的个人行为或因公民、法人和其他组织自己的行为致使损害发生的及法律规定的其他情形的被申请人不承担赔偿责任。

第二种情形，申请人在申请行政复议时没有提出行政赔偿请求的，此时，行政复议机关也应积极按照法律作为，在依法做出决定撤销或部分撤销或者变更罚款，撤销或部分撤销违法集资、没收财物、征收征用、摊派费用以及对财产的查封、扣押、冻结等行政行为时，应当同时责令被申请人返还财产，解除对财产的查封、扣押、冻结措施，或者赔偿相应的价款。

第二节　煤矿安全生产行政复议的申请与受理

一、煤矿安全生产行政复议的范围

（一）行政复议的一般范围

行政复议的审查对象是行政行为。在现实生活中，行政机关及其工作人员依照法定职权作出的行政行为种类和形式是多样的。公民、法人或者其他组织并非能对所有的行政行为申请行政复议。公民、法人或者其他组织对行政行为申请行政复议，首先要确定该行政行为是否可以申请行政复议，即该行为是否属于申请行政复议的范围。

相较原有的复议范围，2023 年修订的《行政复议法》将行政复议的受案范围从原来的 11 项扩展至 15 项，将行政强制执行决定，行政征收、征用及其补偿决定，行政赔偿决定，工伤认定行为，滥用行政权力排除或者限制竞争，政府信息公开行为和行政协议行为明确为可复议事项。

依据《行政复议法》第 11 条的规定，申请人可以申请行政复议的行政行为包括以下 15 项内容。

（1）对行政机关作出的行政处罚决定不服。

（2）对行政机关作出的行政强制措施、行政强制执行决定不服。

（3）申请行政许可，行政机关拒绝或者在法定期限内不予答复，或者对行政机关作出的有关行政许可的其他决定不服。

（4）对行政机关作出的确认自然资源的所有权或者使用权的决定不服。

（5）对行政机关作出的征收征用决定及其补偿决定不服。

（6）对行政机关作出的赔偿决定或者不予赔偿决定不服。

（7）对行政机关作出的不予受理工伤认定申请的决定或者工伤认定结论不服。

（8）认为行政机关侵犯其经营自主权或者农村土地承包经营权、农村土地经营权。

（9）认为行政机关滥用行政权力排除或者限制竞争。

（10）认为行政机关违法集资、摊派费用或者违法要求履行其他义务。

（11）申请行政机关履行保护人身权利、财产权利、受教育权利等合法权益的法定职责，行政机关拒绝履行、未依法履行或者不予答复。

（12）申请行政机关依法给付抚恤金、社会保险待遇或者最低生活保障等社会保障，行政机关没有依法给付。

（13）认为行政机关不依法订立、不依法履行、未按照约定履行或者违法变更、解除政府特许经营协议、土地房屋征收补偿协议等行政协议。

（14）认为行政机关在政府信息公开工作中侵犯其合法权益。

（15）认为行政机关的其他行政行为侵犯其合法权益。

（二）煤矿安全生产行政复议的具体范围

在原有的《安全生产行政复议暂行办法》和《煤矿安全监察行政复议规定》的基础上，根据《行政复议法》《行政复议条例》《安全生产行政复议规定》的规定，煤矿安全生产行政复议的范围包括肯定范围和排除范围。

根据法律法规的规定，公民、法人或者其他组织可以对以下六类行政行为提出行政复议：①行政处罚决定；②行政强制措施；③行政许可的变更、中止、撤销、撤回等决定；④认为符合法定条件，申请安全监管监察部门办理许可证、资格证等行政许可手续，安全监管监察部门没有依法办理的；⑤认为安全监管监察部门违法收费或者违法要求履行义务的；⑥认为安全监管监察部门的其他具体行政行为侵犯其合法权益的。同时，公民、法人或者其他组织认为安全监管监察部门的行政行为所依据的规定不合法，在对具体行政行为申请行政复议时，可以依据《行政复议法》第 13 条、第 56 条的规定一并提出审查申请。

依据国家矿山安全监察行政复议的规定，有下列情况之一的，不属于国家矿山安全监察局行政复议的受理范围：①对公民、法人或者其他组织的权利和义务不产生实际影响的行为；②为作出行政行为而实施的准备、调查、研究、论证、层报、咨询等过程性行为和上级基于内部行政层级监督关系对下级作出的听取报告、执法检查、督促履责等行为；③以行政复议申请名义，提出批评、意见、建议、控告、检举、投诉等信访请求的；④矿山安全监察机构对有权处理的信访事项根据《信访工作条例》作出的处理、复查、复核和不再受理决定等行为；⑤单独对抽象行政行为提起行政复议及法律、行政法规规定不应纳入行政复议范围的其他情形。对同一申请人以相同或者基本相同的事实和理由重复提出行政复议申请的，不再重复受理。

二、煤矿安全生产行政复议申请的提出

（一）提出复议申请的期限

公民、法人或者其他组织认为行政行为侵犯了其合法权益时，应当及时行使行政复议申请权，使自己的合法权益得到及时救济。从救济和秩序恢复的角度来说，行政争议的尽快提交，也有利于将行政法律关系恢复到最佳秩序，促使行政机关按照相关法律要求进行有效的管理。

公民、法人或者其他组织必须在法定的时间内提出行政复议申请，行政复议机关才予受理。申请行政复议的期限在《行政复议法》中有明确规定。

申请人提出申请行政复议的期限主要表现为两种形式，一般期限和特别期限。

（1）申请行政复议的一般期限。一般期限是公民、法人或者其他组织提出行政复议申请的法定有效期限。一般期限为公民、法人或者其他组织认为行政行为侵犯了其合法权益，自知道或者应当知道该行政行为之日起的60日内，但是法律规定的申请期限超过60日的除外。

（2）申请行政复议的特别期限。特别期限为法律规定的超过法律规定申请行政复议的期限。依据《行政复议法》第20条规定，行政机关作出行政行为时，未告知公民、法人或者其他组织申请行政复议的权利、行政复议机关和申请期限的，申请期限自公民、法人或者其他组织知道或者应当知道申请行政复议的权利、行政复议机关和申请期限之日起计算，但是自知道或者应当知道行政行为内容之日起最长不得超过一年。在煤矿安全生产行政复议的申请提出期限方面，应当适用《行政复议法》第20条的规定。

（二）申请行政复议的期限的起算点

依据法律规定，申请人申请行政复议的期限应当从公民、法人或者其他组织知道该行政行为之日起计算。但公民、法人或者其他组织知道具体行政行为的日期是如何确定的呢？

第一类是行政机关作出行政行为的，行政复议申请期限的起算时间分别为：①当场作出行政行为的，自行政行为作出之日起计算，按照《安全生产行政复议规定》，申请人可以当场直接口头申请；②载明具体行政行为的法律文书直接送达的，自受送达人签收之日起计算；③载明具体行政行为的法律文书邮寄送达的，自受送达人在邮件签收单上签收之日起计算；④没有邮件签收单的，自受送达人在送达回执上签名之日起计算；⑤行政行为依法通过公告形式告知受送达人的，自公告规定的期限届满之日起计算；⑥若是行政机关作出行政行为时未告知公民、法人或者其他组织，事后补充告知的，自该公民、法人或者其他组织收到行政机关补充告知的通知之日起计算；⑦被申请人能够证明公民、法人或者其他组织知道行政行为的，自证据材料证明其知道行政行为之日起计算。

第二类是经公民、法人或者其他组织依法申请，行政机关未履行法定职责的，行政复议申请期限的起算时间为：①有履行期限规定的，自履行期限届满之日起计算；②没有履行期限规定的，自行政机关收到申请满60日起计算。

（三）申请复议的方式

申请人提请行政复议可以通过多种方式进行。

第一种方式为书面申请并提交有关材料。这也是申请复议的主要方式。申请人书面申请行政复议的，应当符合行政复议申请的法定事项，具体包括：①申请人的基本情况，包括：公民的姓名、性别、年龄、身份证号码、工作单位、住所、邮政编码；法人或者其他组织的名称、住所、邮政编码和法定代表人或者主要负责人的姓名、职务；②被申请人的名称；③行政复议请求、申请行政复议的主要事实和理由；④申请人的签名或者盖章；⑤申请行政复议的日期。申请人通过书面申请行政复议的，可以采取当面递交、邮寄或者传真等方式提出行政复议申请。

第二种方式为电子邮件申请。依据法律法规的规定，有条件的行政复议机构可以接受以电子邮件形式提出的行政复议申请。依据2023年修订的《行政复议法》第22条规定，行政机关通过互联网渠道送达行政行为决定书的，应当同时提供提交行政复议申请书的互联网渠道。

第三种方式为口头申请。依据相关法律法规的规定，对于书面申请有困难的，申请人可以以口头方式申请行政复议，行政复议机关应当当场记录申请人的基本情况、行政复议请求、申请行政复议的主要事实、理由和时间。

三、煤矿安全生产行政复议申请权的告知

告知制度，是指行政主体在作出行政行为时，应将有关事项告知相对人，以更好地规范行为及程序。权利告知是正当程序原则中的重要方面。

行政机关作出行政行为，对公民、法人或者其他组织的权利和义务可能产生不利影响的，应当告知其申请行政复议的权利以及行政复议机关和行政复议申请期限。煤矿安全执法部门作出的行政行为对公民、法人或者其他组织的权利和义务可能产生不利影响的，应当告知其申请行政复议的权利、行政复议机关和行政复议的申请期限。

行政机关在作出行政行为后，依法应当向有关公民、法人或者其他组织送达法律文书而未送达的，该公民、法人或者其他组织就当然在法律上不知道该行政行为，视为对行政复议的权利尚未告知，行政复议申请期限不开始计算。

☞ 法条链接

《安全生产行政复议规定》第14条

安全监管监察部门作出具体行政行为，依法应当向有关公民、法人或者其他组织送达法律文书而未送达的，视为该公民、法人或者其他组织不知道该具体行政行为。

安全监管监察部门作出的具体行政行为对公民、法人或者其他组织的权利、义务可能产生不利影响的，应当告知其申请行政复议的权利、行政复议机关和行政复议申请期限。

四、煤矿安全生产行政复议参加人

行政复议参加人包括复议申请人和被申请人及其他复议参加人。其他复议申请人一般是都是与行政复议的申请人或复议决定有利害关系的利益相关人。

（一）行政复议的申请人

1. 一般复议申请人

不是任何人都可以作为行政复议的申请人，只有符合法律规定条件的人，才能够作为

行政复议的申请人。行政复议的申请人应当具有以下四个条件。

一是申请人是公民、法人或者其他组织。

二是申请人可以因法定情况的发生而发生申请人资格的转移，由此获得了地位等同于行政相对人的公民、法人或者其他组织法律地位的人。

这里说的法定原因可能包括如未成年人、公民死亡或是法人组织终止等情况。如有权申请行政复议的公民死亡后，其本人已无可能提出行政复议申请来保障自己的合法权益，但是其财产权等相关权利并不随之而丧失。为了使死亡公民的合法权益能够得到保障，法律允许符合法定条件的其他公民有权依据法定情形以原申请行政复议的公民人资格，向行政复议机关提出行政复议申请。依据《最高人民法院关于执行〈中华人民共和国行政诉讼法〉若干问题的解释》第 11 条也规定，《行政诉讼法》第 24 条规定的“近亲属”，包括配偶、父母、子女、兄弟姐妹、祖父母、外祖父母、孙子女、外孙子女和其他具有扶养、赡养关系的亲属。由此，我们认为在行政复议中，申请复议权利转移的主体主要是近亲属。有权申请行政复议的公民为无民事行为能力人或者限制民事行为能力人的，其法定代理人可以代为申请行政复议。再如法人组织终止的情况，依据《行政复议法》第 14 条规定，有权申请行政复议的法人或者其他组织终止的，其权利义务承受人可以申请行政复议。

三是申请人是认为行政行为侵犯了其合法权益的公民、法人或者其他组织。

四是申请人是依法向行政复议机关提出行政复议申请的人。行政复议是依申请作出的行为，具有一定的被动性。如果作为行政相对人的公民、法人或者其他组织认为行政行为侵犯了其合法权益，却没有向行政复议机关提出行政复议申请，则不能成为行政复议的申请人。

2. 多个复议申请人

行政复议中可能出现一个或多个复议申请人。同一行政复议案件申请人人数众多的，可以由申请人推选代表人参加行政复议。代表人参加行政复议的行为对其所代表的申请人发生效力，但是代表人变更行政复议请求、撤回行政复议申请、承认第三人请求的，应当经被代表的申请人同意。

（二）其他复议参加人（复议的第三人）

这里的其他复议参加人主要是指复议的第三人。行政复议第三人是指与行政复议的行政行为或者行政复议案件处理结果有利害关系，为维护自身合法权益，经行政复议机构同意参加行政复议的公民、法人或者其他组织。

在行政复议期间，煤矿安全生产行政复议机构认为申请人以外的公民、法人或者其他组织与被审查的行政行为有利害关系的，可以通知其作为第三人参加行政复议。行政复议期间，申请人以外的公民、法人或者其他组织与被审查的行政行为有利害关系的，可以向安全生产行政复议机构申请作为第三人参加行政复议。

同申请行政复议的行政行为有利害关系或者行政复议案件处理结果有利害关系的其他公民、法人或者其他组织一样，可以有两种方式作为第三人参加行政复议。第一种是经由行政复议机构通知。在行政复议期间，煤矿安全生产行政复议机构认为申请人以外的公民、法人或者其他组织与办理的行政行为有利害关系或者行政复议案件处理结果有利害关系，由煤矿安全生产行政复议机构通知其作为第三人参加行政复议。第二种是经由自己申请。在行政复议期间，申请人以外的公民、法人或者其他组织认为自己与复议机关审理的行政行为有利害关系或者行政复议案件处理结果有利害关系的，可以向煤矿安全生产行政复议机构申请作为第三人参加行政复议。行政复议机构对该申请批准后，该公民、法人或者其他组织可以作为第三人参加行政复议。第三人不参加行政复议，也不影响行政复议案件的审理，行政复议机关应当依法审理并作出行政复议决定。

依据《国家矿山安全监察局行政复议及行政应诉办法》第 10 条规定，申请人、第三人、被申请人委托代理人代为参加行政复议的，应当提交申请人与委托人的合法身份证明和授权委托书。委托书应当载明委托事项、具体权限和委托期限。

（三）被申请人

作为行政复议的被申请人，也应当符合法律规定的条件。根据法律规定，被申请人应当具备以下条件。

被申请人应当是行政机关，作为被申请人的行政机关应为具有外部行政管理职能的行政机关，或者是经法律法规授权施行外部行政管理职能的组织。即使具体行政行为是由行政机关的工作人员作出的，被申请人也应当是行政机关。行政机关作为被申请人有三种不同的情况，需要进行区别分析。

第一种情况，按照“谁作出谁就是行政复议被申请人”的原则，一般来说，具体行政行为是由谁作出的，谁就是行政复议的被申请人。按照行政主体的基本理论，能成为被申请人的行政机关主要包括四类：①行政机关；②县级以上人民政府依法设立的派出机关；③政府工作部门依法设立的派出机构；④法律、法规、规章授权的组织。

第二种情况，多个行政机关或组织以共同的名义作出行政行为。公民、法人或者其他组织就应当按照法律的规定确定行政复议的被申请人，而不能自行选择其中的某一个行政机关或者组织作为被申请人。大致有两种结果：①将行政机关和法律、法规、规章授权的组织列为共同被申请人。行政机关与法律、法规、规章授权的组织以共同的名义作出具体行政行为的，行政机关和法律法规授权的组织作为共同被申请人；②仅以行政机关作为被申请人。当行政机关与法律、法规、规章授权的组织以外的其他组织以共同名义作出具体行政行为的，则仅以行政机关作为被申请人。

第三种情况，“经批准”的具体行政行为。现实中，经常会出现行政行为的内容是由上级行政机关以批准方式予以确定的，而出具的法律文书上却写为下级行政机关名称，并由下级行政机关送达给行政相对人。因此，在经批准的行政行为中，实质上存在两个行政主体，即作出批准行为的上级行政机关和对外出具法律文书的下级行政机关。这时，下级行政机关依照法律、法规和规章规定，经上级行政机关批准作出具体行政行为的，批准机关作为被申请人。

我国煤矿安全生产行政执法主要有以下主体：县级以上人民政府、省级矿山安全监察机构或由政府组成部门中的工业主管部门或县级以上人民政府负有安全生产监督管理职责的部门。目前，国家矿山安全监察局省级局负责辖区内的煤矿安全生产日常监督管理工作。国家矿山安全监察局省级局下设的各处（原各地方监察分局）是最主要的行政执法机构，代表国家矿山安全监察局省级局对煤矿企业的安全生产情况进行日常监督检查，对执法中发现的问题和隐患，可以根据情况作出现场处理、行政处罚、行政强制等决定。因此，国家矿山安全监察局和国家矿山安全监察局省级局也是煤矿安全生产行政复议的被申请主体。

依据相关规定，在煤矿安全生产行政复议中的被申请人是各级煤矿安全监察机构，具体包括：①地方矿山安全监察机构；②对监管监察部门的派出机构、内设机构或者其他组织等未授权的组织作出的行为提请复议，以地方矿山安全监察机构作为被申请人；③安全监管监察部门依法委托的机构，以委托的安全监管监察部门作为被申请人；④国家矿山安全监察部门与有关部门共同作出的行政行为，共同作出行政行为的矿山安全监察部门与有关部门作为共同被申请人；⑤下级矿山安全监察部门依照法律、行政法规、规章规定，经上级矿山监察部门批准作出行政行为的，批准机关作为被申请人。

五、煤矿安全生产行政复议的管辖

行政复议的管辖问题就是向谁提出复议申请的问题。依照法律规定，县级以上各级人民政府以及其他依照《行政复议法》履行行政复议职责的行政机关是行政复议机关。

国务院部门管辖下列行政复议案件：①对本部门作出的行政行为不服的；②对本部门依法设立的派出机构依照法律、行政法规、部门规章规定，以派出机构的名义作出的行政行为不服的；③对本部门管理的法律、行政法规、部门规章授权的组织作出的行政行为不服的。

煤矿安全生产行政复议的管辖问题主要是确定煤矿安全行政复议机关的问题。依法履行行政复议职责的安全监管监察部门是安全生产行政复议机关，由此具有行政复议的管辖权。

在 2020 年 2 月 5 日中央全面依法治国委员会第三次会议上，习近平总书记指出，要发挥行政复议公正高效、便民为民的制度优势和化解行政争议的主渠道作用。

2021 年，矿山安全监察管理体制的改革基本到位，由原先的三级管理制度转为二级管理，行政复议的相关实践活动也随之发生变化。依据复议体制改革有关办法的规定，申请人对国家矿山安全监察局省级局作出的行政行为不服的，向国家矿山安全监察局申请行政复议；对国家矿山安全监察局作出的行政行为不服的，向国家矿山安全监察局申请行政复议。依据相关办法，国家矿山安全监察局承担依法配备与履行行政复议和行政应诉的职责；政策法规和科技装备司是国家矿山安全监察局的行政复议机构，具体承办行政复议案件。

六、煤矿安全生产行政复议申请的审查与处理

（一）复议申请的审查

收到复议并不意味着行政复议机关立即进行行政复议。依据法律规定，行政复议机关在接到行政复议申请后，首先要做的是对该行政复议申请进行审查处理。

根据行政复议法律法规的规定，行政复议机关在收到行政复议申请后，应当在 5 日内对该行政复议申请进行审查。经审查发现行政复议申请材料不齐全或者表述不清楚的，行政复议机关可以自收到该行政复议申请之日起 5 日内书面通知申请人补正。补正通知应当一次性载明需要补正的事项。申请人应当自收到补正通知之日起 10 日内提交补正材料。有正当理由不能按期补正的，行政复议机关可以延长合理的补正期限。无正当理由逾期不补正的，视为申请人放弃行政复议申请并记录在案。补正申请材料的所用时间不计入行政

复议审理期限。

依据《国家矿山安全监察局行政复议及行政应诉办法》第 13 条规定，法规科技司收到行政复议申请后，应当在 5 个工作日内进行审查。

（二）复议申请的处理

安全生产行政复议机关应在法定期限内对相关材料根据审查的结果作出处理。根据审查结果的不同，行政复议机关对行政复议申请进行三种不同的处理。

1. 受理

受理是指行政复议机关接受行政复议申请并依照《行政复议法》适用普通程序或者简易程序进行审理。公民、法人或者其他组织认为行政机关的行政行为侵犯其合法权益而提出的行政复议申请，除不符合法律、法规规定的申请条件的以外，自复议机关负责法制工作的机构收到之日起即为受理，需要进行受理申请的应制发《行政复议受理决定书》。

依据法律规定，对有明确的申请人和符合规定的被申请人，申请人与行政行为有利害关系、有具体的行政复议请求和理由，在法定申请期限内提出，属于《行政复议法》规定的行政复议范围，属于收到行政复议申请的行政复议机构的职责范围，其他行政复议机关尚未受理同一行政复议申请并且人民法院尚未受理同主体就同一事实提起的行政诉讼的行政复议申请，行政复议机关应当予以受理。

2. 不予受理

公民、法人或者其他组织提出的行政复议申请不符合《行政复议法》第 30 条第 1 款及《安全生产行政复议规定》相关规定的，行政复议机关应当决定不予受理的，须驳回申请并说明理由。

3. 告知申请人向有关行政复议机关提出

行政复议机关对符合《行政复议法》的规定，但是不属于本机关受理的行政复议申请，应当告知申请人向有关行政复议机关提出。

公民、法人或者其他组织依法提出行政复议申请，行政复议机关无正当理由不予受理、驳回申请或者受理后超过行政复议期限不作答复的，申请人有权向上级行政机关反映，上级行政机关应当责令其纠正；必要时，上级行政复议机关可以直接受理。

☞ 法条链接

《安全生产行政复议规定》第 5 条

公民、法人或者其他组织对安全监管监察部门作出的下列具体行政行为不服，可以申请行政复议：

（一）行政处罚决定；（二）行政强制措施；（三）行政许可的变更、中止、撤销、撤回等决定；（四）认为符合法定条件，申请安全监管监察部门办理许可证、资格证等行政许可手续，安全监管监察部门没有依法办理的；（五）认为安全监管监察部门违法收费或者违法要求履行义务的；（六）认为安全监管监察部门其他具体行政行为侵犯其合法权益的。

《国家矿山安全监察局行政复议及行政应诉办法》第13条

法规科技司收到行政复议申请后，应当在5个工作日内进行审查，对不符合《行政复议法》规定的行政复议申请，提出不予受理的意见，报经局领导批准后，制作《不予受理行政复议申请决定书》，送达申请人；对符合《行政复议法》规定，但不属于国家矿山安全监察局受理的行政复议申请，应当告知申请人向有关行政机关提出。

（三）对规范性文件的审查与处理

行政复议的审查对象是行政机关的行政行为。若行政机关的行政行为违法是因为该行为所依据的规范性文件，则会出现对规范性文件的审查和处理。规范性文件不是具体的行政行为，它是在一定地区和一定时间内产生普遍效力并可反复适用的行政行为，并不针对特定的人或者特定的事。面临行政复议审查范围的问题，根据有关规定，行政复议机关在审查规范性文件有两种不同的情形进行处理。

1. 规范性文件的审查

（1）规范性文件的审查的范围。依据《行政复议法》第13条规定，申请人在申请行政复议时，可以一并申请对规范性文件的审查，审查的范围包括：①国务院部门的规范性文件；②县级以上地方各级人民政府及其工作部门的规范性文件；③乡、镇人民政府的规范性文件；④法律、法规、规章授权的组织的规范性文件。前款所列规范性文件不含规章。规章的审查依照法律、行政法规办理。

（2）规范性文件审查的处理。申请人提出对有关规定进行审查的申请的，行政复议机关经审查，对认为不合法的规范性文件，应当视不同情况分别予以处理：对下级行政机关制定的规定，责令下级行政机关限期撤销、修改或者直接作出决定予以撤销；对行政复议机关制定的规定，直接作出决定予以撤销或者修改；对上级行政机关制定的规定，逐级报请制定机关对规定作出解释或者处理。

2. 行政复议机关认为行政行为的依据不合法的处理

（1）行政复议机关在对被申请人作出的行政行为进行审查时，认为其依据不合法，本机关有权处理的，应当在三十日内依法处理；无权处理的，应当在七日内转送有权处理的国家机关依法处理。

我国宪法以及立法法等法律、法规对有关情况的处理作了具体规定，行政复议机关对认为不合法的具体行政行为的依据，应当依照有关法律、法规的规定，分别情况进行不同的处理。

依据《中华人民共和国立法法》改变或者撤销法律、行政法规、地方性法规、自治条例和单行条例、规章的权限是：……国务院有权改变或者撤销不适当的部门规章和地方政府规章；省、自治区、直辖市的人民代表大会有权改变或者撤销其常务委员会制定的和批准的不适当的地方性法规；地方人民代表大会常务委员会有权撤销本级人民政府制定的不适当的规章；省、自治区的人民政府有权改变或者撤销下一级人民政府制定的不适当的规章；授权机关有权撤销被授权机关制定的超越授权范围或者违背授权目的的法规，必要时可以撤销授权。

(2) 申请人依照《行政复议法》第13条的规定提出对有关规范性文件的附带审查申请，行政复议机关有权处理的，应当在三十日内依法处理；无权处理的，应当在七日内转送有权处理的行政机关依法处理。

(3) 行政复议机关依照《行政复议法》第56条、第57条的规定有权处理有关规范性文件或者依据，认为相关条款合法的，在行政复议决定书中一并告知；认为相关条款超越权限或者违反上位法的，决定停止该条款的执行，并责令制定机关予以纠正。

案例链接

梁福佩与原国家安全生产监督管理总局一审行政判决书
(2017) 京02行初3号

关键词： 不予受理 明显违法或不当

案由： 吊销许可证的行政处罚。原告与第三人因不服山西煤矿安全监察局吊销南岭公司安全生产许可证的行政行为，提出的行政复议。

申请复议标的： 申请决定书认定的复议事项是山西煤矿安全监察局作出吊销南岭公司安全生产许可证的行政行为。

判决结果： 被诉决定书认定的复议事项有误。法院认为，国家安全生产监督管理总局所作被诉决定书认定事实不清，适用法律错误，应予撤销。撤销被告原国家安全生产监督管理总局于2016年6月17日所作安监总行复不受〔2016〕4号《行政复议申请不予受理决定书》。

第三节 煤矿安全生产行政复议的审理与决定

一、煤矿安全生产行政复议的审理

（一）审理中的一般情况

行政复议机构对行政复议案件进行审理的普通程序采用听取意见及书面审查的办法，简易程序则采用书面审理的方式。

1. 审理的方式

依据《行政复议法》第49条、第50条、第54条规定，适用普通程序审理的行政复议案件，行政复议机构应当当面或者通过互联网、电话等方式听取当事人的意见，并将听取的意见记录在案。因当事人原因不能听取意见的，可以书面审理。审理重大、疑难、复杂的行政复议案件，行政复议机构应当组织听证。行政复议机构认为有必要听证，或者申请人请求听证的，行政复议机构可以组织听证。适用简易程序审理的行政复议案件，可以书面审理。

☞ 法条链接

《行政复议法》第 53 条

行政复议机关审理下列行政复议案件，认为事实清楚、权利义务关系明确、争议不大的，可以适用简易程序：

（一）被申请行政复议的行政行为是当场作出；

（二）被申请行政复议的行政行为是警告或者通报批评；

（三）案件涉及款额三千元以下；

（四）属于政府信息公开案件。

除前款规定以外的行政复议案件，当事人各方同意适用简易程序的，可以适用简易程序。

2. 煤矿安全行政复议中的注意事项

安全生产行政复议被申请人在行政复议申请受理之日起 7 日内，便会收到行政复议机关发出的行政复议申请书副本或者行政复议申请笔录复印件。

被申请人应当自收到申请书副本或者行政复议申请笔录复印件之日起 10 日内，按照复议机构要求的份数提出书面答复，并提交当初作出行政行为的证据、依据和其他有关材料。被申请人应书面答复并认真载明法定相关事项，并对以下所列事项作出准确、完整的说明，将材料加盖单位公章，具体包括：①行政行为的基本过程和情况；②具体行政行为的事实依据和有关证据材料；③作出行政行为所依据的法律、行政法规、规章和规范性文件的文号、具体条款和内容；④对申请人复议请求的意见和理由；⑤答复的年月日。

要注意的是，行政复议期间，被申请人不得自行向申请人和其他有关单位或者个人收集证据；自行收集的证据不作为认定行政行为合法性、适当性的依据。

（二）审理中的几个特殊程序

1. 疑难复杂案件的审理听证程序

在适用普通程序审理的行政复议案件中，若是审理重大、疑难、复杂的行政复议案件，行政复议机构应当组织听证，行政复议机构认为有必要听证，或者申请人请求听证的，行政复议机构可以组织听证。听证由一名行政复议人员任主持人，两名以上行政复议人员任听证员，一名记录员制作听证笔录。申请人无正当理由拒不参加听证的，视为放弃听证权利。

2. 普通程序中的咨询意见

县级以上各级人民政府应当建立由相关政府部门、专家、学者等人员参与的行政复议委员会，为办理行政复议案件提供咨询意见，并就行政复议工作中的重大事项和共性问题研究提出意见。行政复议委员会的组成和开展工作的具体办法，由国务院行政复议机构制定。

审理行政复议案件涉及《行政复议法》第 52 条规定情形的，行政复议机构应当提请行政复议委员会提出咨询意见，行政复议机构应当记录行政复议委员会的咨询意见。

煤矿安全生产行政复议应充分运用多种方式听取当事人意见，做好听取的意见记录。对重大、复杂等的案件，申请人如提出要求或者煤矿安全生产行政复议机构认为必要时，即可以采取听证的方式审理，并做好提请行政复议委员会提出咨询意见的相关工作。

二、安全生产行政复议期间原行政行为效力

行政复议申请的提出是基于公民、法人或者其他组织对这一行政行为有异议，表明该行政行为的合法性、合理性经法定程序待查证，但这并不等于该行政行为不合法、不合理，其是否合法、合理，需要行政复议机关经过复议后作出决定。基于行政行为的公定力和确定力原则，行政行为一经作出便产生效力，即便行政复议机关接受并开始复议也不意味着该行政行为无效。依据相关法律规定，行政复议期间行政行为不停止执行。

煤矿安全生产行政复议期间的执行不停止这一问题并没有在相关办法中予以明确，复议机关可以参照《行政复议法》中的相关规定，针对不同情况作出决定。行政复议期间，具体行政行为不停止执行不是绝对的，在出现下列情形时，行政行为在行政复议期间可以停止执行。

第一种情形是被申请人认为需要停止执行。被申请人出于某种原因，如已经意识到该具体行政行为违法或不当；可能要被复议机关撤销或改变；继续执行不仅会给申请人造成难以弥补的损失，而且会造成人力物力的浪费；一旦被撤销，还要承担赔偿责任等情形，认为需要停止执行的，可以作出停止执行的决定。

第二种情形是行政复议机关认为需要停止执行。行政复议机关如果认为依法停止执行并不损害社会公共利益，而不停止执行有可能带来难以弥补的损失或者是基于其他特殊原因，认为需要停止执行的，可以作出停止执行的决定。

第三种情形是申请人申请停止执行。行政复议机关认为其要求合理，决定停止执行。申请人从保护自身的权益出发，可以在提出行政复议申请时或在行政复议期间，向行政复议机关申请停止执行。行政复议机关经审查，认为申请人要求合理的，可以决定停止执行。

第四种情形是法律、法规、规章规定停止执行。在国家的法律对行政复议期间具体行政行为停止执行作出了明确规定的，无须行政复议机关决定，即应依照规定停止执行。

三、煤矿安全生产行政复议和行政诉讼的衔接

（一）行政复议与行政诉讼的关系

行政复议与行政诉讼都是对行政行为的合法性和合理性进行审查并作出处理的法律制度，是解决行政争议的重要渠道。公民、法人或其他组织通过行政程序进行救济，可以依法申请行政复议，或者向人民法院提起行政诉讼，均是相对人的权利，必须处理好行政复议和行政诉讼的关系。

根据有关规定，对行政复议和行政诉讼关系的处理有以下三种。

第一种是在行政复议期限内不得向人民法院提起行政诉讼。公民、法人或者其他组织申请行政复议，行政复议机关已经依法受理的，或者法律、法规、规章规定应当先向行政复议机关申请行政复议、对行政复议决定不服再向人民法院提起行政诉讼的，在法定行政

复议期限内不得向人民法院提起行政诉讼。这里包括两种情况：①依据《行政复议法》第29条第1款，公民、法人或者其他组织认为行政行为侵犯其合法权益的，依法可以在申请行政复议和提起行政诉讼之间进行自由选择时，如果公民、法人或者其他组织选择了申请行政复议，并且行政复议机关已经依法受理的，则该公民、法人或者其他组织在法定行政复议期间不得向人民法院提起行政诉讼；②依据《行政复议法》第23条，在行政复议前置的情形下，即在对当场作出的行政处罚决定不服；对行政机关作出的侵犯其已经依法取得的自然资源的所有权或者使用权的决定不服；认为行政机关存在本法第11条规定的未履行法定职责情形；申请政府信息公开，行政机关不予公开；法律、行政法规规定应当先向行政复议机关申请行政复议的其他情形中，行政机关在作出行政行为时应当告知公民、法人或者其他组织先向行政复议机关申请行政复议。在对行政复议决定不服才能提起行政诉讼的情况下，公民、法人或者其他组织在法定行政复议期限内不得向人民法院提起行政诉讼。

第二种是已经进入行政诉讼程序的行政争议，行政相对人就不得再申请行政复议。公民、法人或者其他组织向人民法院提起行政诉讼，人民法院已经依法受理的，不得申请行政复议。

第三种是对省、自治区、直辖市人民政府依照《行政复议法》第24条第2款的规定、国务院部门依照《行政复议法》第25条第1项的规定作出的行政复议决定不服的，可以向人民法院提起行政诉讼；也可以向国务院申请裁决，国务院依照本法的规定作出最终裁决。

（二）复议机关不作为的司法救济

法律、行政法规规定应当先向行政复议机关申请行政复议、对行政复议决定不服再向人民法院提起行政诉讼的，行政复议机关决定不予受理、驳回申请或者受理后超过行政复议期限不作答复的，公民、法人或者其他组织可以自收到决定书之日起或者行政复议期限届满之日起十五日内，依法向人民法院提起行政诉讼。

1. 逾期不作复议决定的举证责任

根据行政诉讼证据规则，起诉人对逾期不作复议决定应承担相应的证明责任，主要证明事项为提出复议申请的时间以及复议期限已经届满。如果被起诉人认为不属于逾期不作复议决定的情形，则应承担主要的证明责任，包括证明起诉人未提起复议申请、已经作出复议决定或仍处于复议期限内等。

2. 逾期不作复议决定的审查

法院在立案受理环节应根据双方提供的证据材料，主动审查是否属于逾期不作复议的情形，不属于逾期不作决定的情形主要有两种：①在复议期限内已经作出复议决定，②复议期限仍未届满。对于复议不作为的，根据《行政复议法》第11条规定，起诉人可以提起两种诉讼：一是对原行政行为提起诉讼；二是对复议不作为提起诉讼。对于第一种诉讼，由于起诉的对象是复议机关做出的新行政行为，无论复议不作为是否成立，都应当依照本条规定进行立案审查。受理后，可根据《行政复议法》第63条至第69条的规定，判决驳回起诉人的诉讼请求或复议机关在一定期限内履行复议职责或确认违法。对于第二种诉讼，如果复议不作为不成立，属于已经作出复议决定的情形，则应依照复议作为之后的规定进行立案审查和处理；属于仍在复议期限内的情形，则应参照《最高人民法院关于适用〈中华人民共和国行政诉讼法〉的解释》第 57 条“公民、法人或者其他组织已经申请行政复议，在法定复议期间内又向人民法院提起诉讼的，人民法院裁定不予立案”。如果复议不作为成立的，则依照规定进行立案受理。

3. 法院受理的期限

法律赋予公民、法人或者其他组织在法定情形下有权提起行政诉讼。公民、法人或者其他组织应当在法定的期限内提起行政诉讼。即公民、法人或者其他组织应当自收到不予受理决、驳回申请或受理后超过行政复议期限不作答复，公民、法人或者其他组织可以自收到决定书之日起或者行政复议期限届满之日起十五日内，依法向人民法院提起行政诉讼。

4. 逾期不作决定与不予受理、驳回复议申请的区别

在司法实践中，逾期不作决定、不予受理及驳回复议申请三者的关系常容易被混为一谈，《行政诉讼法》将此问题进一步予以明确。

逾期不作决定属于复议不作为，属于行政复议的瑕疵行为，复议不作为的情形仅指逾期不作复议决定的行为，具体表现形式有明确拒绝作出复议决定或对复议申请不予回复等。

不予受理复议申请，属于复议作为的一种表现，是针对不符合法定申请条件的复议申请作出不予受理决定。

驳回复议申请的具体情形有两种：①符合不予受理复议申请条件但已经受理的；②申请复议的行政不作为不成立的。

不予受理和驳回复议申请本身并不属于复议瑕疵行为，都应归类于已作出复议决定之列，且结果都视为维持原行政行为。在对二者不服提起诉讼时，应参照《行政诉讼法》关于复议决定不服的相关规定予以执行。

小贴士

“主渠道”视野下行政复议与诉讼关系的重构

行政复议和行政诉讼是我国行政救济的两种程式化制度，二者对公民、法人及其他组织合法权益的维护、规范有关部门的行政行为从而提高政府的依法行政能力和水平具有重要作用。近年来，我国为建立“大复议、中诉讼、小信访”的行政争议解决格局做出了诸多努力，行政复议与行政诉讼在“权利救济”目的上存在重合，从而可能导致制度设计的“趋同”。在行政复议成为化解行政争议主渠道的功能定位下，在行政复议司法化的新背景下，应当构建优势互补、衔接互洽的关系机制。

（三）法律另有规定除外的理解

这里所指的“法律”作狭义解释，是指全国人大或全国人大常委会制定的法律文件。“另有规定”的范围，主要是指不服复议作为或不作为的起诉期限规定，即针对“十五

日”作出另外规定，而不包括复议期限。依照《行政复议法》第 62 条对复议期限已作出明确、全面的规定，依照适用即可。

依据《国家矿山安全监察行政复议与应诉办法》第 19 条规定，法规科技司作为行政复议机构，同时承担相关应诉工作。综合司在转交收到人民法院转送的行政起诉状副本后，法规科技司依据相关业务司或者省级矿山安全监察机构提供的材料，形成答辩状及有关证据和材料，经局领导批准后提交人民法院。因不服国家矿山安全监察局行政行为提起行政诉讼的，由承办或者牵头承办该项工作的业务司负责提供当初作出行政行为涉及的事实、理由、法律依据和其他相关证据材料。因不服国家矿山安全监察局改变原行政行为的行政复议决定提起行政诉讼的，由法规科技司和其他业务司、省级矿山安全监察机构共同负责提供相关事实、理由、法律依据和证据材料。

四、煤矿安全生产复议的调解与和解

（一）行政复议的调解

原《行政复议法》遵循“复议不适用调解”原则，理由是公权力具有不可处分性。2023 年修订的《行政复议法》则确立了“复议适用调解”原则。根据《行政复议法》第 5 条、第 73 条、第 77 条规定，行政复议机关办理行政复议案件，可以进行调解，且复议调解书与复议决定书一样，具有同样的法律效力。调解应当遵循合法、自愿的原则，不得损害国家利益、社会公共利益和他人合法权益，不得违反法律、法规的强制性规定。调解未达成协议或者在调解书生效前一方反悔的，行政复议机关应当依法审查或者及时作出行政复议决定。

（二）行政复议的和解

1. 当事人的自愿和解

依据《行政复议法》第 74 条规定，当事人在行政复议决定作出前可以自愿达成和解，和解内容不得损害国家利益、社会公共利益和他人合法权益，不得违反法律、法规的强制性规定。当事人达成和解后，由申请人向行政复议机关撤回行政复议申请。行政复议机关准予撤回行政复议申请、行政复议机关决定终止行政复议的，申请人不得再以同一事实和理由提出行政复议申请。但是，申请人能够证明撤回行政复议申请违背其真实意愿的除外。

2. 行政复议机关的调解及和解

行政复议机关进行调解，可以达到申请人和被申请人和解的法律效果。但是行政复议机关的调解仅限于被申请人的行政行为。当复议申请人和被申请人按规定进行调解，达成和解后，行政复议中止。

（三）煤矿安全生产行政复议的和解

煤矿行政复议机关受理公民、法人或者其他组织提出的行政复议申请以后，由行政复议机关负责对复议案件进行审理，但行政复议案件并不一定都要由行政复议机关作出行政复议决定。在行政复议案件审理期间，申请人与被申请人是可以达成调解或和解协议，使行政复议案件中止、终止审理的。

煤矿安全生产行政复议的和解，应当遵循以下条件和程序。

一是行政复议和解的条件。和解完全出于申请人与被申请人的自愿，即进行和解以及和解的内容都是申请人与被申请人的真实意愿，不存在任何强迫、威胁、欺骗另一方当事人的情形。另外，和解应在行政复议决定前达成。

当事人经调解达成协议的，安全生产行政复议机关应当制作行政复议调解书。调解书应当载明行政复议请求、事实、理由和调解结果，并加盖安全生产行政复议机关印章。行政复议调解书经双方当事人签字，即具有法律效力。

调解未达成协议或者调解书生效前一方反悔的，安全生产行政复议机关应当及时作出行政复议决定。

二是行政复议和解的程序。行政复议和解的程序包括三个步骤：①申请人与被申请人达成和解协议，并形成书面文件；②向行政复议机构提交书面和解协议；③行政复议机构对和解协议进行审查。经审查，对和解内容不损害社会公共利益和他人合法权益的，行政复议机构应当准许。

经调解或达成和解后，被申请人应当履行行政复议决定书、调解书、意见书。被申请人不履行或者无正当理由拖延履行行政复议决定书、调解书、意见书的，行政复议机关或者有关上级行政机关应当责令其限期履行，并可以约谈被申请人的有关负责人或者予以通报批评。

（四）行政复议的中止

行政复议中止，是指在行政复议案件的审理过程中，因法定情形的发生，影响行政复议案件审理的，行政复议机构暂时停止对行政复议案件的审理，待行政复议中止的原因消除后，再恢复对行政复议案件审理的制度。依据《行政复议法》第 39 条规定，主要包括以下十种情况。

第一种情况是作为申请人的自然人死亡，其近亲属尚未确定是否参加行政复议的。申请人是自然人，该自然人在行政复议期间死亡的，其近亲属（配偶、父母、子女、兄弟姐妹、祖父母、外祖父母、孙子女、外孙子女和其他具有扶养、赡养关系的亲属等）还没有确定是否参加行政复议之前，行政复议中止。

第二种情况是作为申请人的自然人丧失参加行政复议的能力，尚未确定法定代理人参加行政复议的。申请人是自然人，该自然人在行政复议期间丧失了参加行政复议的能力，又无法在申请人丧失参加行政复议能力的同时就确定其法定代理人时，在确定其法定代理人参加行政复议之前，行政复议中止。

第三种情况是作为申请人的公民下落不明的。

第四种情况是作为申请人的法人或者其他组织终止，尚未确定权利义务承受人的。申请人是法人或者其他组织，该法人或者其他组织在行政复议期间终止，又无法在申请人终止的同时就确定其权利和义务的承受人时，在其权利义务承受人确定之前，行政复议中止。

第五种情况是申请人、被申请人因不可抗力，不能参加行政复议的。无论是申请人还是被申请人，只要有一方因不能预见，不能避免并且不能克服的客观情况，如洪水、地震、台风等而不能参加行政复议时，行政复议中止。

第六种情况是依照法律规定进行调解、和解，申请人和被申请人同意中止。

第七种情况是案件涉及法律适用问题，需要有权机关作出解释或者确认的。对案件是否适用某一法律规定或者某些法律规定，以及如何适用等问题，需要由有权处理的国家机关作出解释或者确认的，在有权机关作出解释或者确认前，行政复议中止。

第八种情况是案件审理需要以其他案件的审理结果为依据，而其他案件尚未审结的。本行政复议案件与其他行政复议案件或者行政案件、民事案件、刑事案件有关，其他案件还没有审理结束，但本行政复议案件的审理又需要以其他案件的审理结果为依据的，行政复议中止。

第九种情况是存在《行政复议法》第 56 条或者第 57 条规定情形的，行政复议中止。

第十种情况是其他需要中止行政复议的情形，如因大规模疫情暴发而使行政复议机关无法正常开展调查核实证据工作等，行政复议中止。

行政复议中止的原因消除后，应当及时恢复对于行政复议案件的审理。行政复议机构在中止、恢复行政复议案件的审理时，应当告知书面当事人。

（五）行政复议的终止

行政复议终止，是指在行政复议机关受理行政复议申请之后，因法定情形的发生，致使行政复议程序不能或者没有必要进行，而结束对行政复议案件的审理的制度。根据有关规定，行政复议期间有下列情形之一的，行政复议终止。

第一种情形是申请人要求撤回行政复议申请，行政复议机构准予撤回的。在行政复议决定作出前，申请人自愿要求撤回行政复议申请，经说明理由，行政复议机构准予其撤回的，行政复议终止。

在煤矿安全生产行政复议中，申请人在行政复议决定作出前，双方达成和解的。行政复议机构准予撤回行政复议申请、行政复议机关决定终止行政复议的。但是申请人撤回行政复议申请的，不得以同一事实和理由再次提出行政复议申请。但是，申请人能够证明撤回行政复议申请违背其真实意思表示的除外。行政复议申请由两个以上申请人共同提出，在行政复议决定作出前，部分申请人撤回行政复议申请的，安全生产行政复议机关应当就其他申请人未撤回的行政复议申请作出行政复议决定。

有两个以上共同申请人申请煤矿安全生产行政复议的。如果只有部分申请人撤销其申请，煤矿安全生产行政复议机关应当就其他申请人未撤回的行政复议申请作出行政复议决定。

第二种情形是作为申请人的自然人死亡，没有近亲属或者其近亲属放弃行政复议权利的。

第三种情形是作为申请人的法人或者其他组织终止，没有权利义务承受人或权利义务的承受人放弃行政复议权利的。即申请人是法人或者其他组织，该法人或者其他组织在行政复议期间终止，没有权利义务承受人或权利义务承受人放弃行政复议权利的，行政复议终止。

第四种情形是申请人对行政拘留或者限制人身自由的行政强制措施不服申请行政复议后，因申请人同一违法行为涉嫌犯罪，该行政拘留或者限制人身自由的行政强制措施变更为刑事拘留的。

第五种情形依照《行政复议法》第39条第1款第1项、第2项、第4项的规定中止行政复议满六十日，行政复议中止的原因仍未消除。

五、煤矿安全生产行政复议的决定

复议决定是行政复议程序的结果，代表了行政复议机关对被复议行政行为的评判和对申请人所主张权利的肯定与否定。复议结果公正才能取信于民。《行政复议法》在原有基础上增加了驳回申请人的复议请求、确认行政行为无效、给予行政赔偿、给予行政补偿等复议决定，丰富和细化了行政复议决定的种类和标准，有利于提高行政复议决定的质量与实效。

煤矿安全生产行政复议机构应当对被申请人作出的行政行为进行审查，提出意见，经安全生产行政复议机关集体讨论通过或者负责人同意以及依据法律就重大事项和共性问题研究必须经行政复议委员会提供咨询意见后，依法作出行政复议决定。不同的案件、不同的材料、不同的证据等，依照法律规定作出不同的决定。主要包括以下三种方式。

（一）决定维持

决定维持是指行政复议机关经行政复议后依法作出行政复议决定时，决定保持原行政行为，使其继续存在下去。作出该决定应当具备以下条件。

（1）事实清楚。具体行政行为所认定的事实是客观存在、没有疑义的。

（2）证据确凿。作出行政行为的证据足以证明事实存在的各个环节各个方面。

（3）适用依据正确。作出具体行政行为所适用的法律、法规、规章或者其他规范性文件是应当适用于该事实的、现行有效的法律、法规规章或者其他规范性文件。

（4）程序合法。即作出行政行为的步骤、形式、时限等都符合法律、法规的规定。例如，在煤矿安全生产行政处罚法中，矿山安全监察机构在作出行政处罚决定之前，应当告知当事人作出行政处罚决定的事实、理由及依据，并告知当事人依法享有的权利。当事人有权进行陈述和申辩。行政机关必须充分听取当事人的意见，对当事人提出的事实、理由和证据，应当进行复核；当事人提出的事实、理由或者证据成立的，行政机关应当采纳。执法人员当场作出行政处罚决定的，应当向当事人出示执法身份证件，填写预定格式、编有号码的行政处罚决定书。除依法可以当场作出的行政处罚外，行政机关发现公民、法人或者其他组织有依法应当给予行政处罚的行为的，必须全面、客观、公正地调查，收集有关证据：必要时，依照法律、法规的规定，可以进行检查。行政机关在调查或者进行检查时，执法人员不得少于两人，并应当向当事人或者有关人员出示证件。询问或者检查应当制作笔录。行政机关在收集证据时，可以采取抽样取证的方法；在证据可能灭失或者以后难以取得的情况下，经行政机关负责人批准，可以先行登记保存，并应当在7日内及时作出处理决定。执法人员与当事人有直接利害关系的，应当回避。不是当场给予的行政处罚，应当制作行政处罚决定书。行政处罚决定书应当在宣告后当场交付当事人；当事人不在场的，行政机关应当在7日内依照民事诉讼法的有关规定，将行政处罚决定书送达当事人。行政机关作出责令停产停业、吊销许可证或者执照、较大数额罚款等行政处罚决定之前，应当告知当事人有要求举行听证的权利；当事人要求听证的，行政机关应当组织听证。行政机关作出行政处罚的具体行政行为，必须符合上述规定。

（二）作出履行决定

不作为的行政行为是指行政机关负有某种法定职责，而不依法履行该法定职责的行为，包括行政机关不依法颁发许可证、执照、资质证、资格证等证书等。

行政复议机关对被申请人作出的行政行为进行审查，查明被申请人确有不履行法定职责情形的，应当决定其在一定期限内履行。依据《行政复议法》第66条规定，被申请人不履行法定职责的，行政复议机关决定被申请人在一定期限内履行。

（三）决定撤销或部分撤销、变更、确认违法

行政复议的撤销决定是指行政复议机关决定撤销或部分撤销已经作出的行政行为，并可以责令被申请人在一定期限内重新作出行政行为，撤销或部分撤销该行政行为自撤销之日起即不再发生效力。决定变更是指行政复议机关按照事实和法律的要求，全部或者部分改变被申请复议的具体行政行为。确认违法是指行政复议机关明确认定被申请复议的具体行政行为违反法律、法规的规定。

1. 决定撤销或者部分撤销

行政复议机关决定撤销或部分撤销决定，主要包括下列情形：①主要事实不清、证据不足；②违反法定程序；③适用的依据不合法；④超越职权或者滥用职权。

2. 决定变更

依据《行政复议法》第63条，行政复议机关决定变更该行政行为，包括以下三种情形：①事实清楚，证据确凿，适用依据正确，程序合法，但是内容不适当；②事实清楚，证据确凿，程序合法，但是未正确适用依据；③事实不清、证据不足，经行政复议机关查清事实和证据。

另外，基于行政复议的禁止不利变更原则，行政复议机关不得作出对申请人更为不利的变更决定，但是第三人提出相反请求的除外。

3. 确认违法

《行政复议法》确认违法决定是基于实践的需要。例如，对于行政机关的不作为行为或事实行为，无法适用撤销决定，只能用确认违法决定认定其违法。复议机关虽然确认了原行政行为违法，但是并没有改变原行政行为的法律效力。依据《行政复议法》第65条第1款和第2款规定：

行政行为有下列情形之一的，行政复议机关不撤销该行政行为，但是确认该行政行为违法：①依法应予撤销，但是撤销会给国家利益、社会公共利益造成重大损害；②程序轻微违法，但是对申请人权利不产生实际影响。

行政行为有下列情形之一，不需要撤销或者责令履行的，行政复议机关确认该行政行为违法：①行政行为违法，但是不具有可撤销内容；②被申请人改变原违法行政行为，申请人仍要求撤销或者确认该行政行为违法；③被申请人不履行或者拖延履行法定职责，责令履行没有意义。

小贴士

行政复议体制改革

习近平总书记指出，要努力让人民群众在每一个司法案件中感受到公平正义。这一要求也同样适用于行政复议。行政复议体制改革前，作为复议机关的政府部门的独立性缺乏保障，容易受到部门利益的不当干扰，进而作出不利于申请人的复议决定，影响行政复议的中立性和公正性，引发“官官相护”的质疑。行政复议体制改革后，政府部门原则上不再办理复议案件。作为复议机关的一级政府不隶属于上级政府的任何部门，较少受到部门利益的干扰，更容易得到当事人的理解和认同。上级主管部门难以再对下级部门实行部门保护，“官官相护”、部门利益影响复议公正性的现象将会得到有效改善。

《行政复议法》贯彻落实党中央决策部署，将完善行政复议制度置于法治国家、法治政府、法治社会一体化建设的背景之下，以解决行政争议主渠道的定位，完善行政复议体制机制，充分发挥好行政复议公正高效、便民为民的制度优势。

2021 年 8 月，《国家矿山安全监察局行政复议及行政应诉办法》经国家矿山安全监察局局务会议审议通过并于同年 10 月正式实施。该办法对煤矿安全监察行政复议改革有重要的推动作用，很好地指导煤矿安全监察行政复议，切实注重该领域行政争议的实质性化解，从实质法治的角度综合运用多种手段保障公民合法权益，实现“案结事了”。

新的历史时期，在监督依法行政、推动法治政府建设的迫切需要下，安全生产行政复议及煤矿安全生产行政复议将坚定不移坚持党对行政复议工作的领导，健全配套工作机制，强化行政复议机构和行政复议委员会的作用，继续展开以人民为中心的发展思想的生动法治实践。

思考题

1. 煤矿安全生产行政复议应当遵循哪些原则？

2. 行政机关作为行政复议被申请人有哪些不同的情况？

3. 一些人认为：行政复议体制改革前，作为复议机关的政府部门的独立性缺乏保障，容易受到部门利益的不当干扰，影响行政复议的中立性和公正性，引发人们对于“官官相护”的质疑。而行政复议体制改革后，复议权的集中将很好地解决这一问题，从而达到解决争议的效果。对此，你怎么看？

第四章　煤矿安全生产行政诉讼

本章教学目的与要求

(1) 掌握行政诉讼的概念、原则和诉讼范围。

(2) 掌握行政复议和行政诉讼的衔接。

(3) 熟练掌握煤矿安全生产行政诉讼参加人的范围和程序。

(4) 了解安全生产行政公益诉讼的基本情况。

(5) 理解行政诉讼的判决对依法行政的意义。

第一节　煤矿安全生产行政诉讼的基本问题

《行政诉讼法》实施以来，在解决行政争议，保护公民、法人和其他组织的合法权益，监督支持行政机关依法行政，推进法治政府建设等方面发挥了重要作用。《行政诉讼法》的修改深入贯彻以人民为中心的发展思想，践行严格公正司法，以此实现推动完善我国诉讼制度、明确四级法院审级职能定位、加强审级制约监督体系建设、优化司法资源配置、保障法律正确统一适用的改革目标。

《行政诉讼法》的司法实践坚持以习近平新时代中国特色社会主义思想为指导，深入贯彻习近平法治思想，认真落实党中央关于深化行政诉讼制度改革的决策部署，按照党的二十大报告“加快建设公正高效权威的社会主义司法制度”的要求，围绕健全完善行政诉讼程序体系、充分保障当事人的行政诉讼权利、提升人民法院的行政纠纷化解能力，不断迈向新的征程。

一、行政诉讼的概念与特征

（一）概念

《行政诉讼法》是调整行政诉讼活动的法律规范，同时规范着参与诉讼的多方主体，是人民法院和当事人必须遵守的行为准则。依据《行政诉讼法》第 1 条的规定，行政诉讼是指公民、法人或者其他组织认为行使国家行政权的机关和组织及其工作人员所实施的行政行为侵犯了其合法权利，依法向人民法院起诉，人民法院在当事人及其他诉讼参与人的参加下，依法对被诉行政行为进行审查并做出裁判，从而解决行政争议的制度。

（二）特征

行政诉讼具有以下四个特征。

(1) 行政诉讼是司法机关在查明事实的基础上，正确适用法律，作出公平的裁判。

通过实现查明作出行政行为所依据的事实和行政争议的事实适用实体法和程序法，并在法律规定的期间审理案件。

（2）解决行政争议的制度。诉讼的基本含义就是发生矛盾或者冲突的一方，请求与争执双方没有利害关系的第三方即司法机关，按照公正的程序解决争议。

（3）行政诉讼是保护公民、法人和其他组织的合法权益的活动。“公民、法人和其他组织”是在行政活动中处于相对人地位或者受到行政行为实际影响的法律主体。

（4）通过监督实现对行政机关依法行使行政职权。人民法院通过审理行政案件，对行政行为的合法性进行审查。对违法的行政行为，如对主要证据不足、适用法律法规错误、违反法定程序、超越职权、滥用职权、明显不当的行政行为，判决撤销或者重作、变更、履行、给付。对行政协议等行为也进行监督，对于不依法履行、未按照约定履行或者违法变更、解除行政协议的，判决被告承担继续履行、采取补救措施或者赔偿损失等责任。

本教材主要分析但不限于以国家矿山安全监察机构及其设在地方的矿山安全监察机构被被告提出行政诉讼的煤矿安全生产行政诉讼案件。根据裁判文书网和无讼网的相关材料，总结2010—2019年煤矿安全生产行政处罚类案由和2010—2020年行政许可类案由的行政诉讼共有84件，原告及其代理人围绕行政主体的权限、被告提供的证据、作出行政的法律依据的合法性、行政行为的程序的合法性、行政自由裁量权的行使、文书案卷的规范等方面展开诉讼，其中2010—2019年煤矿安全生产处罚类诉讼有46件，2010—2020年煤矿安全生产许可类诉讼有38件。

二、行政诉讼的原则及适用

行政诉讼的基本原则是贯穿在立法和诉讼全过程，具有指导意义、根本性的准则。诉讼的基本原则体现了立法的价值取向，理解并遵循行政诉讼的基本原则对煤矿安全生产执法活动有着很好的指引作用。根据行政法理论的基本原则理论及行政诉讼的相关规定，行政诉讼的原则包括以下七个方面。

（一）独立审判原则

独立审判原则是指人民法院独立行使审判权。依据《中华人民共和国宪法》第123条和第126条以及《中华人民共和国人民法院组织法》第4条规定，中华人民共和国人民法院是国家的审判机关。人民法院依照法律规定独立行使审判权，不受行政机关、社会团体和个人的干涉。

审判权是对案件进行审理并作出裁判的权力。人民法院在行政诉讼中依法独立行使审判权不仅是行政诉讼的一项基本原则，也是宪法赋予我国审判机关行使的基本原则。在我国，国家的行政审判权力由人民法院独立行使。审判权的独立性是相对独立，包括法院系统外部相对独立和法官独立行使审判权。依法独立行使审判权要求：解决行政纠纷的法官只能根据事实和法律作出判断，自主地、不受外界干预地作出决定。对于这一原则，在适用中注意以下三个方面。

（1）审判机关必须依法对行政案件独立进行审判。人民法院独立行使行政案件的审判权，其前提是严格按照法律的规定进行。依法中的“法”，包括《中华人民共和国宪法》、行政性法律、《行政诉讼法》、其他法律和司法解释。“独立进行审判”是指人民法院审判行政案件，除了按照法律规定之外，不服从其他任何规范性文件，不服从任何行政机关、社会团体和个人的指示和命令。

（2）不受行政机关、社会团体和个人的干涉。法院系统外部独立是指审判独立的外部关系，即法院的行政审判活动不受行政机关、社会团体和个人的干涉。任何行政机关、社会团体和个人不得以权代法、以言代法或者滥用职权等，干涉人民法院的审判活动。独立行使审判权不排除人民法院为了公正高效处理案件，听取有关单位和个人的意见及接受权力机关的外部监督，不能排除人大常委会对本级法院的监督。

（3）不受法院系统内部的非法干预。法院独立审判不仅是指从宏观上作为一个整体的法院体系的独立，不受其他机关或者机构的干涉；同时，对某一具体案件行使审判权的具体法院也应当是独立的。法官独立行使审判权，不受上级法院、本级法官和其他人员的干涉。

☞ **法条链接**

《行政诉讼法》第 4 条

人民法院依法对行政案件独立行使审判权，不受行政机关、社会团体和个人的干涉。人民法院设行政审判庭，审理行政案件。

（二）“以事实为根据，以法律为准绳”原则

“以事实为根据，以法律为准绳”是三大诉讼的基本原则之一。“以事实为根据”中的“事实”目标是案件客观事实，围绕纠纷冲突的真相应当客观真实。“以事实为根据”就是要求人民法院在审理行政案件时，必须尊重客观事实，将主客观显现的内容转化为法律关系的发生、变更或消灭的事实，以及双方当事人对他们的法律关系争议的真实情况反映，并以此作为定案处理的依据。

这一原则对煤矿安全生产的执法人员提出了三方面的具体要求：①行政机关在行政诉讼中负有主要的证明责任，因此，负有证明责任的当事人应当依法定程序、法定期限的要求获得和提出证据，在执法过程中合法收集证据，非法获得的证据应予排除，超过举证期限而提出的证据除法律另有规定外应予排除；②诉讼中，当事人提交的证据必须在法庭上经双方质证，未经质证的证据应当予以排除，行政机关和执法人员要积极配合法院完成举证质证工作；③审判人员对经过质证的证据依法全面、客观地进行审查、核实和认定，并根据认定的证据确定当事人之间争议的实体上的事实，执法人员要对此进行总结和研讨，了解审判对事实的还原情况；另外，法院可以基于程序上的事实对案件作出程序处理并使诉讼得以终结，执法人员还要注意行政诉讼中在程序上的事实。

对“以法律为准绳”原则的理解同样应当包含实体法律和程序法律两部分。一是法院对于案件的程序问题和实体问题所作的处理和决定，必须以行政实体法和《行政诉讼法》及其他相关法律规定为标准，不能恣意擅断；二是法院查明案件事实真相必须是在法定程序内有效地采用法律所规定的一切手段，必须在行政诉讼法规定的证据制度及其相关程序规范中查明案件事实，依法完成诉讼证明及裁判案件。

☞ 法条链接

《行政诉讼法》第5条

人民法院审理行政案件，以事实为根据，以法律为准绳。

（三）合法性审查原则

对行政行为合法性进行审查是指人民法院通过依法受理、审理行政案件，对行政行为的合法性进行审查，并作出判决。

按照《行政诉讼法》的规定，对行政行为进行合法性审查原则，主要包括以下三项内容。

（1）人民法院在行政诉讼中的直接审查对象是行政行为。可诉性行政行为可以是法律行为也可以是事实行为。可诉性行为可以是单方行为、双方或者多方行为。

根据《最高人民法院关于执行〈中华人民共和国行政诉讼法〉若干问题的解释》第1条规定，公民、法人或者其他组织对具有国家行政职权的机关和组织及其工作人员的行政行为不服，依法提起诉讼的，属于人民法院行政诉讼的受案范围。这个规定明确界定了可诉性行政行为的外延。可诉性行政行为必须具有三个要素：①具有行政管理职权的机关、组织和个人所实施的行为；②行使行政职权有关的行为；③对公民、法人或者其他组织的权利和义务产生实际影响的行为。

（2）法院审查的范围包括但不限于被诉行为的合法性。被诉行为的合法性是法院审查的重点，但是法院对被诉行为的审查不局限于其合法性。在行政诉讼的类型中，对明显不当、滥用职权等行政行为的审查就包括进行适度的合理性审查。法院对于合法性审查更有经验，行政机关对于合理性更具专业知识。由此，合法性审查属于法院管辖范围，合理性审查属于行政机关的裁量范围等。

（3）对合法性的审查贯穿于行政诉讼的全过程。对合法性的审查不仅包括审理阶段，更主要的是贯穿于行政诉讼的全过程。行政诉讼是一个由各个阶段组成的连贯的过程，如起诉、受理、审理、裁判和执行等过程。无论是在立案过程中还是执行（尤其是非诉行政执行）过程中都存在合法性审查。例如，法院在立案程序中进行合法性审查的内容包括：①原告是否为符合法律规定的公民、法人或者其他组织；②是否有明确的被告；③是否有具体的诉讼请求和事实根据；④是否属于人民法院受案范围和受诉人民法院管辖等。

☞ 法条链接

《行政诉讼法》第6条

人民法院审理行政案件，对行政行为是否合法进行审查。

（四）公开审判原则

公开审判原则，是指人民法院的审判活动除了合议庭评议案件外，其他活动应当向人民群众和社会公开。行政案件的审理和宣告判决的过程都允许人民群众旁听；新闻媒体对案件庭审过程作采访，允许对案件审理过程作报道等。公开审判制度适用于一审程序、二审程序和审判监督程序。

（五）诉讼地位平等原则

与行政管理中的法律关系双方地位有所不同，行政诉讼的当事人平等地享有和行使诉讼权利。诉讼地位平等原则在《行政诉讼法》的基本原则中处于基础性地位，也是其他原则得以实现和贯彻的基础和前提。

1. 诉讼地位平等原则的主要内容

（1）当事人的诉讼地位完全平等：①原告和被告在行政行为中的地位不平等、对证据资源的掌握能力不平等、在行政法治中的职责和要求有差别，因此在行政诉讼中对他们的诉讼权利和诉讼义务作出了相应的差别设计，进而真正实现双方当事人法律地位的平等。以保证当事人诉讼权利的实质平等。②诉讼中的主体承担同等的诉讼义务，不允许任何一方享有诉讼特权，尤其是公权力机关。另外，虽然在行政诉讼中公权力始终在被告的地位上不能提起反诉，但是诉讼中的原告及被告等享有相同或者对应的权利。不论原告还是被告，当事人在委托诉讼代理人、申请回避、收集、提供证据、请求证据保全、请求进行或者重新进行鉴定、申请不公开审理、进行辩论、提起上诉、申请执行、申请再审、查阅和复制本案有关的诉讼材料和法律文书、申请补正法庭笔录等诉讼权利上都是相同的。③为了更好地保障当事人诉讼地位平等，《行政诉讼法》在举证责任、出庭应诉等方面，还规定了行政机关的特有义务，如提出被告对作出的行政行为的合法性承担举证责任、行政机关负责人应当出庭应诉以及当事人双方拒不出庭、中途退庭的惩戒措施等，切实推进平等法律地位的实现。

（2）当事人在适用法律上一律平等。煤矿安全生产监管监察的执法人员在充分了解诉讼地位平等原则的基础上要充分尊重这一原则，从执法中的公权力主体地位到诉讼中平等地位的转变，积极配合法院的工作，尊重当事人、尊重法院的裁判居中地位，避免出现在法庭中不遵守法庭纪律等行为而导致不利后果情况的出现。

2. 煤矿行政执法及应诉机关的义务

（1）不得干预、阻碍人民法院受理行政案件的义务。依据法律，不得干预是行政机关的义务。行政干预一般是指通过打电话、作批示等语言方式过问人民法院受理的行政案件。更不得通过其他方式制造阻碍，使诉讼不能顺利通过或者发展。实践中，行政机关一般通过制定地方或部门政策，从自身利益角度出发召开内部会议等方式，阻止和妨碍人民法院受理行政案件。根据法律规定，对于人民法院行政案件是否受理，人民法院具有最终的决定权。其他任何机关、组织和个人都不得干预。

（2）被诉行政机关负责人出庭应诉的义务。根据法律规定，被诉行政机关负责人出庭应诉。不能出庭的，应当委托行政机关相应的工作人员出庭。行政机关负责人通过出庭应诉，可以更加客观、全面地了解本单位的执法现状和存在的问题，也有利于行政机关改进行政执法方式，提高行政执法水平，有利于高效地解决行政争议，促进社会和谐。

（六）使用本民族语言文字进行行政诉讼原则

使用本民族语言文字进行诉讼的权利，是我国赋予特定民族，特别是少数民族的法定权利之一。

（七）当事人在行政诉讼中有权进行辩论原则

辩论是诉讼阶段，在人民法院的主持下，原告及被告等就案件的事实和争议的问题，各自陈述自己的主张和意见，互相进行反驳和答辩的诉讼环节。坚持辩论原则就是允许诉辩双方为自己的利益争辩，是对当事人诉讼权利的尊重。庭审法官只有在听取当事人的意见之后，才能作出影响其权利或者义务的裁判，是必须遵守的正当程序规则。

对于这一原则，煤矿安全生产执法人员在学习中需要注意以下三点：①辩论权是当事人进行行政诉讼的基本权利，双方当事人有权通过辩论权的行使，提出自己的主张和反驳对方的主张，行政机关出庭的人员在发表意见时，应围绕作为定案根据的证据进行；②辩论贯穿于诉讼的全过程。被告即行政机关主要是围绕争议的焦点和证据等情况进行答辩；③实体问题是辩论的主要方面，即围绕原告的诉讼请求和被告的答辩是否成立、有无事实和法律上的根据等，此方面的答辩对于人民法院最终作出相应的裁判有重要的影响，也是展现被告及其代理人专业法律素养的体现。

小贴士

行政机关应诉中要注意的期限和当事人权利

《行政诉讼法》第46条规定，行政诉讼的起诉期限为6个月。对于涉及不动产的行政案件最长诉权保护期限为20年，其他案件最长诉权保护期限为5年。

《行政诉讼法》第48条第1款规定了扣除期限，即公民、法人或者其他组织因不可抗力或者其他不属于其自身原因耽误起诉期限的，被耽误的时间不计算在起诉期限内；延长期限，即公民、法人或者其他组织因其他特殊情况耽误起诉期限的，在障碍消除后的10日内，可以申请延长期限，是否准许由人民法院决定。

对于起诉不符合法律规定或者诉状中所列的当事人或者诉讼请求等存在瑕疵的，法院应当承担履行指导和释明义务。法官可以告知其按照相关规定的要求补正，不能动辄裁定不予受理或者驳回起诉。《行政诉讼法》第51条第1至3款规定，“人民法院在接到起诉状时对符合本法规定的起诉条件的，应当登记立案。对当场不能判定是否符合本法规定的起诉条件的，应当接收起诉状，出具注明收到日期的书面凭证，并在七日内决定是否立案。不符合起诉条件的，作出不予立案的裁定。裁定书应当载明不予立案的理由。原告对裁定不服的，可以提起上诉。起诉状内容欠缺或者有其他错误的，应当给予指导和释明，并一次性告知当事人需要补正的内容。不得未经指导和释明即以起诉不符合条件为由不接收起诉状。”

当事人如果认为存在不接收起诉状等非法情形的，可以行使投诉权。《行政诉讼法》

第51条第4款规定，“对于不接收起诉状、接收起诉状后不出具书面凭证，以及不一次性告知当事人需要补正的起诉状内容的，当事人可以向上级人民法院投诉，上级人民法院应当责令改正，并对直接负责的主管人员和其他直接责任人员依法给予处分。”

三、行政诉讼的受案范围

人民法院受理行政案件的范围问题，解决的是人民法院关于行政争议的范围问题。法院对哪些行政案件具有审判权，其范围大小直接决定了司法权对行政权的监督制约范围的大小；人民法院受理行政案件的范围问题，同时也是国家对公民、法人或者其他组织权利保护的程度的反映。

（一）概括性表述

依据《行政诉讼法》第2条规定，“公民、法人或者其他组织认为行政机关和行政机关工作人员的行政行为侵犯其合法权益，有权依照本法向人民法院提起诉讼。”这是行政诉讼受案范围的概括性规定，应注意以下三个问题。

（1）原告及被告的特定范围。提起行政诉讼的原告必须从主观上认为自己的合法权益受到侵犯，且原告必须是受到行政机关或行政机关工作人员的行政行为侵犯的公民、法人或者其他组织。被告只能是行政机关，而不是司法机关、立法机关、军事机关或党的机关等。

（2）行政诉讼受理的只能是行政争议。不同于民事争议的广泛性，原告提起行政诉讼基于行政公权力行使，由此行政机关和公民、法人或者其他组织发生法律关系而引起的行政争议不包括行政机关同公民、法人或者其他组织发生民事法律关系而引起的民事争议。

（3）受案范围中对于“违法的行政行为”的审查。法院一般对于行政机关在法定范围内行使自由裁量权的适当与否问题不作过多干预；但是，对于行政行为明显不当、行政处罚显失公正的，仍属于诉讼的情形。

小贴士

行政行为

行政行为，是行政法中的一个重要法律名词。在大陆法系，如德国、日本，“行政行为”所采用的是狭义概念，仅指行政主体针对具体事实作出的具有直接外部法律效果的处理行为。

我国行政行为是指行政机关或者法律法规和规章授权的组织在实施行政过程中的所有作为、不作为行为。

我国的行政法学界对行政行为有不同的分类标准：①根据行政行为对象是否特定、是否能够反复适用，可以将其分为抽象行政行为和具体行政行为；②根据行政行为相对方的主体身份不同，可以分为内部行政行为和外部行政行为；③根据法律法规和规章授予行政主体职权时是否给予其选择余地，可以分为羁束行政行为和自由裁量行政行为；④根据行政主体行使职权是否需要以当事人的申请为前提，可以分为依申请的行政行为和依职权的行政行为；⑤根据行政行为是否需要具备法定的形式要件，可以分为要式行政行为与非要式行政行为；⑥根据行政权作用的方式和实施行政行为所形成的法律关系为标准，可以分为行政立法、行政执法与行政司法行为；⑦根据行政行为的作出是否需要相对人的同意为标准，可以将行政行为分为单方行政行为与双方行政行为；⑧根据行政行为生效是否附条件，可以分为附条件行政行为与不附条件行政行为；⑨根据行政行为对当事人利益的不同影响，分为授益行政行为与损益行政行为；⑩根据行政主体工作人员的主观动机不同，分为法律行为和事实行为；⑪根据行政行为是否改变现有法律状态为标准，分为作为行政行为和不作为行政行为；⑫根据行政行为是否需要其他行为作为补充，分为独立行政行为和需补充行政行为，等等。我国学界对“行政行为”采用了广义的概念，其内涵外延极其丰富。

诉讼中对行政行为的认定，直接影响到行政诉讼的受案范围，主要看以下构成要素：①行政行为是行政主体所为的行为。这里的行政主体包括行政机关或者法律法规和规章授权行使行政职权的组织。②行政行为是行政主体在行政管理活动中的行为。行政主体在民事活动、刑事侦查活动中的行为不属于行政行为。③行政行为包括合法的行政行为，也包括违法的行政行为。因此，行政主体在行政管理活动中超越自身行政职权的行为也属于行政行为。④行政行为包括行政主体作为的行为，也包括行政主体不作为的行为。因此，行政主体不履行法定职责的行为也属于行政行为。⑤行政行为包括行政主体行使行政职权的单方行为，也包括行政主体为履行行政职责、实施行政管理与行政相对人签订行政协议的双方行为。

（二）列举式表述

依据《行政诉讼法》的规定，人民法院受理公民、法人或者其他组织提起的诉讼有以下 12 项内容。

（1）对行政拘留、暂扣或者吊销许可证和执照、责令停产停业、没收违法所得、没收非法财物、罚款、警告等行政处罚不服的。

（2）对限制人身自由或者对财产的查封、扣押、冻结等行政强制措施和行政强制执行不服的。

（3）申请行政许可，行政机关拒绝或者在法定期限内不予答复，或者对行政机关作出的有关行政许可的其他决定不服的。

（4）对行政机关作出的关于确认土地、矿藏、水流、森林、山岭、草原、荒地、滩涂、海域等自然资源的所有权或者使用权的决定不服的。

（5）对征收、征用决定及其补偿决定不服的。

（6）申请行政机关履行保护人身权、财产权等合法权益的法定职责，行政机关拒绝履行或者不予答复的。

（7）认为行政机关侵犯其经营自主权或者农村土地承包经营权、农村土地经营权的。

（8）认为行政机关滥用行政权力排除或者限制竞争的。

（9）认为行政机关违法集资、摊派费用或者违法要求履行其他义务的。

（10）认为行政机关没有依法支付抚恤金、最低生活保障待遇或者社会保险待遇的。

（11）认为行政机关不依法履行、未按照约定履行或者违法变更、解除政府特许经营协议、土地房屋征收补偿协议等协议的。

（12）认为行政机关侵犯其他人身权、财产权等合法权益的。

除前款规定外，人民法院受理法律、法规规定可以提起诉讼的其他行政案件。

依据以上法律规定，我们发现以下四点：①公民、法人或者其他组织认为“行政行为”侵犯其合法权益，原则上依照本法均可诉；②具体来说，可诉行政行为包括行政处罚、行政强制、确认自然资源所有权或使用权决定、征收征用决定等具体行政行为；不履行行政许可、保护人身权及财产权等合法权益法定职责的不作为行政行为；违法集资、摊派费用、违法要求履行义务等违法行政行为；特许经营协议、土地房屋征收补偿协议等双务性行政合同行为；③在通常行政行为纠纷可诉的前提下，排除国防外交行为、制定行政规范行为、行政机关内部奖惩任免等行为、法律规定的最终裁决行为可诉；④从逻辑上看，第 1 项至第 6 项属于对可诉行政行为的列举，第 7 项至第 10 项是对行政诉讼所保护的合法权益范围的列举，第 11 项是对行政合同行为的专门列举，最后一项（第 12 项）属于兜底条款。

（三）对煤矿安全生产行政诉讼受案范围部分类型的要点分析

1. 认为行政处罚行为侵犯其合法权益的

行政处罚是指行政机关或者法律法规和规章授权的组织依法定职权和程序对违反行政法规定尚未构成犯罪的行政相对人给予行政制裁的行政行为。《行政处罚法》第 9 条规定：“行政处罚的种类：（一）警告、通报批评；（二）罚款、没收违法所得、没收非法财物；（三）暂扣许可证件、降低资质等级、吊销许可证件；（四）限制开展生产经营活动、责令停产停业、责令关闭、限制从业；（五）行政拘留；（六）法律、行政法规规定的其他行政处罚。”

对于这些处罚的种类，应注意以下三项概念的区分。

（1）拘留可以分为刑事拘留、司法拘留与行政拘留，此处特指行政拘留。

（2）行政处罚上的财产罚同时包含了“罚款”“没收违法所得”和“没收非法财物”三方面的内容。

（3）只有符合《行政处罚法》规定的对违法行为进行制裁的，“暂扣”许可证的行为才属于行政处罚。如果行政机关是为了防止违法行为的继续而采取的临时性暂扣措施，则不属于行政处罚，而属于行政强制措施。

随着依法行政的推进，煤矿执法人员在行政处罚处理的种类选择及法律适用方面总体完成情况较好，执法规范程度高。对 2011—2019 年煤矿安全生产行政诉讼的行政处罚的相关案例进行分析，相对人因行政处罚不服提起行政诉讼的诉讼理由主要集中在事实和理由、证据及职权方面，具体诉讼理由包括：①行政处罚缺乏事实依据；②违反法律规定；③认定事实错误、处罚事实认定不清；④依据事实调查不全面，认定不清楚；⑤行政处罚决定超越职权；⑥缺乏证据；⑦违反法定程序等方面。

2. 认为行政许可行为侵犯其合法权益的

行政许可属于依申请的行政行为。《行政许可法》第 7 条规定，公民、法人或者其他组织对行政机关实施行政许可，有权依法提起行政诉讼。据此，《最高人民法院关于审理行政许可案件若干问题的规定》第1条至第3条对可诉行政许可行为的种类进行了细化，规定以下四种情形的行政许可均属可诉行政许可行为：①公民、法人或者其他组织认为行政机关作出的行政许可决定以及相应的不作为；②行政机关就行政许可的变更、延续、撤回、注销、撤销等事项作出的有关具体行政行为及其相应的不作为；③行政机关未公开行政许可决定或者未提供行政许可监督检查记录的行为；④行政许可过程中导致许可程序事实上终止的通知行为。

在行政许可行为中，侵犯相对人合法权益的行为包括作为和不作为。从煤矿安全生产行政诉讼的情况来看，针对行政许可类的诉讼请求主要集中在撤销许可、确认许可违法和换证程序方面。具体诉讼理由包括：①许可证续期被拒；②行政行为违法；③请求法院判决被告赔偿因行政违法行为给原告造成的经济损失；④换证程序违法；⑤行政机关不予许可决定违法等。

3. 认为行政机关作出的自然资源权属决定侵犯其合法权益的

根据《中华人民共和国矿产资源法》第49条规定："矿山企业之间的矿区范围的争议，由当事人协商解决，协商不成的，由有关县级以上地方人民政府根据依法核定的矿区范围处理；跨省、自治区、直辖市的矿区范围的争议，由有关省、自治区、直辖市人民政府协商解决，协商不成的，由国务院处理。"

目前，在煤矿行政诉讼方面，行政机关作出的自然资源权属决定侵犯其合法权益的案例主要涉及行政许可证的颁发问题。

（四）人民法院不予受理的范围

1. 法律规定的受理范围的否定式列举

依据《行政诉讼法》相关规定，公民、法人或者其他组织对下列事项提起行政诉讼，人民法院不予受理，具体包括：①国防、外交等国家行为；②行政法规、规章或者行政机关制定、发布的具有普遍约束力的决定、命令；③行政机关对行政机关工作人员的奖惩、任免等决定；④法律规定由行政机关最终裁决的行政行为。

2. 《最高人民法院关于适用〈中华人民共和国行政诉讼法〉若干问题的解释》中规定的不予诉讼的情形

除了《行政诉讼法》中的否定式列举，《最高人民法院关于适用〈中华人民共和国行政诉讼法〉若干问题的解释》列举的几种不属于行政诉讼的受案范围的行政行为，这些行为有：①刑事侦查行为。行政机关在行政管理过程中作出的与其行政职权相关的行为称为行政行为，只有是行政行为才有可能属于行政诉讼的受案范围。②行政调解行为。行政调解能否达成调解协议，主要是根据争议各方当事人的真实意思表示确定，不是行政机关的任何单方强制意志。因此，当事人对行政调解行为不服起诉，不属于行政诉讼的受案范围。③法律规定的仲裁行为。④行政指导行为。行政指导是指行政机关为适应复杂多变的经济和社会管理的需要，在其职责范围内，灵活地运用非强制手段，在行政相对方的同意或协助下，依法有效地实现一定的行政目的，由于这一行为属于不会对相对人直接产生法律效果的行为，因此不会因权力行使侵害当事人的合法权益。⑤行政申诉的重复处理行为。⑥对当事人的权利和义务不产生实际影响的行为。判断行政行为是否可诉的核心条款就是是否对当事人的权益产生实际影响，如前置规划许可行为、先行催告通知程序性行为等。对当事人的权利和义务产生实质影响的程序性行为具有可诉性，如安全生产事故调查报告的批复。若该行为事实上对后续处理产生拘束，相对人的权利和义务自此已被设定，这种设定并不从属或依附于其后进行的处理行为，相对人权益的影响亦不必然被其后的处理行为所吸收，该行为并非一种过程性的行政行为，是可以被诉的。

☞ **法条链接**

《行政诉讼法》第2条第1款

分析：行政行为可诉的法定条件是公民、法人或者其他组织认为行政行为侵犯其合法权益。如果一个行政行为尚未达到成熟状态，正处在行政程序的过程之中，不会对当事人的权利和义务造成实际的不利影响，当然也就不可能侵犯当事人的合法权益。

最高人民法院第二巡回法庭关于印发
《最高人民法院第二巡回法庭精选行政审判案例要旨（二）》的通知

（2015）行监字第730号案由：王某庆诉大连市人民政府安全事故报告行政批复案【裁判要旨】负责事故调查的人民政府根据《生产安全事故报告和调查处理条例》第32条规定，对安监部门的事故调查报告作出的批复，对当事人的权利和义务产生实际影响，属于可诉的行政行为。人民法院应当依照《中华人民共和国安全生产法》《生产安全事故报告和调查处理条例》等法律、法规规定，对该行为的合法性进行审查，依法作出判决。

四、行政诉讼的管辖

行政诉讼的管辖是指人民法院之间受理第一审行政案件的分工和权限。行政诉讼的受案范围，解决了哪些行政争议可以提交人民法院进行审判的问题，而行政诉讼的管辖则解决第一审行政案件具体应当由何地、何级法院受理的问题。行政诉讼管辖包括“纵”“横”两方面内容。上下级人民法院之间受理第一审行政案件的权限分工，称为“级别管辖”；同一级人民法院之间受理第一审行政案件的权限分工，称为“地域管辖”。明确行政诉讼的管辖，对于煤矿行政执法及应诉机关正确提交材料等进行应诉行为的准备有着重要的意义。

（一）级别管辖

1. 基层法院的管辖和实践

法律规定除上级人民法院管辖的行政案件外，大多数行政案件原则上由基层人民法院管辖，由基层人民法院审理并作出第一审裁判。没有正当理由不得越级诉讼，即对于应当由基层人民法院管辖的第一审行政案件，当事人无正当理由而直接向上级人民法院提起诉讼的，上级人民法院不予受理。

行政诉讼中出现的提级管辖、异地交叉管辖和相对集中管辖等方式，在现行法律框架下实现了司法审判区域与行政管理区域的有限分离，能够及时有效地化解行政争议。这三类管辖制度都在一定程度上改变了传统基层人民法院管辖的行政案件类型和地区。

（1）提级管辖。将原来应由基层法院管辖的部分案件交由中级法院管辖称为提级管辖。提级管辖就是通过适当提高行政案件的级别管辖，使得有重大影响的行政案件或者市级以上的或者其他重大复杂的新类型疑难案件在原则上由中级法院受理，从而减少法院在审理行政案件中的干扰和阻力。

（2）异地交叉管辖。行政诉讼为了保障原告的诉权和防止滋生新的诉讼阻力。试点在部分地区原由行政机关所在地基层法院管辖的案件，通过中级法院指定管辖的方式交由行政机关所在地之外的其他基层人民法院管辖。试点异地交叉管辖地区的原告诉权并不会受限，原告可依据法律的规定直接向中级人民法院起诉，或向基层人民法院起诉后由基层人民法院向中级人民法院移送；或者是由中级人民法院作出由另一基层法院管辖的裁定。

（3）相对集中管辖。根据最高人民法院安排，相对集中管辖的试点是指将部分基层人民法院管辖的一审行政案件，通过上级人民法院统一指定的方式，交由其他基层人民法院集中管辖，也即在基层管辖制度的基础上对相关基层人民法院的管辖权进行了重新的调整和分配。例如，江苏省宿迁市就将辖区内原其他基层人民法院管辖的行政案件，集中由一个基层人民法院管辖；该基层人民法院管辖的行政案件全部由中级人民法院进行提级管辖。

2. 中级人民法院的管辖

根据级别管辖的原则，中级人民法院可对以下案件有第一审案件管辖权：①对国务院部门或者县级以上地方人民政府所作的行政行为提起诉讼的案件；②海关处理的案件；③本辖区内重大、复杂的案件；④其他法律规定由中级人民法院管辖的案件。

依据《最高人民法院关于适用〈中华人民共和国行政诉讼法〉的解释》第 5 条规定："有下列情形之一的，属于行政诉讼法第十五条第三项规定的'本辖区内重大、复杂的案件'：（一）社会影响重大的共同诉讼案件；（二）涉外或者涉及香港特别行政区、澳门特别行政区、台湾地区的案件；（三）其他重大、复杂案件。"

3. 特殊情形的管辖

1）多个被告作出同一行政行为的管辖

一般情况下，行政行为由煤矿安全生产行政执法机关作出，此时被告行政机关所在地的人民法院有管辖权。若行政行为是由两个或者两个以上行政机关共同作出，原告起诉后，就存在着两个或者两个以上的被告，就可能出现两个以上的人民法院都有管辖权。

法院在确定此类管辖时，首先，应按照级别管辖原则，判断被告主体的类别。若其中一个主体属于中级人民法院管辖，那么此案件就由中级人民法院管辖。若不涉及级别管辖，且两个以上的人民法院均可管辖的，由原告自行选择。此外，还可以在征得原告同意后，通过协商管辖或报请共同上一级人民法院决定。

2）多个被告作出相关联的数个行政行为的合并管辖

所谓合并管辖，是指对特定案件有管辖权的法院，可以管辖与该案件存在牵连关系的其他案件。合并管辖的最大特点就在于其牵连性，相互之间没有牵连关系的案件不能合并管辖。其目的在于提高诉讼效率，减少司法成本及原告的诉讼成本和诉讼程序。如有一个行为属于中级人民法院管辖，中级人民法院可以决定一并行使管辖权。全部属于基层人民法院管辖的，相关的中级人民法院也可通过裁定的方式指定其中一个基层人民法院集中管辖数个相关联的行政案件。

4. 高级人民法院管辖的案件

依据法律规定，高级人民法院管辖本辖区内重大、复杂的第一审行政案件。

高级人民法院的一审行政案件原则上必须是本辖区的重大、复杂的行政案件。这里"本辖区内重大、复杂"的行政案件由最高人民法院或者高级人民法院根据具体情况判断决定，一般是指在省、自治区、直辖市范围内有重大影响，或是所涉当事人众多且有特殊身份，或是涉及重大公共利益，或是涉及的法律法规规定不明确，或是涉及的地方性法规、地方性规章与上位法可能不一致，需要报请国务院或最高人民法院作出解释等的案件。

☞ 法条链接

最高人民法院《关于规范上下级人民法院审判业务关系的若干意见》第3条

基层人民法院和中级人民法院对于已经受理的下列第一审案件，必要时可以根据相关法律规定，书面报请上一级人民法院审理：（一）重大、疑难、复杂案件；（二）新类型案件；（三）具有普遍法律适用意义的案件；（四）有管辖权的人民法院不宜行使审判权的案件。

5. 最高人民法院管辖的案件

《行政诉讼法》第17条规定，最高人民法院管辖全国范围内重大、复杂的第一审行政案件。除法律规定必须由最高人民法院管辖的案件外，最高人民法院主要审理在全国范围内具有普遍指导意义的二审案件和再审案件。

（二）地域管辖

1. 传统地域管辖

行政诉讼的地域管辖，是指同级人民法院受理第一审行政案件的职权分工。地域管辖与级别管辖存在着密切联系，只有确定了级别管辖才能确定地域管辖。

应当注意，我国地方各级人民法院的辖区按各级行政区划确定，与行政区划一致。只有本辖区的行政案件，才能由属地人民法院管辖。另外，当事人或诉讼标的与人民法院辖区的关系也会影响管辖权。如相对人对煤矿安全生产行政机关的行政处罚不服，经复议后，复议机关决定维持原行政行为的，作出原行政行为的行政机关和复议机关是共同被告；复议机关改变原行政行为的，复议机关是被告。由此，被告发生变化，行政诉讼的地域管辖也发生变化。

2. 跨行政区域的管辖权转移

依据《行政诉讼法》的规定，经最高人民法院批准，高级人民法院可以根据审判工作的实际情况，确定若干人民法院跨行政区域管辖行政案件。

法条链接

《行政诉讼法》第18条

行政案件由最初作出行政行为的行政机关所在地人民法院管辖。经复议的案件，也可以由复议机关所在地人民法院管辖。

经最高人民法院批准，高级人民法院可以根据审判工作的实际情况，确定若干人民法院跨行政区域管辖行政案件。

小贴士

跨 区 域 管 辖

根据党的十八届四中全会精神，行政审判领域正在积极探索与行政区划适当分离的管辖制度。例如，借助普通法院进行集中管辖，即将一定区域内的行政一审案件，集中确定由某一人民法院管辖。同时，还可将该人民法院管辖的行政案件，交由其他同级人民法院或者直接由上一级人民法院管辖。部分地方也在利用铁路运输法院、铁路中级人民法院、开发区法院、垦区法院、林业法院等进行跨行政区划法院改革，将这些法院改造为跨行政区划法院，并主要审理行政案件。

案例链接

漳平市人民法院（2016）闽0881行初15号案

原告永定县某煤矿有限公司与被告龙岩市永定区人力资源和社会保障局、龙岩市人力资源和社会保障局劳动行政处罚一审行政裁定书

内容：原告永定县某煤矿有限公司不服被告龙岩市永定区人力资源和社会保障局、龙岩市人力资源和社会保障局劳动行政处罚，于2016年9月14日向龙岩市中级人民法院递交起诉材料。2016年9月18日，龙岩市中级人民法院作出（2016）闽08行辖77号行政裁定书，指定本案由本院管辖。本院于2016年9月19日受理了本案。在审理过程中，原告永定县某煤矿有限公司向本院提出撤回起诉的请求。

（三）共同管辖和选择管辖

共同管辖，即两个以上的人民法院对同一纠纷案件均享有管辖权。选择管辖，即当事

人可以在两个以上有管辖权的法院之中选择其一作为纠纷案件的管辖法院。共同管辖和选择管辖是一个问题的两个方面：共同管辖是从法院行使管辖权的角度出发，选择管辖是从当事人行使起诉权的角度出发。

☞ 法条链接

《行政诉讼法》第 21 条

两个以上人民法院都有管辖权的案件，原告可以选择其中一个人民法院提起诉讼。原告向两个以上有管辖权的人民法院提起诉讼的，由最先立案的人民法院管辖。

（四）移送管辖和指定管辖

移送管辖是指人民法院对已经受理的案件经审查发现不属于本法院管辖时，将案件移送给有管辖权的人民法院管辖的一种法律制度。

指定管辖，是指上级人民法院用裁定方式，决定将某一行政案件交由某个下级人民法院进行管辖的法律制度。《行政诉讼法》规定指定管辖主要是为了避免在一些特殊情况下拖延案件的审理，减少诉讼当事人诉累，及时稳定行政法律关系。

小贴士

管辖权转移与移送管辖的区别

管辖权转移与移送管辖都是将已受理的案件由一个法院移送到另一个法院审理。但是，两者在性质上有以下不同：一是管辖权转移是人民法院将自己管辖的案件，移交给原来没有管辖权的人民法院审理；移送管辖是人民法院将不属于自己管辖的案件，移送给有管辖权的人民法院审理；二是管辖权转移是在有审判监督关系的上下级人民法院之间移送；移送管辖一般情况下是在同级人民法院之间移送，只有在特殊情况下才会存在不同级别法院间的移送；三是管辖权转移必须报上级人民法院决定或者同意，而移送管辖则无须上级人民法院决定或者同意；四是管辖权转移主要是调整级别管辖的问题；移送管辖主要是解决有无管辖权的问题。

☞ 法条链接

《行政诉讼法》第 22 条

人民法院发现受理的案件不属于本院管辖的，应当移送有管辖权的人民法院，受移送的人民法院应当受理。受移送的人民法院认为受移送的案件按照规定不属于本院管辖的，应当报请上级人民法院指定管辖，不得再自行移送。

案例链接

(2018) 湘0103行初148号

2018 (6) 周某、谢某等与湖南省自然资源厅等资源行政管理：其他（资源）一审行政裁定书

原诉讼请求：1. 驳回被告省政府作出的湘府复驳字〔2018〕54号决定书。2. 确认被告省自然资源厅颁发编号4300000740320的《采矿许可证》行为违法。3. 判令被告省自然资源厅赔偿原告周某合法权益受到的损害56376829.5元，赔偿原告谢某合法权益受到的损害112753658.8元。变更后的诉讼请求：请求驳回被告湖南省人民政府作出的湘府复驳字〔2018〕54号复议决定书。

裁判结果：1. 准许原告周某、谢某撤回对被告湖南省自然资源厅的起诉。2. 本案移送湖南省长沙市中级人民法院管辖。

第二节　煤矿安全生产行政诉讼中的参加人

一、煤矿安全生产行政诉讼中的原告

(一) 原告和原告资格

1. 概念与特征

原告是指认为行政行为侵犯其合法权益并向人民法院提起诉讼的公民、法人或者其他组织。原告是行政诉讼中主观诉讼的发起者，在诉讼的法律关系中有着重要的意义。

行政诉讼中的原告资格，是指在行政诉讼中，公民、法人或者其他组织必须具备法定条件才可以以自己的名义提起诉讼。合格的原告资格主要考虑三个要素。一是必须主观上认为行政行为侵犯了自身合法权益，与煤矿行政执法等行政行为有利害关系。二是必须向人民法院提起诉讼。若该行政行为侵犯自己的合法权益，但相对人没有向人民法院起诉时，则不能成为行政诉讼的原告。三是必须是具有法律上独立人格的公民、法人和其他组织，而不是作出行政行为的行政机关。

根据《最高人民法院关于适用〈中华人民共和国行政诉讼法〉的解释》第1条有关规定，对公民、法人或者其他组织的权利和义务不产生实际影响的行为，不属于行政诉讼的受案范围。这一规定实际上表明行政行为必须引起行政相对人的权利和义务的发生、变更、消灭、确认等。

2. 原告资格的转移

原告的诉讼主体资格是可以转移的。若有权提起诉讼的公民死亡或者有权提起诉讼的法人或者其他组织终止后，可能发生原告主体资格的转移。依据《最高人民法院关于适用〈中华人民共和国行政诉讼法〉的解释》第14条规定，行政诉讼法第二十五条第二款

规定的“近亲属”，包括配偶、父母、子女、兄弟姐妹、祖父母、外祖父母、孙子女、外孙子女和其他具有扶养、赡养关系的亲属。公民因被限制人身自由而不能提起诉讼的，其近亲属可以依其口头或者书面委托以该公民的名义提起诉讼。近亲属起诉时无法与被限制人身自由的公民取得联系，近亲属可以先行起诉，并在诉讼中补充提交委托证明。

（二）公益诉讼中的原告

2014 年 10 月 23 日，中国共产党第十八届中央委员会第四次全体会议通过的《中共中央关于全面推进依法治国若干重大问题的决定》指出，探索建立检察机关提起公益诉讼制度。针对行政机关失职、渎职致使社会公共利益受到损害的情况，应当建立行政公益诉讼制度，加强对行政机关的监督。特别是在行政相对人不确定或者行政相对人不愿意提起诉讼的情况下，可以由人民检察院提起行政公益诉讼。

☞ **法条链接**

《行政诉讼法》第 25 条

行政行为的相对人以及其他与行政行为有利害关系的公民、法人或者其他组织，有权提起诉讼。

有权提起诉讼的公民死亡，其近亲属可以提起诉讼。

有权提起诉讼的法人或者其他组织终止，承受其权利的法人或者其他组织可以提起诉讼。

二、煤矿安全生产行政诉讼中的被告

（一）概念与特征

行政诉讼的被告是指被公民、法人或其他组织起诉某行政行为侵犯其合法权益，由人民法院通知应诉的具有国家行政职权的机关或者组织。

行政诉讼的被告有以下四个特征。①须是具有国家行政管理职权职责的机关或组织。②须是原告认为其作出的行政行为（作为或不作为、法律行为或事实行为等）侵犯合法权益而被起诉的机关或组织。没有实施某种行政行为或者实施的行政行为和原告认为被侵犯的权益有因果关系的，不能作被告。③须是能够独立承担法律责任的机关或组织，法律另有规定除外。④须是由人民法院通知其应诉的机关或组织。被告地位的确定是因人民法院通知应诉，被告才享有在诉讼中的权利和承担诉讼中的义务。

（二）行政诉讼被告的范围

1. 被告范围的一般理论

基于行政诉讼被告的四个特征，行政诉讼被告的范围包括以下两个主体。

（1）行政主体。在我国，一般来说，能够独立承担行政责任的行政主体包括行政机关和法律法规授权组织。

公民、法人或者其他组织直接向人民法院提起诉讼的，作出行政行为的行政机关是被告。经复议的案件，复议机关决定维持原行政行为的，作出原行政行为的行政机关和复议机关是共同被告；复议机关改变原行政行为的，复议机关是被告。复议机关在法定期限内未作出复议决定，公民、法人或者其他组织起诉原行政行为的，作出原行政行为的行政机关是被告；起诉复议机关不作为的，复议机关是被告。两个以上行政机关作出同一行政行为的，共同作出行政行为的行政机关是共同被告。行政机关委托的组织所作的行政行为，委托的行政机关是被告。行政机关被撤销或者出现职权变更的，继续行使其职权的行政机关是被告。

（2）规章授权主体。依据法律规定，行政诉讼的合法性审查是对行政行为是否超越法律、法规或者规章的授权进行审查。这表明，规章授权组织作出的行政行为可纳入可诉行政行为。

案例分析

被告是谁？

鞠某从2003年12月经矿安培中心培训合格后进入某煤矿通风区通风队工作，作为一名瓦检工。由于工作过程中接触大量煤尘，煤尘被吸入口鼻，于2009年工作期间多次出现咳嗽、胸闷现象；2011年后咳嗽胸闷胸痛加重；2012年后到多家医院就诊说有“尘肺病”。该煤矿不配合出具所需健康监护档案、危害因素检测报告等材料。鞠某于2015年10月16日依照法律中关于安全生产监督管理部门应当监督检查和督促用人单位提供病人诊断所需材料之规定，特向义马市安全生产监督管理局投诉举报该煤矿的违法行为，之后多次到被告处查询未果。

鞠某认为义马市安全生产监督管理局怠于履行自己的职责，未作出任何处理意见，属于行政不作为，为维护原告合法权益，依照《行政诉讼法》第11条第11款和第47条之规定，特提起行政诉讼。

分析：国家对煤矿的安全监察工作成立有专门的煤矿安全生产监察体系。国务院办公厅《关于完善煤矿安全生产监察体制的意见》（国办发〔2004〕79号）出台后，煤矿安全生产监察体制已经实施垂直管理，对煤矿的安全监察工作，应当由煤矿安全生产监察部门负责。

根据《煤矿作业场所职业病危害防治规定》（原总局令第73号）规定，有关疾病的申报、防治、管理、健康监护等均由煤矿安全监察机构实施。

法律相关条款中所述的“安全生产监督管理部门”，是指县级以上人民政府负有煤矿安全生产监督管理职责的部门和县级以上人民政府。根据《中华人民共和国安全生产法》规定，国务院应急管理部门依照本法，对全国安全生产工作实施综合监督管理。国家矿山安全监察局和国家矿山安全监察局省级局依据应急管理部三定方案承接相应职能，是属于负有煤矿安全生产监察职责的部门。

☞ **法条链接**

《最高人民法院关于适用〈中华人民共和国行政诉讼法〉的解释》
第20条第3款

没有法律、法规或者规章规定，行政机关授权其内设机构、派出机构或者其他组织行使行政职权的，属于行政诉讼法第二十六条规定的委托，当事人不服提起诉讼的，应当以该行政机关为被告。

行政机关被撤销或者职权变更的，继续行使其职权的行政机关是被告。适用本款发生在两种场合，一种是行政机关作出行政行为之后，在原告尚未提起诉讼时，该行政机关被撤销或者职权变更；一种是在诉讼过程中，人民法院尚未作出裁判时，该行政机关被撤销或者职权变更。

2. 对“行政许可和行政处罚”不服提起诉讼的被告

（1）以不服“行政许可”为案由案件中诉讼被告的确定。在不同的许可阶段，行政诉讼被告规则会呈现三类特点。第一类是行政许可依法须经上级行政机关批准，当事人对批准或者不批准行为不服提起诉讼的，以作出行为的机关和上级行政机关为共同被告。第二类是行政机关依据《行政许可法》第26条第2款规定统一办理行政许可的，当事人对行政许可行为不服提起诉讼，以对当事人作出具有实质影响的不利行为的机关为被告。第三类是行政许可依法须经下级行政机关或者管理公共事务的组织初步审查并上报，当事人对不予初步审查或者不予上报不服提起诉讼的，以下级行政机关或者管理公共事务的组织为被告。前两类情况中被告的情形是基于行政许可的作为，即在作为的行政许可中，对批准行为也不服的，上级批准行政机关也可为共同被告，以作出具有实质影响的不利行为的机关为被告；第三类情况是针对行政许可不作为状态下的行政诉讼被告。

☞ **法条链接**

最高人民法院《若干解释》《关于审理行政许可案件
若干问题的规定》第4条、第5条

当事人不服行政许可决定提起诉讼的，以作出行政许可决定的机关为被告；行政许可依法须经上级行政机关批准，当事人对批准或者不批准行为不服一并提起诉讼的，以上级行政机关为共同被告；行政许可依法须经下级行政机关或者管理公共事务的组织初步审查并上报，当事人对不予初步审查或者不予上报不服提起诉讼的，以下级行政机关或者管理公共事务的组织为被告。

行政机关依据《行政许可法》第26条第二款规定统一办理行政许可的，当事人对行政许可行为不服提起诉讼，以对当事人作出具有实质影响的不利行为的机关为被告。

（2）以对“行政处罚”不服为案由诉讼被告的确定。应特别注意的是：在行政处罚中，行政机关委托的组织所作的行政行为，委托的行政机关是被告。依据最高人民法院《若干解释》，行政机关在没有法律、法规或者规章规定的情况下，授权其内设机构、派出机构或者其他组织行使行政职权的，应当视为委托。当事人不服提起诉讼的，应当以该行政机关为被告。

3. 煤矿安全生产行政诉讼的被告范围

煤矿安全生产行政诉讼的被告是实施监管、作出执法具体行政行为的行政机关。

国家矿山安全监察机构、地方的矿山安全监察机构（原国家煤矿安全监察局、煤矿安全生产监察分局、省级煤矿安全监察机构）二类主体为行政行为的主要作出者，是煤矿安全生产行政诉讼的被告主体。依据《行政诉讼法》规定，维持原行政行为或重新做出行政行为的复议机关也会成为被诉机关。

三、煤矿安全生产行政诉讼第三人

（一）概念与特征

第三人是指对诉讼争议的行政行为有利害关系或者同案件处理结果有利害关系，为了维护自身合法权益，参加他人诉讼的公民、法人或者其他组织。

行政诉讼第三人具有三类基本特征。一是对诉讼争议的行政行为有利害关系或者同案件处理结果有利害关系。“有利害关系”应当以被诉行政行为对个人、组织的权利和义务已经或将要产生实际影响为标准，既包括直接的利害关系，也包括间接的利害关系。只要实际影响了公民、法人或者其他组织合法权益的，均应认定为有利害关系。二是第三人是参加他人尚未终结的诉讼。三是第三人一般是行政相对人，在法律规定的特殊情况下可以是行政机关。

（二）当事人作为第三人参加诉讼的条件

出现下列情况时，人民法院应当通知当事人作为第三人参加诉讼：①行政机关的同一行政行为涉及两个以上利害关系人，其中一部分利害关系人对行政行为不服提起诉讼，人民法院应当通知没有起诉的其他利害关系人作为第三人参加诉讼；②原告对复议机关改变原行政行为提起诉讼，人民法院应当通知最初作出行政行为的行政机关作为第三人参加诉讼；③甲行政机关越权行使乙行政机关职权作出行政行为，原告提起诉讼，人民法院应通知乙行政机关作为第三人参加诉讼；④应当追加被告而原告不同意追加的，人民法院应当通知其以第三人的身份参加诉讼等。

☞ **法条链接**

《行政诉讼法》第 29 条

公民、法人或者其他组织同被诉行政行为有利害关系但没有提起诉讼，或者同案件处理结果有利害关系的，可以作为第三人申请参加诉讼，或者由人民法院通知参加诉讼。

人民法院判决第三人承担义务或者减损第三人权益的，第三人有权依法提起上诉。

案例链接

徐某不服郑州市二七区人民政府关闭煤矿行政决定一案政判决书
【（2015）郑铁中行初字第10号】

原告徐某不服政府关闭煤矿提起诉讼，诉讼第三人共有三方（郑州煤炭工业集团晋荣煤业有限责任公司，公司股东两人）。被告认为煤矿公司已具备独立法人所必要的条件，具有独立承担民事权利与义务的能力，而原告仅仅是股东之一，与关闭煤矿的具体行政行为没有利害关系，不具备原告主体资格。两名股东仅享有股东权利，与该具体行政行为不具有利害关系，不具备第三人资格。原告的主张与被告相反，煤矿公司还没有取得营业执照，不具备对外承担责任的资格。第三人与原告意见相同。

法院认为原告作为投资人，关闭煤矿直接侵害其合法权益，有权提起诉讼（依据《行政诉讼法》第52条）。

分析：

1. 第三人的法律地位

行政诉讼第三人的法律地位与原告、被告类似。第三人在诉讼中有提出与本案有关的诉讼主张的权利和对人民法院的一审判决不服提起上诉等权利。但是因第三人有类似于原告地位的第三人与类似于被告地位的第三人，因此，他们各自的法律地位均独立但各不相同，类似于原告地位的第三人因大部分均具有原告资格，在诉讼中的权利、义务几乎和原告相同；而类似于被告地位的第三人，因行政诉讼被告不得反诉及不能在行政诉讼期间向原告和证人自行收集证据的限制，类似于被告的第三人因其在被诉具体行政行为中所处的地位，也可能有这样的限制。在应当追加被告而原告不同意追加、人民法院应当通知其以第三人的身份参加诉讼的情形下，第三人的法律地位与被告相同，在享有相应诉讼权利的同时也要受相应的限制。

2. 参加方式

依据《行政诉讼法》第29条规定：公民、法人或者其他组织同被诉行政行为有利害关系但没有提起诉讼，或者同案件处理结果有利害关系的，可以作为第三人申请参加诉讼，或者由人民法院通知参加诉讼。由此，行政诉讼第三人同被诉的具体行政行为有利害关系，或者同案件处理结果有利害关系，在行政诉讼过程中申请参加诉讼或由法院通知参加诉讼的公民、法人或其他组织。行政诉讼第三人可以主动申请或者由人民法院通知其参加诉讼。

（1）主动申请。公民、法人或者其他组织认为同被诉的具体行政行为有利害关系，可以作为第三人申请参加诉讼，是否准许由人民法院决定。

（2）人民法院通知。人民法院认为公民、法人或者其他组织同被诉的具体行政行为有利害关系，应当通知其作为第三人参加诉讼。例如，行政机关的同一具体行政行为涉及两个以上利害关系人，其中一部分利害关系人对具体行政行为不服提起诉讼，人民法院应当通知没有起诉的其他利害关系人作为第三人参加诉讼；或者应当追加被告而原告不同意追加的，人民法院应当通知其以第三人的身份参加诉讼。

第三节 安全生产行政诉讼的证据

一、安全生产行政诉讼的证据及其分类

（一）证据的概念和特征

依靠证据认定事实是诉讼活动的关键，是司法裁判的基础。按照诉讼原理，可以用于证明案件事实的材料，都是证据。

诉讼证据有三个基本特征：①客观性，客观性是指诉讼证据必须是客观存在的事实，任何主观臆断和虚假材料都不能成为诉讼证据；②关联性，关联性是指诉讼证据必须与特定的案件存在必然联系，与案件无关的事实不能作为证据；③合法性，合法性是指诉讼证据必须符合法律要求的形式，并按法定程序收集、提供和运用证据。

（二）证据种类的分类

证据的分类在学理上有许多种。根据法律规定，证据的种类有明确规定。我国行政诉讼证据包括以下八种。

（1）书证。书证是以文字、符号、图案等形式记载的，能够表达人的思想和行为的，能够证明案件事实的物品，书证是诉讼中的主要证据。凡是以文字的形式来记载人的思想和行为以及采用各种符号、图案等来证明案件事实的文件或者其他物品都是书证。

（2）物证。物证是指以其物质属性、外部特征、存在状况、空间方位等来证明案件事实的物品和痕迹。

（3）视听资料。视听资料是指以录音、录像等设备所存储的信息作为证明案件真实情况的证据资料。视听资料的范围限于录音资料和录像资料，不包括电子数据。

（4）电子数据。电子数据即电子证据。作为证据类型的电子数据，可以归结为以电子、电磁、光学等形式或类似形式储存在计算机中的信息作为证明案件事实的证据资料，既包括计算机程序及其所处理的信息，也包括其他应用专门技术设备检测得到的信息资料。

（5）证人证言。证人证言是指了解案件有关情况的非本案诉讼参加人关于案件事实的陈述。向法院陈述自己知道的情况、证明案情的人，称为证人。

（6）当事人的陈述。当事人的陈述是指原告、被告、第三人就自己所经历的案件事实，向法院所作的叙述、承认和陈词。

（7）鉴定意见。鉴定意见是指接受人民法院的指派、聘请或者由当事人聘请的鉴定人运用自己的专业知识和技能，根据案件事实材料，对需要鉴定的专门性问题进行分析、鉴别和判断之后得出的专业意见。

（8）勘验笔录、现场笔录。《行政诉讼法》将现场笔录和勘验笔录并列在一起规定。在三大诉讼法中，只有《行政诉讼法》对现场笔录的证据形式作了规定。勘验笔录指行政机关或者人民法院对有关案件事实的现场或物品进行就地检验、测量、勘查和分析所作的书面记录。现场笔录是指行政机关工作人员在执行职务过程中对有关管理活动的现场情况所作的书面记录。

勘验笔录和现场笔录的区别有两点。一是制作主体不同，勘验笔录是由行政机关或人

民法院制作；现场笔录是由行政机关制作。二是内容不同，勘验笔录是对一些专门的物品和场所进行勘测后所作的记录，不包括当事人和证人的询问情况，反映的多是静态的客观情况；现场笔录则是对现场当时的情况所作的记录，一般为动态的事实，而且反映的多是制作笔录当时的情况，包括对相关人员的询问记录。

以上证据经法庭审查属实，才能作为认定案件事实的根据。

☞ **法条链接**

《行政诉讼法》第33条

证据包括：（一）书证；（二）物证；（三）视听资料；（四）电子数据；（五）证人证言；（六）当事人的陈述；（七）鉴定意见；（八）勘验笔录、现场笔录。

煤矿安全生产行政诉讼中适用的《行政诉讼法》中的证据种类。具体到不同类型的诉讼中，如煤矿安全生产行政处罚中认定案件事实依据的证据种类，包括：现场检查笔录、当事人的陈述（参与人的陈述）、书证、物证、证人证言、视听资料、鉴定意见、勘验笔录等形式。这些证据也是在煤矿行政诉讼中法院审查的对象。

二、煤矿安全生产行政诉讼中的待证事实和举证责任

行政诉讼是法律保护公民、法人或者其他组织合法权益不受行政机关侵害的行政救济手段，证据是证明行政行为合法性的关键。法院审理行政案件，以事实为根据，以法律为准绳，其中，事实是以证据证明的案件事实。由此可见，证据及其证明规则对行政诉讼案件的结果具有决定性影响。

（一）待证事实

《民事诉讼法司法解释》第108条中出现了“待证事实”这一概念。根据学界的一般理论，待证事实是指根据举证责任分配原则，需要提供证据加以证明的事实。

举证责任是指由法律预先规定，在案件事实难以确定的情况下，由一方当事人提供证据予以证明，如果其提供的证据无法证明相应事实情况则承担败诉风险及不利法律后果的责任分配机制。

1. 原告应对待证基础行政事实承担举证责任

根据《最高人民法院关于执行〈中华人民共和国行政诉讼法〉若干问题的解释》第27条第1项的规定，原告应当承担证明起诉符合法定条件的举证责任（但被告认为原告起诉超过起诉期限的除外）。行政诉讼的提起，要求原告应首先承担推进的责任，也就是由原告首先负起证明其起诉符合法律规定的相应的程序要件，否则无法引起下一步诉讼进程的发生。因行政诉讼作为行政相对人认为权益受到侵犯的救济程序，必然与之前的行政程序有连贯性和衔接性，原告应对起诉符合法定条件、曾经申请行政机关履行职责、自己具有法定资质或者享有法定权利等主张负举证责任。

《行政诉讼法》第49条规定，提起诉讼应当符合下列条件：①原告是符合本法第25条

规定的公民、法人或者其他组织；②有明确的被告；③有具体的诉讼请求和事实根据；④属于人民法院受案范围和受诉人民法院管辖。原告提起诉讼应当提供证据证明或者释明自己的起诉符合法定条件，即行政诉讼中原告的基础诉讼义务起诉人应当对起诉条件负举证责任。

2. 被告对诉讼中的待证事实具有主要的举证责任

依据法律规定，被告对做出的行政行为负有举证责任，应当提供作出该行政行为的证据和所依据的规范性文件。被告不提供或者无正当理由逾期提供证据，视为没有相应证据。但是，被诉行政行为涉及第三人合法权益，第三人提供证据除外。若原告可以提供证据证明行政行为违法的证据，而原告提供的证据不成立的，不免除被告的举证责任。

（二）举证责任

1. 原告的举证责任

（1）原告的举证权利。根据《行政诉讼法》的规定，原告可以提供证明行政行为违法的证据，有举证的权利。举证权利，是指当事人在诉讼过程中，享有依法提供证据证明相关事实和反驳对方当事人主张的权利。但是法律规定的原告的举证权利（原告对相关事实有权提供证据加以证明，无论原告的举证效果如何），均不免除被告的举证责任。原告逾期举证视为放弃举证权利的处理。被告应对被诉行政行为承担举证责任，原告放弃举证权利，不等于被诉行政行为是合法的。

（2）原告必须承担的举证责任。根据我国诉讼法和证据相关法律的规定，被告的举证责任主要集中在行政行为合法性的问题上，除此之外，一般行政案件中的起诉条件，不作为、行政赔偿等案件中均存在需要原告举证的待证事实，行政诉讼举证责任不单属于被告，原告需要对特定事实承担举证责任。

《最高人民法院关于行政诉讼证据若干问题的规定》规定，在起诉被告不作为的案件中，原告应当提供其在行政程序中曾经提出申请的证据材料。在起诉被告不履行法定职责的案件中，原告应当提供其向被告提出申请的证据。但有下列情形之一的除外：①被告应当依职权主动履行法定职责的；②原告因正当理由不能提供证据的。《最高人民法院关于审理行政赔偿案件若干问题的规定》中的第 32 条也明确规定，原告在行政赔偿诉讼中对自己的主张承担举证责任。

☞ 法条链接

《最高人民法院关于审理行政许可案件若干问题的规定》第 8 条

被告不提供或者无正当理由逾期提供证据的，与被诉行政许可行为有利害关系的第三人可以向人民法院提供；第三人对无法提供的证据，可以申请人民法院调取；人民法院在当事人无争议，但涉及国家利益、公共利益或者他人合法权益的情况下，也可以依职权调取证据。

第三人提供或者人民法院调取的证据能够证明行政许可行为合法的，人民法院应当判决驳回原告的诉讼请求。

2. 被告的举证责任

被告对行政行为负有举证责任，这是行政诉讼证据制度的特色。

为了遏制被告人故意不举证情形，在行政诉讼中，法律规定被告对其所作出的行政行为负有举证责任，应当提供作出该行政行为的证据和所依据的规范性文件。被告不提供或者无正当理由逾期提供证据，视为没有相应证据。但是，被诉行政行为涉及第三人合法权益，第三人提供证据的除外。

《最高人民法院关于适用〈中华人民共和国行政诉讼法〉的解释》在被告承担行政行为举证责任的基础上，进一步明确了行政机关不提供证据和逾期提供证据的法律后果，其中第 34 条规定，“根据行政诉讼法第三十六条第一款的规定，被告申请延期提供证据的，应当在收到起诉状副本之日起十五日内以书面方式向人民法院提出。人民法院准许延期提供的，被告应当在正当事由消除后十五日内提供证据。逾期提供的，视为被诉行政行为没有相应的证据。”同时，也赋予第三人举证的权利，以弥补第三人权益保护上的不足。

3. 举证责任中的行政案卷制度

行政案卷制度，是行政主体在作出行政行为前，通过调查、鉴定、举行听证等形式取得的和相对人提供的用以证明待证事实的各种记录、陈述意见、鉴定结论、证人证言、物证等证据，以及程序中所依据或收到的各种法律文书按照一定的顺序组成案卷，行政主体的行政行为只能以该案卷为依据作出，卷外证据不能作为行政行为的根据。

行政诉讼中，行政机关只能向人民法院提供在行政程序中形成的行政卷宗材料作为证明被诉行政行为合法的依据，不得另行向原告和证人补充收集证明行政行为合法性的证据。这是因为行政机关作出行政行为时就必须调查收集到充分的证据和完备的法律依据，行政行为必须建立在相关证据支持的事实基础上。禁止出现“先裁决后取证”、行政决定后再调查收集证据等不符合依法行政原则的情况。

行政案卷制度所限制的对象是被告。被告不仅包括行政机关，还包括复议机关。例如，复议机关决定维持原行政行为的案件，作出原行政行为的行政机关和复议机关是共同被告。因此，在复议案件中，被告的范围不仅包括作出原行政行为的行政机关，还包括复议机关。另外，《最高人民法院关于行政诉讼证据若干问题的规定》中限制收集证据的主体，不仅包括被告还包括被告委托的诉讼代理人。

☞ 法条链接

《最高人民法院关于行政诉讼证据若干问题的规定》第 60 条

下列证据不能作为认定被诉具体行政行为合法的依据：（一）被告及其诉讼代理人在作出具体行政行为后或者在诉讼程序中自行收集的证据；（二）被告在行政程序中非法剥夺公民、法人或者其他组织依法享有的陈述、申辩或者听证权利所采用的证据；（三）原告或者第三人在诉讼程序中提供的、被告在行政程序中未作为具体行政行为依据的证据。

在限制的时间范围上，不仅限于行政诉讼过程中，且包括行政行为发生后到行政诉讼前的阶段和行政复议程序。但是，在诉讼程序外限制被告收集的证据、诉讼程序内限制被告向原告、证人和第三人之外的人收集的证据应当属于可以用来证明被诉行政行为合法性的证据，其他证据不在此限制范围内。

违反行政案卷制度自行收集证据的后果：未经法院允许，被告及其诉讼代理人在诉讼中或诉讼前收集的证据作为补充的证据向法院提供的，法院一般不予接纳。即使法院允许被告补充相关证据，被告及其代理人超出法院准许收集证据的范围所收集的证据，也不能作为认定被诉行政行为合法的证据使用。

小贴士

行政案卷制度的例外

案卷主义要求被告在行政诉讼中首先要如期举证，其次要如实举证。在《行政诉讼法》第 34 条和第 35 条中都有明确规定，但是行政案卷制度也有例外。

两个以上行政机关共同作出同一行政行为的，共同作出行政行为的行政机关为共同被告。如果原告起诉时只列其中之一为被告，又不同意追加被告，应当追加的被告作为第三人参加诉讼。这种情形下，因系两个以上行政机关共同作出同一行政行为，作出行政行为的证据可能保存在作为第三人的行政机关。作为被告的行政机关如要在举证期限内提供作出行政行为的全部证据，需要向作为第三人的其他行政机关收集证据，以完成本应共同承担的举证责任。此类第三人属于特殊情形，可以排除在本条规定的第三人范围外。

收到起诉状副本十五日内向人民法院提交作出行政行为的证据和依据的规范性文件。被告在举证期限内因不可抗力或者客观上不能控制的正当事由无法向人民法院提供证据的，应当在举证期限内向人民法院书面申请延期。人民法院准许延期的，被告应当在正当事由消除后十日内提供证据。如果遇到地震、洪水、海啸等不可抗力的情况，在法定期限内无法向法院递交延期举证申请书的，应当在不可抗力情形消失后的十日内递交延期申请，法院应当允许延期。

（三）煤矿安全生产行政诉讼证据提出的注意事项（作为被告）

行政诉讼的目的就是为了保障相对人的合法权益，切实解决行政纠纷。通过行政诉讼中对证据的审查，对行政执法及行政执法中的证据予以切实规范。由此，煤矿监察执法机关或其他委托执法主体为避免在煤矿行政诉讼中出现不利后果，在作为被告时提出的证据中要注意以下三点。

1. 证据需要经过质证

质证是法庭审查活动的重要内容，也是当事人的重要诉讼权利。所谓质证是指在法庭审理过程中，由诉讼当事人借助各种证据方法，就法庭上所出示的证据材料采取询问、辨认、质疑、说明、辩驳等方式，以在证据的证明力等问题上对法官的内心确信产生影响的一种诉讼活动。

《最高人民法院关于行政诉讼证据若干问题的规定》第 40 条第 1 款规定，对书证、物证和视听资料进行质证时，当事人应当出示证据的原件或者原物。但有下列情况之一的除外：①出示原件或者原物确有困难并经法庭准许可以出示复制件或者复制品；②原件或者原物已不存在，可以出示证明复制件、复制品与原件、原物一致的其他证据。该《规定》第 39 条明确规定："当事人应当围绕证据的关联性、合法性和真实性，针对证据有无证明效力以及证明效力大小，进行质证。"

2. 非法证据排除规则

非法证据的排除规则指以违反法律禁止性规定和侵犯他人合法权益的方式获得的证据材料，不能作为认定案件事实的证据。非法证据排除实际上属于证据的合法性审查问题，根据上述规定，非法证据主要包括：严重违反法定程序收集的证据材料；以偷拍、偷录、窃听等手段获取侵害他人合法权益的证据材料；以利诱、欺诈、胁迫、暴力等不正当手段获取的证据材料。以非法手段获取的证据，虽然可能具有真实性和关联性，但侵犯了当事人的合法权益，其本身的价值不足以弥补非法手段损害的更为重要的法律利益，因此不应具有证据能力。

3. 对证据的客观性、合法性、真实性、关联性进行判断

证据的客观性，是指证据作为已发生的案件事实的客观遗留，是不以人的主观意志为转移的客观存在。证据的关联性，是指证据必须与需要证明的案件事实或其他争议事实具有一定的联系。换言之，一个证据必须有助于证明案件事实或其他争议事实。证据的合法性，是指提供证据的主体、证据的形式和证据的收集程序或提取方法必须符合法律的有关规定。

第四节　安全生产行政诉讼程序

一、诉讼前的复议前置

行政复议属于行政机关的内部监督，作出的复议决定属于行政行为，其本质是对原行政行为产生效力上的影响。改变原行政行为的，直接消除原行政行为的效力；维持原行政行为的，原行政行为得到复议机关的肯定，应视为对原行政行为效力的加强或确认。一般来说，行政争议的救济途径可以由当事人自由选择，但是为更好地解决行政争议，在特殊情形下先申请复议则效果更佳。

所谓复议前置是指相对人对法律、法规规定的特定具体行政行为不服，在寻求法律救济途径时，应当先选择向行政复议机关申请行政复议，而不能直接向人民法院提起行政诉讼；如果经过行政复议之后行政相对人对复议决定仍有不同意见的，才可以向人民法院提起行政诉讼。《行政诉讼法》将特殊情形的规定权限授予法律和法规，其中"法律"是指全国人大及其常委会制定的法律，"法规"包括国务院制定的行政法规以及地方人大及其常委会制定的地方性法规。规章不具有复议前置程序的设定权。

公民、法人或者其他组织不服复议决定的，可以在收到复议决定书之日起十五日内向人民法院提起诉讼。复议机关逾期不作决定的，申请人可以在复议期满之日起十五日内向

人民法院提起诉讼。法律另有规定的除外。行政复议决定作出前，申请人要求撤回行政复议申请的，经说明理由，可以撤回；撤回行政复议申请的，行政复议终止。

依据我国《安全生产法》《中华人民共和国煤炭法》等法律法规的规定，煤矿安全生产行政相对人因对煤矿安全生产行政执法人员及相关主体作出的行政行为不服而提起的行政诉讼并没有复议前置的规定。

二、起诉与受理、撤诉

（一）起诉

1. 起诉的法定条件

起诉是相对人行使诉权的重要方式，只有科学合理地设置起诉的条件与范围，才能更好地保障相对人诉权。十八届四中全会审议通过了《中共中央关于全面推进依法治国若干重大问题的决定》，其中明确规定："改革法院案件受理制度，变立案审查制为立案登记制，对人民法院依法应该受理的案件，做到有案必立、有诉必理，保障当事人诉权。"

依据《行政诉讼法》规定，相对人不服行政主体行政行为提起诉讼应当满足四个条件：①原告是符合本法第 25 条规定的公民、法人或者其他组织；②有明确的被告；③有具体的诉讼请求和事实根据；④属于人民法院受案范围和受诉人民法院管辖。

2. 起诉的期限

（1）一般的起诉期限。一般的起诉期限针对的是相对人对行政行为不服。为了更好地通过行政诉讼的方式解决行政争议，缓解当事人与行政主体之间的矛盾，我国行政诉讼法将相对人对行政行为不服的起诉期限设置为 6 个月。

☞ 法条链接

《行政诉讼法》第 46 条

公民、法人或者其他组织直接向人民法院提起诉讼的，应当自知道或者应当知道作出行政行为之日起六个月内提出。法律另有规定的除外。

因不动产提起诉讼的案件自行政行为作出之日起超过二十年，其他案件自行政行为作出之日起超过五年提起诉讼的，人民法院不予受理。

（2）特别的起诉期限。特别的起诉期限主要针对的是《行政诉讼法》中第 47 条"行政机关不履行法定职责的起诉期限"。该期限不受到一般期限（6 个月）的限制。

行政不作为是行政行为的一种普遍现象。行政不作为的表现形式多样，有拒不答复、不予答复、拖延答复、拒不作出处理等。行政不作为行为对相对人的利益也会产生直接影响并直接侵害公民的合法权益，会严重损害行政机关的公信力。

判断行政机关是否有行政不作为的标准，并非看其有无书面形式的行政决定，而是看其对申请是否进行了实际处分，即有无"保护合法权益"。在公民、法人或者其他组织申请行政机关履行保护其人身权、财产权等合法权益的法定职责，行政机关在接到申请之日起两个月内不履行的，公民、法人或者其他组织可以向人民法院提起诉讼。法律法规对行政机关履行职责的期限另有规定的，从其规定。

这一特殊的起诉条件的设置，目的是告知相对人：行政主体必要的履行法定职责时间，申请主体应当在设置的法定的期间后提起诉讼。同时又对相对人进行足够的“保护”。只要超过了必要的法定履行职责期限，申请人就可以提请司法审查，以追究行政不作为的法律责任或督促行政主体尽快履行法定职责。

3. 起诉权中的两个概念分析

（1）相对人的“知道或应当知道”。根据行政诉讼证据规则的规定，起诉人知道或应当知道作出行政行为的时间点是影响起诉和诉讼时效认定的重要节点。按照法律规定，这一节点由行政主体对此承担举证责任，有助于提高依法行政能力，促进行政行为的规范化，行政机关可通过行政程序中的告知制度来完成并制作笔录存档。

（2）行政行为的作出之日。行政行为的作出之日主要是以行政决定文书的送达之日或具体公布之日等为准。司法实践中，我们对行政行为作出的范围从广义上进行理解，不仅包括法律上已生效的行政行为，也包括事实上已成立而法律上未成立或未生效的行政行为，其主要表现为因程序瑕疵而导致不成立，如未听取申辩意见的行政处罚等。

（二）受理

1. 受理的时效及要求

依据《中共中央关于全面推进依法治国若干重大问题的决定》和《行政诉讼法》，行政诉讼案件的受理制度为立案登记制。通过对起诉材料的程序性审查，保障相对人诉权；法院不得以起诉材料不具有真实性等实体方面的理由不予立案登记。法院在接到符合法律要求的起诉状时，须在七日内作出进行立案受理或不予立案的裁定。

人民法院在接到起诉状时对符合法律规定的起诉条件的，应当登记立案。依据《最高人民法院关于执行〈中华人民共和国行政诉讼法〉若干问题的解释》中的第 32 条第 2 款，对于 7 日内不能决定是否受理的情形，应当先予受理。

对当场不能判定是否符合《行政诉讼法》规定的起诉条件的，应当接收起诉状，出具注明收到日期的书面凭证，并在七日内决定是否立案。不符合起诉条件的，作出不予立案的裁定，裁定书应当载明不予立案的理由。原告对裁定不服的，可以提起上诉。

起诉状内容欠缺或者有其他错误的，应当给予指导和释明，并一次性告知当事人需要补正的内容。不得未经指导和释明即以起诉不符合条件为由不接收起诉状。

2. 对规范性文件的受理

全面审查具体行政行为的合法性是行政诉讼所遵循的基本原则。地方或者部门的“实施细则”“办法”或者详细的规范性文件，均可作为执法顺畅的保障。在安全生产行政执法中，有大量的国家矿山安全监察局等制定的规范性文件能够发挥其支撑性作用，这类规范性文件的范围和数量较大，是各地方的煤矿执法部门愿意适用的对象。在煤矿安全依法行政的视角下，对规范性文件的审查是行政诉讼中保障相对人权益的重要方面。

1）规范性文件的范围

广义上的规范性文件的范围很广，既包括法定的立法效力文件，如宪法、法律、行政法规、地方性法规、自治条例、单行条例和规章，也包括不具有法定立法效力的文件。行政诉讼中审查的规范性文件的范围仅限于规章以下文件。

从清单的角度看，有两类文件不属于行政诉讼审查的规范性文件审查范围：一是以国务院为制作主体的规范性文件，二是规章。国务院规范性文件的制定和监督均有专门的规定和程序，而《中华人民共和国立法法》明确规定了对规章的改变或撤销权限，《行政诉讼法》中明确行政审判参照规章。

2）启动对规范性文件审查依据

（1）规范性文件是作出行政行为的依据。一个行政行为的作出，可能适用多部规范性文件，提请审查的规范性文件必须是被诉行政行为的直接依据，它可以是全部依据，即执行规范性文件的具体内容而作出被诉行政行为，也可以是部分依据，即对其作出具有实体或程序上的影响。

（2）依据不合法。根据《行政诉讼法》规定，行政审判以法律、行政法规、地方性法规、自治条例和单行条例为依据，参照规章。如规范性文件“不合法”，包括缺少上位法依据、内容与上位法冲突、形式不合法（如未公布）等情形，不合法的规范性文件往往会在实践中发挥实际作用。因此，司法审查中对个案的处理，目的是为规范行政行为的依据的适用，以避免更多的行政争议。

（3）规范性文件的一并请求。对于单独对规范性文件提起司法审查的，人民法院不予受理。另外，当法院在审查被诉行政行为时，认为所依据的规范性文件存在不合法问题时，若起诉人并没有提出请求，则不能主动进行审查并作出处理。但是，法院在审理案件中对行政行为进行全面审查必然会查看行政行为所做出的依据，在裁判文书论理部分也写明被诉行政行为应依据的法律规定，可以向有关部门提出司法建议，但不宜在裁判文书中对所适用的规范性文件的合法性及效力作出明确的结论性认定。

☞ 法条链接

《行政诉讼法》第53条

公民、法人或者其他组织认为行政行为所依据的国务院部门和地方人民政府及其部门制定的规范性文件不合法，在对行政行为提起诉讼时，可以一并请求对该规范性文件进行审查。

前款规定的规范性文件不含规章。

（三）撤诉

撤诉是行政诉讼原告对自身权利的一种处分。撤诉是在人民法院对案件宣告判决或者裁定前，原告撤回起诉的诉讼行为。

撤诉是一种终结诉讼的制度。原告申请撤诉有以下两类情形：一是原告可以在人民法院对行政案件宣告判决或者裁定前申请撤诉；二是被告在人民法院宣告判决或裁定前改变其所作的行政行为，原告同意并申请撤诉。对于原告申请撤诉是否准许，由人民法院裁定。随着司法改革的推进，法院加大了行政协调的力度，原告申请撤诉成为行政诉讼实践中较为常见的一种结案方式。

原告自愿向法院提出撤回起诉的申请，是原告自行处分自身诉讼权利，该申请不得损害国家、社会的利益以及他人的合法权益。根据《行政诉讼法》第62条人民法院对行政案件宣告判决或者裁定前，原告申请撤诉的或者被告改变其所作的行政行为，原告同意并申请撤诉的，是否准许，由人民法院裁定。

三、重复起诉和滥用诉权

（一）重复起诉

如果当事人重复起诉，人民法院将根据“一事不再理”原则，作出不予受理或者驳回起诉的裁定。

1. 行政诉讼重复起诉的四种情形

（1）原告起诉的被告不适格，经人民法院告知变更被告，原告不同意变更被裁定驳回起诉后，又以该主体作为被告。二次针对同一行政行为提起行政诉讼的，应当认定为重复起诉。

（2）与同一行政行为有法律上利害关系的多人中，已有一人或几人针对该行政行为提起行政诉讼，案件正在审理中或者人民法院已经作出实体判决，其他人又针对该行政行为提起行政诉讼的，应当认定为重复起诉。

（3）原告已申请撤回起诉，并经人民法院裁定准许撤回起诉后，无正当理由二次针对同一行政行为提起行政诉讼的，应当认定为重复起诉。

（4）当行政复议作为选择程序，特别法规定的提起行政诉讼的起诉期限短于申请复议的期限时，原告对某一行政行为的起诉因超过法定期限而被人民法院裁定驳回后，又向复议机关申请复议，复议机关作出维持原行政行为的复议决定，当事人不服，又针对原行政行为向法院提起行政诉讼的，应当认定为重复起诉。

2. 行政诉讼重复起诉的例外情形

（1）原告已申请撤回起诉，并经人民法院裁定准许撤回起诉后，有正当理由再次针对同一行政行为提起行政诉讼的，不应当认定为重复起诉。例如，被告在行政诉讼中承诺自行撤销被诉行政行为或者与原告达成协调意见解决涉案纠纷，但被告在原告撤诉后却不兑现承诺的，应当视为原告有正当理由再对原行政行为提起行政诉讼。

（2）人民法院因原告未按规定期限预交案件受理费，又不提出缓交、减交、免交申请，或者提出申请未获批准，而裁定按自动撤回起诉处理后，原告在法定期限内再次起诉，并依法解决诉讼费预交问题的，人民法院应予受理，而不应当认定为重复起诉。

（3）人民法院判决撤销原行政行为的同时，又责令被告重新作出行政行为的，如果被告以同一事实和理由重新作出与原行政行为基本相同的行政行为，原告又针对重新作出的行政行为提起行政诉讼的，不应当认定为重复起诉。

☞ 法条链接

《最高人民法院关于适用〈中华人民共和国行政诉讼法〉的解释》第106条

当事人就已经提起诉讼的事项在诉讼过程中或者裁判生效后再次起诉，同时具有下列情形的，构成重复起诉：（一）后诉与前诉的当事人相同；（二）后诉与前诉的诉讼标的相同；（三）后诉与前诉的诉讼请求相同，或者后诉的诉讼请求被前诉裁判所包含。

（二）滥用诉权

1. 对于滥用诉权的认定

对于原告是否属于滥用诉权，应当结合原告起诉是否具有明显诉的利益、起诉目的是否正当、起诉是否符合诉讼诚信原则、有无起诉必要等方面进行综合审查认定。

一是原告是否具有“明显诉的利益”。原告应提供其与申请的信息之间具有明显的利益关系的基本证明材料，但这种证明标准应当是较低的证明标准，具备基本的利益证明材料即可，以保障当事人的诉权的行使。

二是原告起诉目的是否正当，起诉有无必要。行政诉讼是保护公民、法人和其他组织合法权益的制度，如原告仅仅是将诉讼作为向政府及其相关部门施加压力、谋求私利的手段，此种起诉已经背离了对受到侵害的合法权益进行救济的诉讼本旨，这样的诉讼浪费了大量行政和司法资源，应当认定为滥用诉权。

2. 对于滥用诉权的司法处理方式

人民法院依法认定原告起诉属于滥用诉权，在个案处理方式上应当裁定“驳回原告起诉”，对其诉讼请求不作实体审理；对原告以后其他同类型和涉及相同事务的起诉应当进行严格审查，当然，这种审查仍然应当在合法合理的范围之内，保障合法诉权仍是基本的原则，坚决制止以滥用诉权的认定剥夺原告合法诉权的情形发生。

四、行政诉讼审理中的问题

（一）行政诉讼中被告应注意的四个问题

行政机关在行政诉讼中作为被告具有诸多的注意义务，认真履行诉讼中的义务对于维护诉讼秩序、维护行政机关权威具有重要意义。

1. 被告提出答辩状和证据的期限

被告应当在收到起诉状副本之日起十五日内向人民法院提交作出行政行为的证据及其所依据的规范性文件，并提出答辩状。

☞ 法条链接

《行政诉讼法》第67条

人民法院应当在立案之日起五日内，将起诉状副本发送被告。被告应当在收到起诉状副本之日起十五日内向人民法院提交作出行政行为的证据和所依据的规范性文件，并提出答辩状。人民法院应当在收到答辩状之日起五日内，将答辩状副本发送原告。

答辩状是被告对原告向人民法院提出的诉讼请求及其理由进行反驳的诉讼文书。被告不提出答辩状的，不影响人民法院审理。被告在规定的期限内进行答辩，既是一项诉讼权利，也是一项诉讼义务。

证据的提交和行为依据的规范性文件提交是被告需要作出的另一项重要义务。被告在提交答辩状时一并提交相应证据及其所依据的规范性文件。对被告明确要求提交材料的时间有利于提高审判效率。

若被告在规定期限内无正当理由不提交答辩状、作出行政行为证据及其所依据的规范性文件的，从侧面表明该行为支撑了原告的诉讼请求，也反映出被告对法院和司法权威藐视，由此被告应当在诉讼中承担不利的后果。应当由被告负举证责任的事项，被告逾期不出示或者无法提交，法院会推定为被告没有证据。

2. 行政机关（被告）不得在一审诉讼中提起反诉，但是可以提出上诉

在行政诉讼中，行政机关作为被告承担主要的举证责任和诉讼的各项义务。根据法律的规定，当事人不服人民法院第一审判决的，有权在判决书送达之日起十五日内向上一级人民法院提起上诉。当事人不服人民法院第一审裁定的，有权在裁定书送达之日起十日内向上一级人民法院提起上诉。逾期不提起上诉的，人民法院的第一审判决或者裁定发生法律效力。因此，行政机关作为被告，如果对一审法院作出的判决或者裁定不服的，可以依法在法定期限内向上一级人民法院提起上诉，维护自身的合法权益。

3. 行政机关不得藐视法庭

依据党的十八届四中全会通过的决定，“健全行政机关依法出庭应诉、支持法院受理行政案件、尊重并执行法院生效裁判的制度。完善惩戒妨碍司法机关依法行使职权、拒不执行生效裁判和决定、藐视法庭权威等违法犯罪行为的法律规定”。这一决定对行政机关在庭审过程中的各项行为规范起到重要的指引性作用。

执法人员在诉讼中要注意以下两个风险。

风险一：不出庭的对法庭的藐视。依据法律规定，原告经传唤无正当理由拒不到庭或者未经法庭许可中途退庭的，可以按照撤诉处理；被告无正当理由拒不到庭或者未经法庭许可中途退庭的，可以直接按缺席判决，不会影响诉讼的结果。法院针对被告的主要负责人或者直接责任人员，可以向监察机关或者被告的上一级行政机关提出给予其处分的司法建议。

风险二：负责人不应诉违法和扰乱法庭秩序可采取强制措施。《行政诉讼法》明确规定“被诉行政机关负责人应当出庭应诉。不能出庭的，应当委托、行政机关相应的工作人员出庭”的规定督促和强调行政机关负责人必须高度重视行政审判的完整。《行政诉讼法》第59条、第96条有关人民法院可对行政机关负责人妨害诉讼、干扰执行的情形采取罚款、拘留等措施。法院可以对行政机关的负责人和有关人员情况提出建议，由监察机

关、被告的上一级行政机关根据《中华人民共和国公务员法》或其他相关法律依职权作出相应的决定。

4. 对行政机关的缺席判决

行政诉讼中的缺席判决，是指在法院开庭审理的过程中，被告拒不到庭或者未经法庭许可中途离开，未有效参加诉讼的全部过程，法院在此种情况下经过审理所作出的判决。对于被告来说，其作为行政主体有义务提供相应的证据证明其行政行为的合法性，经过传票传唤不应诉，亦反映出其对该行政行为的合法性持无所谓甚至是否定的态度，由于被告自身还承担着对于自己行政行为合法性的证明责任，法院的缺席审判是对被告的警示。

针对被告的上述表现作出缺席判决，不仅具有程序意义，在一定程度上也是对被告实体意义上的一种制裁，其立法目的主要是为了避免因被告不到庭，使原告的正当诉讼请求无法实现。缺席判决与对席判决的效力完全相同。被告如对判决结果不服，可以向上一级人民法院提出上诉。

缺席判决的产生的诉讼风险：被告可能会因此丧失出示证据的权利、无法在庭审的质证、调查或者辩论环节对证据和案情提出论证，人民法院将缺席视为被告放弃相应的诉讼权利。

（二）庭审过程中的两个问题

1. 行政诉讼不停止执行

诉讼期间不停止行政行为的执行，是指原告针对行政行为提起诉讼之后，人民法院原则上要尊重行政行为的确定力、羁束力、执行力，不因当事人提起诉讼而从根本上否定行政目的的实现，行政机关可以继续实施行政行为，其他相关利害关系人也可以在行政行为有效的前提下从事相关的法律活动。

行政诉讼不停止执行原则是《行政诉讼法》所特有的一项原则，确立这一原则的初衷基于行政管理的特殊性。在行政执法过程中，若行政行为一经起诉就停止执行，将直接影响行政管理的效力，甚至危害国家利益和社会公共利益。

☞ **法条链接**

《行政诉讼法》第56条

诉讼期间，不停止行政行为的执行。但有下列情形之一的，裁定停止执行：

（一）被告认为需要停止执行的；

（二）原告或者利害关系人申请停止执行，人民法院认为该行政行为的执行会造成难以弥补的损失，并且停止执行不损害国家利益、社会公共利益的；

（三）人民法院认为该行政行为的执行会给国家利益、社会公共利益造成重大损害的；

（四）法律、法规规定停止执行的。

当事人对停止执行或者不停止执行的裁定不服的，可以申请复议一次。

诉讼不停止执行的适用有以下三种情况。第一种情况，被告认为需要停止执行的。这是尊重了行政机关在其专业领域的判断能力，给予行政机关认为需要停止执行，即可启动程序使被诉行政行为停止执行。只有当第三人或其他利害关系人要求不停止执行等情形时，可以根据行政管理需要向人民法院提出停止执行被诉行政行为的专门申请，人民法院作出裁定停止该行政行为的执行。待行政案件裁判作出后，对于未被裁判撤销或变更的行政行为，可以裁定恢复执行。第二种情况，原告或者利害关系人申请停止执行，人民法院认为该行政行为的执行会造成难以弥补的损失，并且停止执行不损害国家利益、社会公共利益的。在煤矿安全生产行政诉讼中，被告煤矿监管部门对相对人实施了行政处罚，该处罚可能会对利害关系人产生一定的法律效力。因此，利害关系人也是申请停止执行的主体，由此赋予利害关系人基于自身合法权益申请被诉行政行为停止执行的权利。第三种情况，人民法院认为该行政行为的执行将导致国家利益、社会公共利益受到重大损害的。这一条是明确了在没有任何主体提出停止执行的情况下，人民法院可以依照职权自行裁定停止执行相关行政行为。第四种情况，法律法规规定停止执行的。法律法规如有规定停止执行的，人民法院应当裁定停止被诉行政行为的执行，如《中华人民共和国治安管理处罚法》对行政拘留暂缓执行情形。原告或者利害关系人对人民法院作出的停止执行或者不停止执行的裁定不服，依照此规定，可以申请向作出裁定的人民法院申请复议一次。

2. 审判中的法律适用

审判中的法律适用是行政机关在提升行政执法规范方面的重要问题，在诉讼中将直接影响到行政机关行政执法行为的合法性判断。审判的法律适用主要包括对法律规范的依据和对规章的参照。

（1）“依据”包括以下两个方面：一是依据的“法律”，法律是指包括全国人民代表大会制定的基本法律以及全国人民代表大会常委会制定的一般法律；二是依据的“法规”，法规又包括行政法规、地方性法规、自治条例和单行条例。

（2）参照规章。规章是指国务院各部门以及省、自治区、直辖市人民政府和较大的市的人民政府和设区的市人民政府根据法律、法规制定的有关行政管理的规定、办法、规则等规范性文件的总称。规章可分为部门规章和地方规章。

法院对不同位阶的规范性文件采用不同的适用方式。《中华人民共和国立法法》第 98 条至第 102 条对法律、行政法规、地方性法规、自治条例和单行条例的效力等级作出了明确规定；第 110 条规定了最高人民法院等主体认为行政法规、地方性法规、自治条例和单行条例与宪法或法律相抵触的，可以向全国人大常委会书面提出进行审查的要求，其他一些主体可以向全国人大常委会书面提出进行审查的建议。人民法院在遇到规章冲突之时，可以按照法律适用规则，直接选择适用上位法作为依据处理行政争议，或者直接参照法院认为符合上位法的规章处理相关争议，同时给有关机关提出司法建议。

☞ 法条链接

《行政诉讼法》第 63 条

人民法院审理行政案件，以法律和行政法规、地方性法规为依据。地方性法规适用于本行政区域内发生的行政案件。

人民法院审理民族自治地方的行政案件，并以该民族自治地方的自治条例和单行条例为依据。

人民法院审理行政案件，参照规章。

（三）二审的方式和期限

对于行政行为的合法性审查，是贯穿于一审诉讼、二审诉讼程序等全部诉讼程序的，第二审人民法院只有对一审裁判和被诉行政行为合法性进行全面审查，才符合行政诉讼的立法宗旨。因此，二审法院审理行政案件，既要对原审法院的裁判是否合法进行审查，又要对被诉行政行为的合法性进行审查且不受上诉范围的限制。

另外，人民法院审理上诉案件，应当在收到上诉状之日起三个月内作出终审判决。有特殊情况需要延长的，由高级人民法院批准，高级人民法院审理上诉案件需要延长的，由最高人民法院批准。

依据《行政诉讼法》规定，人民法院审理上诉案件，按照下列情形，分别处理：①原判决、裁定认定事实清楚，适用法律、法规正确的，判决或者裁定驳回上诉，维持原判决、裁定；②原判决、裁定认定事实错误或者适用法律、法规错误的，依法改判、撤销或者变更；③原判决认定基本事实不清、证据不足的，发回原审人民法院重审，或者查清事实后改判；④原判决遗漏当事人或者违法缺席判决等严重违反法定程序的，裁定撤销原判决，发回原审人民法院重审。原审人民法院对发回重审的案件作出判决后，当事人提起上诉的，第二审人民法院不得再次发回重审。

人民法院审理上诉案件，需要改变原审判决的，应当同时对被诉行政行为作出判决。

案例分析

徐某不服郑州市二七区人民政府关闭煤矿行政决定一案

原告徐某不服被告郑州市二七区人民政府关闭煤矿行政决定一案，向郑州市中级人民法院提起行政诉讼。2014 年 12 月 17 日，河南省高级人民法院作出〔2015〕豫法行指字第 1 号行政裁定书，由郑州铁路运输中级法院管辖审结。原告徐某及其代理人、被告二七区政府副区长委托代理人谭某、第三人郑州煤炭工业（集团）有限责任公司（以下简称郑煤集团）委托代理人姜某，第三人李某的委托代理人，第三人徐某的委托代理人到庭参加诉讼。本案现已审理终结。

2011 年 5 月 31 日，二七区政府作出二七关决字〔2011〕第 01 号关闭煤矿决定：郑州煤炭工业（集团）晋荣煤业有限公司，在停工停产整顿期间，在不具备安全生产条件的情况下，擅自从事煤炭生产。上述违法行为事实清楚，证据确凿。依据《中华人民共和国安全生产法》和《国务院关于预防煤矿生产安全事故的特别规定》（现已废止）第 11 条第 3 款之规定，决定对郑州煤炭工业（集团）晋荣煤业有限公司位于郑州市二七区马寨镇梨园河村的晋荣煤矿予以关闭。如不服本决定，可在接到决定书之日起六十日内向郑州市人民政府申请行政复议，或者三个月内向人民法院起诉。

被告二七区政府向本院提交以下八组证据并对证据中的证明力和证明对象进行了说明。第一组证据：证明被告作出关闭郑州煤炭工业（集团）晋荣煤业有限责任公司的决定有职权依据。第二组证据：证明郑州煤炭工业（集团）晋荣煤业有限公司仅有采矿许可证，属于“六证”不全矿井，根本不具备生产条件。第三组证据：证明郑州煤炭工业（集团）晋荣煤业有限公司被责令停工停产整顿。第四组证据：证明郑州煤炭工业（集团）晋荣煤业有限公司被责令停工停产整顿期间擅自非法生产。第五组证据：证明郑州市二七区煤矿安全生产监督办公室对晋荣煤矿非法生产案经立案、调查、认为晋荣煤矿在责令停产整顿期间违法生产的事实清楚、证据确凿，经依法调查并集体讨论后，依据《安全生产法》及《国务院关于预防煤矿生产安全事故的特别规定》（现已废止）第11条的规定，提请二七区人民政府对晋荣煤矿予以关闭。第六组证据：证明被告作出关闭决定前依法履行了事先告知程序，告知了晋荣煤矿违法生产的事实、处罚依据以及要求听证的权利。第七组证据：证明被告依法举行听证，听证中充分听取原告的陈述和申辩，并依法出示了拟作出行政处罚的证据和法律依据，故听证程序合法。第八组证据：证明被告作出行政处罚决定书中，告知了相对人有关违法事实、适用的法律依据及不服处罚决定的相关法定程序及期限，且已依法向晋荣煤矿公司送达，并予以公告。

原告徐某诉称：1. 该决定书处罚定性错误。2. 该决定书缺乏事实证据和法律依据。3. 该决定书属于重复具体行政行为。请求撤销被告作出的二七关决字〔2011〕第01号关闭煤矿决定书；诉讼费用由被告承担。

原告徐某向本院提交以下二组的证据：第一组证据共有4份。第二组证据共6份证据。

第三人李某意见除与原告意见相同外，还认为被告二七区政府作为区级政府无权关闭省管煤矿。第三人李某向本院提交以下九组证据：第一组证据共计6份；第二组证据共计4份；第三组证据共计5份；第四组证据共计3份；第五组证据共计4份；第六组证据共计2份；第七组证据共计3份；第八组证据共计4份；第九组证据共计1份。

法院经双方举证质证、法庭辩论，分别提出质证意见后，被告提供的上述证据不能证明晋荣煤矿在停产停工整顿期间从事非法生产，不予采信，认定：被告二七区政府所作关闭煤矿决定事实不清，主要证据不足，适用法律错误。依据《中华人民共和国行政诉讼法》第70条第1项及第71条之规定，判决：一、撤销郑州市二七区人民政府作出的二七关决字〔2011〕第01号关闭煤矿决定；二、责令被告郑州市二七区人民政府重新作出行政行为。

（四）对案件庭审中的关于证据认证两个问题的分析

结合上述案例链接中的相关案情和判决结果，对证据认证中的两个要点进行分析。

1. 证据的关联性问题

被告提交的经过听证会质证的以下五个证据：①现场检查笔录及现场处罚决定书等，只能证明该煤矿存在越界行为，相关部门作出处罚，但是不能证明该煤矿违法生产，与安监部门做出的“关闭”煤矿行为没有关联性；②2009 年 7 月 31 日安全监察现场处理决定书，该证据证实的内容也不能证实该煤矿在停产停工整顿期间违法生产，与安监部门作出的“关闭”煤矿行为没有关联性；③2009 年 11 月 3 日安全监察现场处理决定书，该证据证实矿井东翼总回风巷传感器报警，不能证明该煤矿在停产停工整顿期间从事非法生产；④检测报告，该证据证实该煤矿 1202 工作面 2009 年下半年采出煤量 6800 吨，该产量远低于郑煤集团给该煤矿 7—8 月下达的任务，不能证明该煤矿在停产停工整顿期间从事非法生产；⑤照片及录像资料，该证据属于复印件，因为被告未提交原件，无法核实其真实性，且该照片不显示时间，不能证明该煤矿在停产停工整顿期间从事非法生产。

2. 证据的合法性问题

对被告提交的其他 54 份证据分析认证如下：该 54 份证据均系被告在作出关闭煤矿决定后所收集，该证据未经听证会质证，违反《行政处罚法》“行政机关在作出行政处罚决定之前，应当告知当事人作出行政处罚决定的事实、理由和证据，并告知当事人依法享有的权利”的规定，不能作为行政处罚行为合法的依据。最终，法院对这 54 份证据不予采信。

第五节 行政判决的处理方式

人民法院根据事实，依据法律法规或是参照规章，对具体行政行为的合法性作出实体裁判。以下将针对安全生产尤其是煤矿安全生产中的行政许可和行政处罚类案件的判决作出分析。

一、针对安全生产行政处罚和许可类行政争议的判决

涉及行政处罚和行政许可类的诉讼判决类型主要包括以下六类。

第一类：驳回原告诉讼请求判决

驳回诉讼请求的判决需要有三个要件。

（1）行政行为证据确凿，适用法律法规正确，符合法定程序；

（2）原告申请被告履行法定职责或者给付义务理由不成立的；

（3）其他应当作出驳回诉讼请求判决的情形有三种。一是被诉行政行为合法但存在合理性问题的。人民法院审理行政案件，只能对被诉行政行为是否合法进行审查，属于合理性范围问题的，人民法院无权裁判。对于合法但不合理的行为，可以判决驳回原告诉讼请求。判决后，被告可以自行作出纠正。二是被诉行政行为合法，但因法律、政策变化需要变更或者废止的。法院对这种情况可以作出驳回诉讼请求判决。三是其他应当判决驳回诉讼请求的情形。至于何种情形，事前很难预知，需要法院根据实际情况作出合理裁量。

此类判决的结果和效力：驳回诉讼请求判决作出后，行政机关根据行政管理的需要可

以对原行政行为依法进行变更。根据一事不再理的原则，如果原告仍以相同的理由和事实根据再次起诉的，人民法院不予受理。

☞ 法条链接

《行政诉讼法》第69条

行政行为证据确凿，适用法律、法规正确，符合法定程序的，或者原告申请被告履行法定职责或者给付义务理由不成立的，人民法院判决驳回原告的诉讼请求。

第二类：撤销判决

行政行为有下列情形之一的，人民法院判决撤销或者部分撤销，并可以判决被告重新作出行政行为：①主要证据不足的；②适用法律法规错误的；③违反法定程序的；④超越职权的；⑤滥用职权的；⑥明显不当的。

针对上述撤销判决的六种不同适用情形，行政机关分别可以做出判断和针对性对策，以提高行政执法的合法性判断。

（1）证据不足的认定和解决。证据是行政执法和人民法院判定的重要依据。行政行为基于此被撤销，也体现了诉讼对执法的反向推动作用。行政执法证据不仅要充分，而且要确实。法院在具体审查的过程中不能认为只要行政机关提供了证据材料就可以推定行政行为有了事实根据。若是出现法定的事实要件缺少必要的证据证明、证据无法证明属实或无法查证、证据结论不具有唯一性等，被告便具有很大的败诉风险。“主要证据不足”这一法定撤销条件的设定，要求被诉行政行为的每一个法定事实和相应的事实要件都有相应的证据证明。

案例链接

甘肃某有限公司与玉门市住房和城乡建设局行政处罚一审行政判决书

〔2019〕甘0921行初5号

针对本案例分析其撤销原因如下：

（1）违反法定程序。《行政处罚法》第44条规定：“行政机关在作出行政处罚决定之前，应当告知当事人拟作出的行政处罚内容及事实、理由、依据，并告知当事人依法享有的陈述、申辩、要求听证等权利。”本案被告在作出行政处罚决定前虽向原告送达了行政处罚事先告知书，但并未告知被处罚人依法享有的权利。本案被告于2018年9月7日虽向原告送达了行政处罚听证告知书，但未告知原告听证的相关事宜及权利，且于当日向原告送行政处罚决定书，剥夺了当事人依法享有的正当权利，程序违法。

（2）事实不清、主要证据不足：鉴定意见存在瑕疵，且鉴定程序不合法，被告仅依据玉门市公安局作出的鉴定意见认定原告提供虚假证明文件事实不清，证据不足。

（3）适用法律、法规错误：《行政处罚法》第36条的规定："违法行为在2年内未被发现的，不再给予行政处罚。法律另有规定的除外。"本案工程验收备案的时间是2015年9月，处罚决定书记载2018年9月4日发现违法行为，已超过两年期限，即便存在违法事实，在无法律另有规定的情形下，在无证据证明工程质量存在质量问题的情况下，不应再次给予处罚。

（2）适用的法律、法规应正确。对于行政机关来说，有两方面的要求：一是从形式上说，适用法律法规是指本应适用某个法律、法规，而非规范性文件；二是从实质上说，应适用有效的、生效的、对应的法律和法条而非任意选择的法条。执法机关要准确地把握法律的精神和实质。

（3）依据法定程序执法。法定行政程序是指由法律法规和规章及其他合法有效的规范性文件设定的行政程序，如《行政处罚法》规定的行政处罚程序等。对于法定行政程序，行政机关必须遵守，它是保障相对人合法权益、防范行政机关违法滥用行政权力的必要条件。

（4）严格依据法定职权。撤销判决中的"超越法定职权"包括职权僭越和逾越权限两种类型。职权僭越，是指行政机关在没有法律依据的情况下，行使了不属于本部门职权范围内的权力等情况。逾越权限，是指行政机关对某类事项虽有主管权，但超越了必要的限度等情况，如对相对人超过法定幅度予以处罚等。

行政机关作出的行政行为应在其权限范围以内，必须符合法律赋予这种职权的目的，不滥用职权。根据法律法规的目的、原则和精神来执行法律，而不是代之以个人意志武断专横地实施行政行为。尤其行政执法中有"行使自由裁量权"方面，当法律无具体详尽的规定、限制，或处于虽有规定但允许执行者裁量选择的场合时，行政机关要严格按照法定职权，行使权力的目的必须符合公共利益，符合法律赋予这种权力的特定目的及适当的因素。

（5）严格行使职权。行政主体作出具体行政行为虽然有自由裁量权，但是不可违反法律、法规。行政主体作出的具体行政行为不可超出法定的权限范围，并且该具体行政行为不可违反法律、法规的目的和原则且是合理的。不可仅基于管理者个人利益、亲属利益、本单位利益，假公济私、以权谋私的动机，作出不合理的具体行政行为；应把法律法规规定应当考虑的因素或者按照常理应当考虑的因素作为依据，任意作出合理的具体行政行为。

（6）执法中遵守合理性原则。行政行为应遵守合法性原则和行政合理性原则。若行政行为存在明显不当的情形如：对违法行为的处理显失公正的，同类违法行为程度、后果相似而处理决定明显不同；畸轻畸重；明显违背国家基本方针政策的；属于规范性文件规定，但违背了中央文件的基本要求或法律精神的及其他应当认定为明显不当的情形，将会面临被撤销的法律后果。

被法院依法撤销原行政行为后，被告依判决重作行政行为的也会受到法律限制，即人民法院判决被告重新作出行政行为的，被告不得以同一的事实和理由作出与原行政行为基本相同的行政行为。

第三类：履行判决

履行判决，是指人民法院经过对行政案件的审理，认定被告具有不履行法定职责的情形，从而作出责令被告在一定期限内履行法定职责的判决形式。

法院作出要求被告根据履行判决，可以有以下三种情形：①判决被告依法履行职责；②判决被告依法履行职责并且对履行职责的方式提出原则性要求；③明确履行的具体内容。法院对判决后行政机关将采取哪种形式履行，履行的程度如何，涉及司法权与行政权的分工、行政自由裁量权的问题。一般我们认为，司法机关的裁量是对法律事实及证据的判断和裁定，行政管理及裁量的部分交给行政机关在职权范围内进行。法院的角色还是应当定位在监督和裁判方面而非行政管理。

履行判决一旦作出，人民法院判决书中会明确指出被告应履行职责的内容和履行期限。强制履行判决一经生效，被诉行政机关必须依判决所确定的内容和期限履行职责。若该行政行为的履行并无意义，法院应当作出确认被诉行政行为违法的判决，公民、法人或者其他组织因被告不履行法定职责所造成的损失可请求被告赔偿。

第四类：确认违法判决

确认违法判决，指的是人民法院经审查后认为被诉行政行为违法但不适合作出撤销判决或履行判决，转而确认被诉行政行为违法的判决。确认违法判决是对被诉行政行为的一种否定性评价，是对撤销判决的修改和补充。

行政违法的行政行为根据该行为存在错误和违法程度的不同而表现各异。根据《行政诉讼法》规定，行政行为违反法定程序的，判决撤销；如果行政行为构成重大明显违法的，判决确认无效；如果行政行为程序轻微违法，对原告权利不产生实际影响，则可判决确认违法。

确认违法的判决主要针对的是：①行政事实行为，指的是行政机关作出的不创设新的行政法律关系但实际影响当事人利益的行为，如执行行为或者与执行职务有密切联系的行为；②被告已改变原违法行政行为，原告仍要求确认原行政行为违法的；③被告不履行或者拖延履行法定职责，判决履行没有意义的；④其他。例如，人民法院审理行政许可案件，被诉行政许可决定违反当时的法律规范，但符合当前的法律规范的，应当判决确认该决定违法。如果准予行政许可的决定不损害国家利益、社会公共利益和利害关系人合法权益，则判决驳回原告的诉讼请求。

☞ **法条链接**

《行政诉讼法》第 74 条

行政行为有下列情形之一的，人民法院判决确认违法，但不撤销行政行为：（一）行政行为依法应当撤销，但撤销会给国家利益、社会公共利益造成重大损害的；（二）行政行为程序轻微违法，但对原告权利不产生实际影响的。

行政行为有下列情形之一，不需要撤销或者判决履行的，人民法院判决确认违法：

（一）行政行为违法，但不具有可撤销内容的；（二）被告改变原违法行政行为，原告仍要求确认原行政行为违法的；（三）被告不履行或者拖延履行法定职责，判决履行没有意义的。

第五类：确认无效判决

确认无效判决，指的是人民法院经审查认为被诉行政行为属于无效情形而确认其无效的判决。行政行为的违法可以分为三类：轻微违法、一般违法和重大且明显违法。该行政行为无效的后果是行政行为自始不发生法律效力。

相对人针对无效行政行为的起诉，不受起诉期限的限制，而且也不受最长保护期限的限制。无效行政行为之所以无效，其根据在于存在重大且明显的违法情形，并不是因为法院作出的确认无效判决，即便法院不予作出，行政行为也是无效的。

☞ **法条链接**

《行政诉讼法》第75条

行政行为有实施主体不具有行政主体资格或者没有依据等重大且明显违法情形，原告申请确认行政行为无效的，人民法院判决确认无效。

第六类：变更判决

变更判决，指的是人民法院对被诉行政行为所确定的内容直接予以改变的判决。我国行政诉讼法上建立起了有限的司法变更规则。这里说的变更判决不仅包括行政争议还包括行政裁决行为，人民法院也可以作出变更判决。

变更判决适用于以下两种情形。一是行政处罚明显不当的。所谓明显不当，是指行政处罚虽然没有违反法律、法规的强行性规定，但是因其与法律的目的和精神相违背，损害了社会或他人的利益而表现出明显的不当。二是行政处罚以外的其他行政行为涉及对款额的确定或者认定确有错误的。

基于权力的不同属性和范围，若人民法院在审理中发现行政行为并不成立，不能以“变更”的名义直接作出行政行为，否则构成代替行政机关作出行政行为。人民法院判决变更，不得加重原告的义务或者减损原告的权益。但利害关系人同为原告，且诉讼请求相反的除外。原则上只能减轻不能加重（注意例外），不能对行政机关未给予处罚的人直接给予行政处罚。

二、针对几种特殊诉讼的判决

（一）给付判决

给付判决指的是具有公法上请求权的公民、法人或者其他组织对行政机关不履行给付义务的行为不服提起行政诉讼，人民法院判令行政机关依法承担给付义务的判决。

行政诉讼一般给付判决以保护行政相对人公法上的请求权为主要目的，该请求权的内容以财产或金钱的给付为主，并可扩宽到信息行为、对生存的照顾和基础设施的给付、因公法合同而提起的诉求等。

（二）经复议后复议决定与原行政行为一并裁判

依据《行政诉讼法》第26条和第79条规定，经复议的案件，复议机关决定维持原行政行为的，作出原行政行为的行政机关和复议机关是共同被告。复议机关与作出原行政行为的行政机关为共同被告的案件，人民法院应当对复议决定和原行政行为一并作出裁判。

（三）行政协议案件判决方式

行政协议案件的判决方式有两类：①被告不依法履行、未按照约定履行或者违法变更、解除《行政诉讼法》第12条第1款第11项规定的协议的，人民法院判决被告承担继续履行、采取补救措施或者赔偿损失等责任；②被告变更、解除政府特许经营协议、土地房屋征收补偿协议等协议合法，但未依法给予补偿的，人民法院判决给予补偿。

第六节　安全生产行政诉讼的执行

一、行政裁判的强制执行

（一）判决书的履行

判决书的履行是指各方当事人在受到法院判决时对当事人权利义务关系的约束。判决书的履行包括主动履行和申请执行。履行经过人民法院对当事人之间行政争议的审理，以判决书、裁定书及调解书的形式对当事人的权利义务关系予以确定，各方当事人均须受生效法律文书的约束。调解书是当事人必须履行的生效法律文书之一。

各方当事人（行政机关、行政相对人及第三人）必须履行法律文书中确定的义务，即使对法律文书有异议，也需先行履行，再通过法律程序申请再审。

履行生效法律文书是常态，强制执行生效法律文书是特殊情况下的应对。执行是实现法院生效裁判结果的重要方式和步骤，其所针对的主要是当事人不履行生效裁判这一情形。如果当事人主动履行法院的生效裁判，则无须启动执行程序。

（二）执行和管辖

《行政诉讼法》对于强制执行部分主要是从两个方面进行规定，即对生效裁判的强制执行和非诉强制执行。强制执行权包括司法强制执行权和行政强制执行权两类，司法强制执行权是基于维护生效裁判的权威性而由法律赋予人民法院的保障性权力。

一般地，执行生效裁判由一审法院承担，一审法院在行政争议的发生地，熟悉案件具体情况，而且当事人住所、财产等大多也在一审法院所在地，一旦当事人提出强制执行申请，一审法院可以及时履行职责，尽早地将生效裁判予以执行。

申请强制执行主体均为行政案件的诉讼参加人，享有法定的诉讼权利，法院的生效裁判对诉讼参加人均有羁束力。行政机关不履行生效裁判，公民、法人或其他组织也可向人民法院提出申请，根据相关司法解释规定执行。行政机关申请法院强制执行的期限是180日；第三人若是公民的，申请法院强制执行的期限是1年；若是法人或其他组织的为180日。

☞ **法条链接**

《行政诉讼法》第95条

公民、法人或者其他组织拒绝履行判决、裁定、调解书的，行政机关或者第三人可以向第一审人民法院申请强制执行，或者由行政机关依法强制执行。

（三）行政机关不履行的法律后果

行政机关拒绝履行生效裁判时，法院是可以对其采取强制措施的。依据法律规定，行政机关在判决生效后拒绝履行判决、裁定、调解书的，第一审人民法院通过采取措施实现对判决的履行。具体措施包括：①对应当归还的罚款或者应当给付的款额，通知银行从该行政机关的账户内划拨；②在规定期限内不履行的，从期满之日起，对该行政机关负责人按日处五十元至一百元的罚款；③将行政机关拒绝履行的情况予以公告；④向监察机关或者该行政机关的上一级行政机关提出司法建议。接受司法建议的机关，根据有关规定进行处理，并将处理情况告知人民法院；⑤拒不履行判决、裁定、调解书，社会影响恶劣的，可以对该行政机关直接负责的主管人员和其他直接责任人员予以拘留；情节严重，构成犯罪的，依法追究刑事责任。

二、非诉案件的强制执行

依据《行政诉讼法》规定，公民、法人或者其他组织对行政行为在法定期限内不提起诉讼又不履行的，行政机关可以申请人民法院强制执行或者依法强制执行。非诉强制执行是在出现特定情况下所采用的执行方式，其强制执行的内容是行政机关作出的行政行为，其目的是通过行政行为的实施，满足维护公共管理秩序的需要。不论是行政机关申请人民法院强制执行行政行为或是行政机关依法定职权强制执行行政行为，均须遵循严格的法定程序。

通过司法的执行审查或充分保障当事人救济权利的期限利益，以最大限度地防止行政强制权的滥用。

非诉执行行政行为须经过人民法院审查作出准许或不准许执行的裁定。行政机关在申请法院强制执行前，需明确以下内容。

（1）申请主体：根据《中华人民共和国行政强制法》第53条规定，当事人在法定期限内不申请行政复议或者提起行政诉讼，又不履行行政决定的，没有行政强制执行权的行政机关可以自期限届满之日起三个月内，申请人民法院强制执行。

（2）申请期限：行政机关申请人民法院强制执行其具体行政行为，应当自被执行人的法定起诉期限届满之日起180日内提出。逾期申请的，除有正当理由外，人民法院不予受理。

（3）裁定管辖：行政机关申请人民法院强制执行其具体行政行为，由申请人所在地的基层人民法院受理；执行对象为不动产的，由不动产所在地的基层人民法院受理。若基层人民法院认为执行确有困难的，可以报请上级人民法院执行；上级人民法院可以决定由其执行，也可以决定由下级人民法院执行。

行政机关向人民法院申请强制执行，应当提供下列材料：①强制执行申请书；②行政决定书及作出决定的事实、理由和依据；③当事人的意见及行政机关催告情况；④申请强制执行标的情况；⑤法律、行政法规规定的其他材料。强制执行申请书应当由行政机关负责人签名，加盖行政机关的印章，并注明日期。

人民法院接到行政机关强制执行的申请，应当在五日内受理。人民法院对行政机关强制执行的申请进行书面审查，对符合规定且行政决定具备法定执行效力的，除法律规定的情形外，人民法院应当自受理之日起七日内作出执行裁定。行政机关对人民法院不予受理的裁定有异议的，可以在十五日内向上一级人民法院申请复议，上一级人民法院应当自收到复议申请之日起十五日内作出是否受理的裁定。因情况紧急，为保障公共安全，行政机关可以申请人民法院立即执行。经人民法院院长批准，人民法院应当自作出执行裁定之日起五日内执行。

案例链接

（一）行政处罚不履行的强制执行

曲靖××煤矿自2018年8月16日至2018年9月14日期间存在：①煤矿属高瓦斯矿井，安全监测监控系统运行不正常；②煤矿拒不消除事故隐患；③煤矿提供虚假资料；④2018年9月14日夜班，煤矿入井检修的熊某等15人未携带人员定位标识卡等违法事实。

根据《中华人民共和国安全生产法》、原《国务院关于预防煤矿生产安全事故的特别规定》、原《煤矿安全监察条例》及《安全生产违法行为行政处罚办法》的相关规定，云南煤矿安全监察局曲靖监察分局于2018年9月18日对曲靖××煤矿作出责令停产整顿，给予警告，并处140万元罚款的行政处罚决定。处罚决定书于2018年9月18日送达。

曲靖市××煤矿在法定期限内未申请行政复议或提起行政诉讼，仅交纳了罚款24万元，对剩余罚款116万元一直未履行。曲靖监察分局先后于2019年4月26日、2019年5月18日向被申请执行人送达了行政决定履行催告书，要求其履行缴纳罚款的义务，但该煤矿仍未履行缴费义务。曲靖监察分局于2019年6月10日向法院申请强制执行滇煤安监曲罚〔2018〕2354号行政处罚决定书，并提交了行政处罚决定书、行政送达回证、履行行政决定催告书及作出行政处罚的相关证据。

分析：申请执行人曲靖监察分局是法律授权行使行政管理职权的行政机关，其在行使行政管理职权的过程中，查明被申请执行人曲靖市××煤矿的违法行为，并依据原《国务院关于预防煤矿生产安全事故的特别规定》第10条第1款，《中华人民共和国安全生产法》第99条，原《煤矿安全监察条例》第45条，《安全生产违法行为行政处罚办法》第45条第1项之规定于2018年9月18日对被申请执行人曲靖市××煤矿作出责令停产整顿，给予警告，并处140万元罚款的行政处罚决定，认定事实清楚、证据充分，适用法律正确、行政程序合法。

依照《中华人民共和国行政诉讼法》第97条和《最高人民法院关于适用〈中华人民共和国行政诉讼法〉的解释》第160条之规定，法院应当给予支持，并准予执行。

（二）未按照法定程序执法，不予执行

四川煤矿安全监察局川东监察分局在对广安市A矿业有限公司进行现场检查时，发现主斜井+200 m水平处跑车防护装置处于开启状态，操作人员胡某未按照《煤矿安全生产规程》进行操作。四川煤矿安全监察局川东监察分局依据相关法律对胡某的违法行为作出罚款2000元的行政处罚，并由此向人民法院申请强制执行。

根据煤矿安全生产的要求，倾斜井巷内使用串车提升物料时所安设的跑车防护装置、阻车器、挡车栏必须处于常闭状态。胡某的操作行为违反《煤矿安全生产规程》第387条第2款的规定。依据《安全生产违法行为行政处罚办法》第45条第1项的规定属于应当受行政处罚的行为。

四川煤矿安全监察局川东监察分局在本案中的行政执法主体合法，依据的法律法规正确。但是，该《行政处罚决定书》未依法向其送达。因申请执行人的行为明显违法并损害胡某的合法权益，法院一审裁定不准予执行四川煤矿安全监察局川东监察分局于2018年9月26日作出的川煤安监川东罚〔2018〕(3270-6)号行政处罚决定书。

第七节　安全生产行政公益诉讼

一、安全生产行政公益诉讼的概念与功能

（一）概念

行政公益诉讼是指检察院认为行政主体行使职权的行为违法，侵害了公共利益或有侵害的可能时，为维护公共利益，向行政机关提出检察建议，督促其依法履行职责。行政机关不依法履行职责的，人民检察院依法向人民法院提起诉讼的制度。

《行政诉讼法》第25条第4款规定，人民检察院在履行职责中发现生态环境和资源保护、食品药品安全、国有财产保护、国有土地使用权出让等领域负有监督管理职责的行政机关违法行使职权或者不作为，致使国家利益或者社会公共利益受到侵害的，应当向行政机关提出检察建议，督促其依法履行职责。行政机关不依法履行职责的，人民检察院依法向人民法院提起诉讼。这标志着行政公益诉讼制度在我国的初步建立。

（二）功能

安全生产监管具有专业性强、信息封闭等特点，涉及多个部门，很多事故暴露出相关

监管部门职能交叉、未依法充分履职、相互之间配合不充分等问题。引入公益诉讼制度，检察机关通过发出协商建议、诉前检察建议、警示函或提示函等方式，督促行政机关依法全面履职，加强对企业的监管。安全生产行政公益诉讼关注的领域不是已经发生的安全事故和实然侵害，而是防范重大风险，其制度价值在于防未病、治未病。在司法实践中灵活运用磋商程序，优先通过行政公益诉讼督促行政机关履职整改，消除和防范重大安全隐患和侵害危险。

另外，检察机关作为法律监督机关和司法机关，在刑事诉讼案件中居主导地位，对安全生产领域的违法行为可以行使刑事司法职能有效打击犯罪，对于造成社会公共利益损害的，还可以通过民事公益诉讼职能，诉请消除隐患或赔偿受害者损失。这些都可以警示和教育广大企业依法履行安全生产主体责任。

二、安全生产公益诉讼的依据及意义

2016 年出台的《中共中央　国务院关于推进安全生产领域改革发展的意见》明确提出，研究建立安全生产民事和行政公益诉讼制度。《2020 年推动长江经济带发展工作要点》明确探索开展危险化学品、尾矿库、交通运输等安全生产领域的公益诉讼检察工作。《安全生产行政执法与刑事司法衔接工作办法》第 30 条规定，人民检察院、人民法院发现有关生产经营单位在安全生产保障方面存在问题或者有关部门在履行安全生产监督管理职责方面存在违法、不当情形的，可以发出检察建议、司法建议。

《法治政府建设实施纲要（2015—2020 年）》对于行政机关接受检察机关法律监督提出了明确要求。在反贪、反渎的转隶对检察机关行使法律监督权带来明显影响的情况下，行政公益诉讼制度使得检察机关可以针对行政机关违法行使职权或不作为引起的危害公共利益的案件发出检察建议和提起公益诉讼，其法律监督职能由此获得延伸，过去司法监督中审判权制约行政权的局面发展为审判权、检察权共同制约行政权。2019 年 5 月中办、国办印发的《法治政府建设与责任落实督察工作规定》中专章对法治政府建设责任追究作出了规定。而行政公益诉讼制度的确立有效地填补了原有追责机制所存在的空白地带，有助于提升行政机关主要负责人对法治政府建设的重视程度。我国行政机关实行首长负责制，行政机关主要负责人的法治理念、法治水平及其对法治政府建设的重视程度直接影响着法治政府建设的实效。

党的十九届四中全会明确要求“拓展公益诉讼案件范围”。最高检作为牵头部门，已与最高法院、应急管理部等责任单位将“探索开展安全生产公益诉讼试点”“推动安全生产法修改时增设公益诉讼条款”作为落实十九届四中全会公益诉讼相关改革任务的重要举措。

2021 年 9 月，最高人民检察院发布第 29 批指导性案例，突出强化公益诉讼实践的引领作用。依据 2021 年 9 月的《安全生产法》规定，授权检察机关对安全生产违法行为提起公益诉讼，这是安全生产立法上的首次。2022 年 1—10 月，全国检察机关共立案办理安全生产领域公益诉讼案件 20356 件，其中行政公益诉讼案件 19997 件，民事公益诉讼案件 359 件，发出诉前检察建议 14878 件，提起行政公益诉讼 32 件。2022 年发布的典型案例共 11 个，涉及燃气、危险化学品、工业生产、道路交通、重点文物保护等多个领域的安全生产风险隐患，监督主体涉及违法经营的企业和个人以及应急、住建、文旅、城管、公安、交通等多个行政监管部门，从强化法律监督、完善安全监管体系、维护人民群众生命财产安全的高度，防范重大安全风险，守住安全底线，为促进更高水平的平安中国建设作出积极贡献。

案例链接

黑龙江省检察机关督促整治小煤矿安全隐患行政公益诉讼系列案

2018年6月27日—9月27日，根据最高人民检察院（以下简称最高检）指示和黑龙江省委、省政府要求，黑龙江省人民检察院（以下简称黑龙江省院）以维护安全生产、生态安全为切入点，以公益保护为着力点，在四煤城组织开展小煤矿关闭整治公益保护法律监督工作。

黑龙江省院针对煤炭领域专业性强的特点，组织4个专班干警集中培训，聘请10名煤炭行业专业人员异地交叉调配，提供专业咨询保障；配备无人机、GPS定位器、激光测距仪等装备，夯实技术保障；3次向省委书记、省长汇报阶段性工作，争取党委政府支持；10次下发书面指导意见，并深入专班驻地，指导推进调查取证工作。各专班聚焦“公益损害恢复、监管违法追责、犯罪行为打击”三个层面，构建全方位、立体化、系统性的公益保护法律监督模式，采取实地调查、现场勘查、谈话询问、无人机航拍、卫星林相图比对、GPS定位测量、激光测距等方法，逐矿进行调查取证，审查文书资料25000多份，形成卷宗652册。

通过前期调查和线索研判，黑龙江省检察机关将其中具有典型性的6件案件线索以行政公益诉讼立案，督促有关行政机关依法履职。2018年12月21日，黑龙江省院组织鸡西、双鸭山、七台河、鹤岗四个市级检察院和鸡西市恒山区、双鸭山市集贤县两个基层检察院，在同一时间、按照同一程序，以现场直播的形式，在36名人大代表、政协委员、人民监督员的现场见证和全省三级检察机关的视频观摩下，分别对鸡西市鸡东县林业局、双鸭山市自然资源局、七台河市生态环境局、鹤岗市环境保护局、鸡西市恒山区环境保护局、双鸭山市集贤县生态环境局公开宣告送达检察建议，要求相关行政机关在各自监管领域内依法履职，推动修复受损公益。

收到检察建议后，行政机关高度重视、积极履职，迅速组织整改落实。鸡东县林业局成立专项工作领导小组推动整改，责令相关煤矿停止违法侵占林地行为，限期完成植树造林、恢复植被工作，相关煤矿涉嫌犯罪的，已依法移交公安机关。双鸭山市自然资源局确认相关煤矿非法占地3834平方米，其中基本农田2457平方米，并下达《行政处罚决定书》，堆放木材使用的农用地现已恢复原貌。七台河市生态环境局两次召开专题会议研究落实整改，责令直接关闭煤矿62家，限期关闭7家，引导退出5家，其余通过资源整合、扩建方式达到生产标准的煤矿予以保留。鹤岗市环保局两次组织全市地方煤矿相关责任人召开推进会并跟踪督办，对停产淘汰整合后保留的8家煤矿重新进行环评审批和验收，8家煤矿现均已取得环境影响评价手续并完成了地面广场硬化等工作。鸡西市恒山区环境保护局已责令6家煤矿关闭停产，并要求3家保留煤矿采取措施确保水质符合排放标准。集贤县生态环境局根据相关煤矿的不同情形，分别进行行政处罚、采取处理措施、完成清理整改。目前相关问题已全部整改到位。

黑龙江省检察机关立足公益诉讼检察职能，以开展小煤矿关闭整治公益保护专项监督为抓手，以维护安全生产、生态安全为切入点，依法履职，主动作为，三级检察机关同步公开宣告送达诉前检察建议，有力督促行政机关依法履职。探索形成公益损害恢复、监管违法追责、犯罪行为打击“三位一体”的公益检察模式，体现了立体监督、接续监督、刚性监督的力度，以优质的检察产品为服务当地经济社会高质量发展保驾护航。

我国检察机关自2017年7月正式确立公益诉讼检察制度以来，积累了丰富的实践经验，特别是在安全生产等领域先行先试办理了很多典型案件。2020年12月，最高检和国铁集团联合发布了十起铁路安全生产领域公益诉讼典型案例，助力解决了一批多年未能解决的铁路沿线安全隐患。同时，检察机关针对危险化学品、易燃易爆物品、矿山和尾矿库治理、违法建设、违法施工等安全生产公益保护问题进行公开，具体包括：陕西省略阳县人民检察院督促整治尾矿库安全隐患行政公益诉讼案、安徽省蚌埠市禹会区人民检察院诉安徽省裕翔矿业商贸有限责任公司违规采矿民事公益诉讼案、浙江省衢州市衢江区人民检察院督促整治自备储油加油设施安全隐患行政公益诉讼案、黑龙江省七台河市检察机关督促整治燃气安全隐患行政公益诉讼系列案、江苏省泰州市人民检察院督促整治违法建设安全隐患行政公益诉讼案、浙江省海宁市人民检察院督促整治加油站扫码支付安全隐患行政公益诉讼案、山西省晋中市榆次区人民检察院督促整治违法施工安全隐患行政公益诉讼案、江西省贵溪市人民检察院督促整治危险化学品安全隐患行政公益诉讼案、黑龙江省检察机关督促整治小煤矿安全隐患行政公益诉讼系列案。

思考题

1. 行政诉讼的判决对依法行政有何意义？

2. 在矿山安全生产领域公益诉讼中，检察院将继续主动作为、持续发力，合力打好安全生产攻坚战。对此，你有什么看法？

3. 煤炭工业是我国经济发展的重点产业之一，在国家能源方面占有重要地位，同时为国家经济的长远发展注入了强劲的推动力。近年来，虽然我国在矿山企业安全生产方面取得了良好的成绩，矿山事故死亡率进一步降低，但煤矿工人职业病报告数量仍然较多。目前，我国对于煤矿工人职业病保障的系统性研究较少，应如何加强对煤矿工人职业病的劳动法律保障？

附录一 文 书 索 引

一、煤矿安全生产行政许可诉讼文书选编

序号	年份	案例名称和案号	案由	诉 讼 请 求	是否复议	判决/裁定结果
1	2020	李某荣、湖南省自然资源厅资源行政管理：其他（资源）再审审查与审判监督行政裁定书 案号：（2019）湘行申 1276 号	行政许可	再审诉讼请求： 请求立案再审，撤销湖南省长沙市中级人民法院（2019）湘行终 1856 号行政裁定。	否	再审裁定结果： 驳回李某荣的再审申请。
2	2019	海南省自然资源和规划厅与海南省长昌煤矿行政许可一案、二审行政判决书 案号：（2019）琼行终 700 号	行政许可	一审诉讼请求： 1. 撤销省自规厅作出的 21 号《通知》。 2. 撤销省政府作出的 274《决定》。 3. 责令省自规厅依法为长昌煤矿办理采矿权延续许可证。 二审诉讼请求： 1. 撤销一审判决。 2. 驳回长昌煤矿的起诉或驳回其全部诉讼请求。	经过复议	一审判决结果： 1. 撤销省自规厅作出的 21 号《通知》。 2. 撤销省政府作出的 274 号《决定》。 3. 驳回长昌煤矿的其他诉讼请求。案件受理费 50 元，由省自规厅负担。 二审判决结果： 1. 撤销海南省海口市中级人民法院（2019）琼 01 行初 391 号行政判决。 2. 驳回被上诉人海南省长昌煤矿的全部诉讼请求。 3. 一、二审案件受理费共计 100 元，由被上诉人海南省长昌煤矿负担。 本判决为终审判决。
3	2019	宽甸满族自治县自然资源局、于某范资源行政管理：地质矿产行政管理（地矿）二审行政判决书 案号：（2019）辽 06 行终 45 号	行政许可	一审诉讼请求： 1. 确认被告宽甸满族自治县自然资源局吊销灌水镇大边沟村正旺煤矿采矿许可证行政行为违法。 2. 赔偿原大边沟村正旺煤矿投资采矿人于某范损失 40 万元。 二审诉讼请求：撤销一审判决，驳回被上诉人的诉讼请求，一、二审诉讼费由被上诉人承担。	否	一审判决结果： 1. 被告宽甸满族自治县自然资源局在本判决生效之日起两个月内给付原告于某范赔偿 40 万元。 2. 驳回原告于某范其他诉讼请求。 二审判决结果：驳回上诉，维持原判。二审案件受理费 50 元，由上诉人宽甸满族自治县自然资源局负担。 本判决为终审判决。（胜诉）

（续）

序号	年份	案例名称和案号	案由	诉讼请求	是否复议	判决/裁定结果
4	2019	恩施州利川市水井湾煤矿有限责任公司与恩施土家族苗族自治州自然资源和规划局资源行政管理：其他（资源）行政赔偿判决书 案号：（2019）鄂2801行赔初1号	行政许可	一审诉讼请求： 请求法院判决被告赔偿因行政违法行为给原告造成的经济损失共计2531.53万元（采矿许可证续期被拒）。	经过复议	一审判决结果： 驳回原告恩施州利川市水井湾煤矿有限责任公司要求被告恩施土家族苗族自治州自然资源和规划局赔偿因行政违法行为造成原告经济损失共计2531.53万元的赔偿请求。 如不服本判决，可在判决书送达之日起十五日内向本院递交上诉状，并按对方当事人的人数提出副本，上诉于恩施土家族苗族自治州中级人民法院。
5	2019	湘潭广嘉煤业有限公司、资江平乡政府二审行政判决书 案号：（2019）湘行终1734号 （强制关闭煤矿）	行政许可	一审判决请求： 1. 请求二审法院维持一审判决第一项，撤销一审判决第三项、第四项。 2. 依法改判在一审判决第二项的基础上增加补（赔）偿金额，由三被上诉人补（赔）偿上诉人231082009.52元（其中财务成本暂计至2015年11月30日，之后另行计算至实际支付之日）。 3. 依法审查并确认《湘潭市煤矿关闭退出方案》（潭政〔2014〕80号）、《湘潭市人民政府办公室关于加快推进煤矿关闭推出的实施意见》（潭政办发〔2014〕60号）、《关于全力做好全市落后小煤矿关闭退出工作的会议纪要》（潭府阅〔2015〕1号）、《关于坚决打好落后小煤矿关闭退出攻坚战的会议纪要》（潭府阅〔2015〕26号）、《关于坚决打好全市煤矿关闭退出攻坚战的会议纪要》（潭府阅〔2015〕68号）违法。 4. 判令三被上诉人承担一、二审全部诉讼费用。	否	一审判决结果： 1. 维持衡阳市中级人民法院（2017）湘04行初126号行政判决第一项、第四项。 2. 撤销衡阳市中级人民法院（2017）湘04行初126号行政判决第二项、第三项。 3. 驳回湘潭广嘉煤业有限公司对湘潭县云湖桥镇人民政府的起诉，资江平对湘潭市人民政府、湘潭县人民政府、湘潭县云湖桥镇人民政府的起诉。 4. 本案行政赔偿部分发回衡阳市中级人民法院重审。 二审案件受理费50元，由湘潭广嘉煤业有限公司、湘潭县人民政府各负担25元。 本判决第一项、第三项为终审判决。
6	2019	原告通化深鑫煤炭股份有限公司诉被告通化市二道江区人民政府不服行政决定书一审判决书 案号：（2019）吉05行初10号 （采矿许可证到期，关闭矿井）	行政其他	一审诉讼请求： 1. 依法撤销被告作出的“通二区政发〔2018〕17号”《二道江区人民政府关于关闭通化深鑫煤炭股份有限公司二井的决定》（以下称关闭决定）。 2. 诉讼费由被告承担。	经过行政复议	一审判决结果： 1. 驳回原告通化深鑫煤炭股份有限公司的诉讼请求。 2. 案件受理费50元由原告负担。 3. 如不服本判决，可以在判决书送达之日起十五日内向本院递交上诉状，并按对方当事人的人数提出副本，上诉于吉林省高级人民法院。

（续）

序号	年份	案例名称和案号	案由	诉讼请求	是否复议	判决/裁定结果
7	2019	冯某权、白某凯与陕西省国土资源厅、第三人神木市孙家岔镇人民政府、神木县孙家岔镇瓷窑塔矿业有限责任公司、张某华、刘某治地矿行政许可纠纷申请再审行政裁定书案号：（2018）陕行申 343 号	行政许可	一审诉讼请求： 1. 依法确认被申请人 2000 年 10 月 13 日对记载“负责人：冯某权”的陕神延采证字〔1990〕第 162 号采矿许可证的换证程序违法。 2. 赔偿申请人全部经济损失。	否	一审判决结果： 驳回冯某权、白某凯的再审申请。
8	2019	桂阳县顺安达煤业有限公司、湖南省自然资源厅资源行政管理：地质矿产行政管理（地矿）二审行政判决书 案号：（2019）湘01 行终 1088 号	行政许可	二审诉讼请求： 1. 撤销一审判决。 2. 改判认定被上诉人未为上诉人办理采矿许可证延续登记的行为违法。 3. 改判被上诉人赔偿上诉人损失 123786880 元。	否	一审判决结果：判决驳回桂阳县顺安达煤业有限公司的全部诉讼请求。 二审判决结果： 1. 撤销长沙铁路运输法院（2019）湘 8601 行初 338 号行政判决。 2. 确认湖南省自然资源厅对桂阳县顺安达煤业有限公司提出的采矿权延续登记申请未作出是否准予登记决定的行为违法。 本案一、二审诉讼费各 50 元，共 100 元，由被上诉人湖南省自然资源厅负担。 本判决为终审判决。（胜诉）
9	2019	宁夏中卫市金利工程运输有限公司与自然资源部二审行政判决书 案号：（2018）京行终 4935 号	行政许可	二审诉讼请求： 1. 一审判决认定事实不清，适用法律错误，超越职权。 2. 请求撤销一审判决，撤销被诉不予许可决定。	经过复议	二审判决结果： 1. 撤销北京市第一中级人民法院（2018）京 01 行初 60 号行政判决。 2. 撤销原国土资源部于二〇一七年十二月十八日作出的《不予行政许可决定书（编号：100000220120080484）》。 一、二审案件受理费人民币各 50 元，由被上诉人中华人民共和国自然资源部负担（自收到本判决之日起七日内交纳）。 本判决为终审判决。（胜诉）

（续）

序号	年份	案例名称和案号	案由	诉 讼 请 求	是否复议	判决/裁定结果
10	2018	达州市宣汉县桃园煤矿与四川省自然资源厅行政许可一案再审行政裁定书 案号：（2018）最高法行申4564号	行政许可	一审诉讼请求： 请求确认原四川省国土资源厅作出的川采证销通字〔2014〕111号《注销采矿许可证通知》违法。 再审诉讼请求：请求依法撤销一审行政判决和二审行政裁定，依法提审或指令四川省成都市中级人民法院继续审理本案。	否	一审判决结果：驳回桃园煤矿的诉讼请求。 二审判决结果： 1. 撤销四川省成都市中级人民法院（2014）成行初字第276号行政判决。 2. 驳回桃园煤矿的起诉。 再审判决结果：驳回达州市宣汉县桃园煤矿的再审申请。
11	2018	冯某权等与陕西省国土资源厅、神木市孙家岔镇等因地矿行政许可一案二审行政裁定书 案号：（2018）陕08行终38号	行政许可	一审诉讼请求： 1. 依法确认被上诉人采矿许可证的换证程序违法。 2. 由被上诉人赔偿上诉人全部经济损失。 3. 本案的诉讼费用由被上诉人承担。	否	一审裁定结果：驳回原告冯某权、白某凯的起诉。案件受理费50元，退还原告冯某权、白某凯。 二审裁定结果： 驳回上诉，维持原裁定。 本裁定为终审裁定。
12	2018	黔南州荔波县兴茂煤矿、贵州省国土资源厅资源行政管理：地质矿产行政管理（地矿）二审行政判决书 案号：2018黔01行终509号	行政许可	一审诉讼请求： 1. 判令被告贵州省国土资源厅为原告煤矿采矿权证办理延期并允许继续生产。 2. 诉讼费用由被告承担。 被告二审诉讼请求：撤销原判，依法改判。	否	一审判决结果：驳回原告黔南州荔波县兴茂煤矿的诉讼请求。案件受理费50元，由原告黔南州荔波县兴茂煤矿负担。 二审判决结果：驳回上诉，维持原判。 二审案件受理费50元，由黔南州荔波县兴茂煤矿负担。 本判决为终审判决。
13	2018	宁夏中卫市金利工程运输有限公司与国土资源部一审行政判决书 案号：（2018）京01行初60号	行政许可	一审诉讼请求： 请求人民法院依法撤销被诉不予许可决定；判决被告对原告提出的涉案探矿权申请予以行政许可并颁发探矿权证；本案的诉讼费用由被告承担。	经过复议	一审判决结果： 1. 确认被告不予行政许可决定违法。 2. 案件受理费50元，由被告中华人民共和国自然资源部负担（自本判决生效之日起7日内交纳）。 如不服本判决，各方当事人可在判决书送达之日起15日内，向本院递交上诉状。（胜诉）

（续）

序号	年份	案例名称和案号	案由	诉讼请求	是否复议	判决/裁定结果
14	2018	哈尔滨市依兰东兴煤矿有限责任公司、依兰县人民政府资源行政管理：能源行政管理（能源管理）二审行政裁定书 案号：（2018）黑行终3号	行政许可	一审诉讼请求： 请求确认依兰县人民政府作出的关闭东兴煤矿行政行为违法；撤销依政公告〔2015〕7号；判令依兰县人民政府按黑政办发〔2014〕49号文件规定，将东兴煤矿进行资源整合，接续矿井恢复建设。 二审上诉请求： 请求撤销原审裁定，将案件发回重审。		一审裁定结果：裁定驳回东兴煤矿的起诉 二审裁定结果： 1. 撤销哈尔滨市中级人民法院（2017）黑01行初28号行政裁定。 2. 指令哈尔滨市中级人民法院继续审理本案。（胜诉）
15	2018	周某斌、谢某东等与湖南省自然资源厅等资源行政管理：其他（资源）一审行政裁定书 案号：（2018）湘0103行初148号	行政许可	一审原诉讼请求：诉讼请求： 1. 驳回被告省政府作出的湘府复驳字〔2018〕54号决定书。 2. 确认被告省自然资源厅颁发编号4300000740320的《采矿许可证》行为违法。 3. 判令被告省自然资源厅赔偿原告周某斌合法权益受到的损害56376829.5元，赔偿原告谢某东合法权益受到损害112753658.8元。 一审变更后诉讼请求：请求驳回被告湖南省人民政府作出的湘府复驳字〔2018〕54号复议决定书。	经过行政复议	一审裁定结果： 1. 准许原告周某斌，谢某东撤回对被告湖南省自然资源厅的起诉。 2. 本案移送湖南省长沙市中级人民法院管辖。
16	2017	冯某权、白某凯与陕西省国土资源厅、神木市孙家岔镇人民政府、神木市孙家岔镇瓷窑塔矿业有限责任公司、张某华、刘某治土地行政许可一案一审行政裁定书 案号：（2017）陕0881行初12号	行政许可	一审诉讼请求： 1. 依法确认被告于2000年10月13日为原瓷窑塔联办煤矿颁发的证号为6100000031265采矿许可证违法。 2. 由被告负担本案诉讼费用。	否	一审裁定结果： 驳回原告冯某权、白某凯的起诉。 案件受理费50元，退还原告冯某权、白某凯。 如不服本裁定，可在裁定书送达之日起十日内向本院递交上诉状，并按对方当事人的人数提出副本，上诉于陕西省榆林市中级人民法院。

（续）

序号	年份	案例名称和案号	案由	诉讼请求	是否复议	判决/裁定结果
17	2017	贾某平与国家信访局二审行政裁定书 案号：（2017）京行终3955号	行政许可	一审诉讼请求： 1. 依法确认和保护起诉人的四座煤矿的《采矿许可证》《营业执照》。 2. 依法确认和保护起诉人的四座煤矿的《采矿许可证》《营业执照》的合法有效性，确认应当依法延续至今。 3. 撤销目前涉案四座煤矿的《采矿许可证》《营业执照》。 4. 依法追究侵犯的煤矿合法权利19年以来的构成犯罪的人员的责任。 5. 恢复和落实起诉人四座煤矿的经营权、采矿权、法人财产权。 6. 责令所有涉案行政机关排除妨碍、停止侵害、立即依法恢复公司四座煤矿的经营权，公开在报刊上赔礼道歉并赔偿直接经济损失26亿元。 二审诉讼请求： 请求撤销一审裁定，指令一审法院立案受理，并支持其一审诉讼请求。	经过行政复议	一审裁定结果： 裁定对贾某平的起诉不予立案。 二审裁定结果： 驳回上诉，维持一审裁定。 本裁定为终审裁定。
18	2017	古交市新桃园煤业有限公司与山西省国土资源厅行政许可二审行政裁定书 案号：（2017）晋行终639号	行政许可	二审诉讼请求： 请求撤销一审判决，改判撤销被上诉人向第三人颁发的涉案采矿权许可证，将相应采矿权恢复登记至上诉人名下。	否	一审裁定结果： 判决驳回原告古交市新桃园煤业有限公司的诉讼请求。 二审裁定结果： 1. 撤销太原市中级人民法院（2015）并行初字第94号行政判决。 2. 驳回古交市新桃园煤业有限公司的起诉。 本裁定为终审裁定。
19	2017	石某山、耿某亮资源行政管理：土地行政管理（土地）再审审查与审判监督行政裁定书 案号：（2016）最高法行申5074号	行政许可	一审诉讼请求： 请求确认山西省国土资源厅给山西煤炭运销集团天池店煤业有限公司划定矿区范围并颁发采矿许可证的行政行为违法。 再审诉讼请求： 请求撤销原审裁定，再审本案，改判支持其一审时提出的诉讼请求。	否	一审裁定结果： 驳回石某山、耿某亮、李某棉、张某旺的起诉。 二审裁定结果： 驳回上诉、维持一审裁定。 再审裁判结果： 驳回再审申请人石某山、耿某亮、李某棉、张某旺的再审申请。

（续）

序号	年份	案例名称和案号	案由	诉讼请求	是否复议	判决/裁定结果
20	2017	遵义县泮水镇雷家沟煤矿、贵州省国土资源厅资源行政管理：土地行政管理（土地）再审行政判决书 案号：（2017）黔01行再9号	行政许可	二审诉讼请求： 请求撤销原判；维持其颁发。 国土资源厅再审请求： 人民法院依法判决宏发煤矿再审请求：人民法院公正判决。 雷家沟煤矿再审请求： 支持雷家沟煤矿的诉讼请求。		一审判决结果：撤销贵州省国土资源厅作出的颁发给第三人宏发煤矿《采矿许可证》（证号：C500002011101120120330号）的具体行政行为。 二审判决结果：驳回上诉，维持原判。二审案件受理费50元由上诉人贵州省国土资源厅、遵义县宏发煤矿负担。 再审判决结果： 1. 撤销本院（2012）筑行终字第156号行政判决和贵州省贵阳市云岩区人民法院（2012）云行初字第58号行政判决。 2. 驳回遵义县泮水镇雷家沟煤矿要求撤销贵州省国土资源厅为遵义县宏发煤矿颁发的C5200002011101120120330号《采矿许可证》的诉讼请求。 原一、二审案件受理费均由遵义县泮水镇雷家沟煤矿负担。 本判决为终审判决。
21	2017	贾某平与国家信访局一审行政裁定书 案号：（2017）京01行初742号	行政许可	一审诉讼请求： 1. 依法确认和保护起诉人的四座煤矿的《采矿许可证》等。 2. 依法确认和保护起诉人的四座煤矿的《采矿许可证》等的合法有效性，确认应当依法延续至今。 3. 撤销目前涉案四座煤矿的《采矿许可证》等。 4. 依法追究侵犯的煤矿合法权利19年以来的构成犯罪的人员的责任。 5. 进一步恢复和落实起诉人四座煤矿的经营权等。 6. 责令所有涉案行政机关排除妨碍、停止侵害、立即依法恢复公司四座煤矿的经营权，公开在赔礼道歉并赔偿直接经济损失26亿元。	经过复议	一审裁定结果： 对贾某平的起诉，本院不予立案。 如不服本裁定，可在裁定书送达之日起十日内，向本院递交上诉状，上诉于北京市高级人民法院。

（续）

序号	年份	案例名称和案号	案由	诉 讼 请 求	是否复议	判决/裁定结果
22	2016	桃江县周家山煤炭有限公司与湖南省国土资源厅矿产资源行政许可及行政赔偿纠纷二审行政裁定书 案号：（2016）湘01行终636号（省国土厅未在法律规定的期限内依法作出延续采矿许可证登记）	行政许可	二审诉讼请求： 请求二审法院依法撤销一审裁定，支持上诉人一审的诉讼请求；对被上诉人制定的《关于进一步明确矿业权价款征收管理有关政策的通知》进行合法性审查；判令被上诉人承担本案一二审诉讼费用。	否	一审判决结果： 驳回桃江县周家山煤炭有限公司的起诉。 二审判决结果： 驳回上诉，维持原裁定。 本案不收取案件受理费。 本裁定为终审裁定。
23	2016	湖南省桂阳县正和乡青山煤矿再审审查与审判监督行政裁定书 案号：（2016）最高法行申4966号（无证开采，煤矿被关闭）	行政强制	再审诉讼请求： 撤销原一、二审行政判决。	否	一审判决结果：驳回原告桂阳县正和乡青山煤矿的诉讼请求。 二审判决结果：驳回上诉，维持原判。 再审判决结果：驳回湖南省桂阳县正和乡青山煤矿的再审申请。
24	2016	湘潭某某矿业有限公司与湘潭市人民政府、湘潭市国土资源局行政许可及行政赔偿一审判决书 案号：（2015）潭中行初字第33号	行政许可	一审诉讼请求： 1. 依法审查并确认《关于加快推进煤矿关闭的实施意见》（潭政办发［2014］60号）违法。 2. 依法审查并确认《关于全力做好全市落后小煤矿关闭退出工作会议纪要》（潭府阅［2015］1号）违法。 3. 确认被告湘潭市国土资源局对原告所作采矿许可证不延续许可行政行为违法。 4. 判决两被告赔偿原告损失人民币250000000元。 5. 判决两被告承担本案的诉讼费用。	否	一审判决结果： 1. 确认被告湘潭市国土资源局作出不能办理原告湘潭鸿泰宇矿业有限公司采矿权延续初审手续答复的行为违法，限被告湘潭市国土资源局在本判决生效后十日内采取补救措施。 2. 驳回原告湘潭鸿泰宇矿业有限公司的其他诉讼请求。 本案案件受理费本院决定予以免收。 如不服本判决，可在判决书送达之日起十五日内，向本院递交上诉状，并按对方当事人的人数提出副本，上诉于湖南省高级人民法院。

（续）

序号	年份	案例名称和案号	案由	诉讼请求	是否复议	判决/裁定结果
25	2016	河南省国土资源厅、郑州兴华物资煤炭运销有限公司资源行政管理－土地行政管理、资源行政管理－能源行政管理二审行政判决书 案号：（2016）豫 71 行终 69 号	行政许可	二审诉讼请求： 一审判决认定事实错误，无法执行，请求二审法院予以撤销。	经过复议	二审判决结果： 驳回上诉，维持原判。 本案二审案件受理费 50 元，由上诉人河南省国土资源厅负担。 本判决为终审判决。
26	2015	伍某桦、湖南省耒阳市人民政府与湖南省耒阳市国土资源局确认行政行为违法再审行政判决书 案号：（2015）衡中法行再终字第 6 号	行政许可	一审诉讼请求： 请求确认耒阳市人民政府和耒阳市国土资源局强制关闭超群煤矿的具体行政行为违法。 伍某桦二审诉讼请求： 请求依法改判耒阳市国土资源局对炸毁超群煤矿的具体行政行为违法。 耒阳市人民政府上诉称： 请求驳回伍某桦对上诉人的起诉，由伍某桦承担一、二审诉讼费用。	否	一审判决结果： 1. 确认被告耒阳市人民政府关闭原告伍某桦的耒阳市小水镇超群煤矿的具体行政行为违法。 2. 驳回原告伍某桦对被告耒阳市国土资源局的起诉。本案受理费 50 元，由耒阳市人民政府负担。 二审判决结果： 驳回上诉，维持湖南省衡阳市珠晖区人民法院（2013）珠行再重字第 1 号行政判决。 本案二审受理费 50 元，由上诉人伍某桦负担 25 元，由上诉人耒阳市人民政府负担 25 元。 本判决为终审判决。
27	2015	郑州广厦置业有限公司与河南省国土资源厅资源行政管理—土地行政管理二审行政判决书 案号：（2015）郑行终字第 409 号	行政许可	一审诉讼请求：请求依法确认河南省国土资源厅在发现其补发的第 4100000040247 号采矿许可证系被许可人以欺骗方手段取得的行政许可后未依法撤销该行政许可的行为违法。 二审诉讼请求：一审法院认定事实错误，适用法律错误，应当撤销原判，确认省国土厅为兴达煤矿补发 247 号证的行政行为违法。	否	一审判决结果： 驳回原告郑州广厦置业有限公司的诉讼请求。 二审判决结果： 驳回上诉，维持原判。 二审诉讼费 50 元，由上诉人郑州广厦置业有限公司负担。 本判决为终审判决。

（续）

序号	年份	案例名称和案号	案由	诉 讼 请 求	是否复议	判决/裁定结果
28	2015	余某雄与湖北省国土资源厅行政许可一审行政裁定书 案号：（2015）鄂武昌行初字第00009号	行政许可	一审诉讼请求： 请求法院依法撤销被告于2014年9月18日向长阳锁凤湾煤矿有限责任公司颁发的采矿许可证，并判决被告赔偿原告的经济损失。	否	一审裁判结果： 驳回原告余某雄的起诉。 如不服本裁定，可在裁定书送达之日起十日内提起上诉，向本院递交上诉状三份，上诉于湖北省武汉市中级人民法院。
29	2015	曲某亮、凤城市国土资源局、辽宁省国土资源厅因地矿行政许可纠纷二审行政判决书 案号：（2015）丹行终字第00052号	行政许可	二审诉讼请求： 请求二审法院撤销一审判决，依法改判驳回曲某亮的起诉	否	一审判决结果：判决确认被告辽宁省国土资源厅于2006年1月17日为第三人魏某波颁发的证号为2100000620057的采矿许可证行为违法。案件受理费50元，由被告辽宁省国土资源厅承担。 二审判决结果： 1. 撤销凤城市人民法院（2014）凤行初字第00011号行政判决。 2. 驳回上诉人曲某亮的起诉。 一审、二审案件受理费共计100元，不予收取。鉴定费用3015元，由上诉人曲某亮负担。 本裁定为终审裁定。
30	2015	黄某贵、曹某慧等与永兴县国土资源局不履行法定职责再审行政判决书 案号：（2015）湘高法行再终字第4号	行政许可	再审诉讼请求： 确认永兴县国土资源局拒不纠正2001年擅自变更采矿登记上报导致颁证错误的行为违法，并赔偿因该违法行为给其造成的损失。	否	再审判决结果： 驳回申诉，维持原判。 本案一审、二审、再审案件受理费各50元，共计150元，由申诉人黄某贵、曹某慧、黄某贵、曹某东负担。 本判决为终审判决。
31	2015	郑州兴华物资煤炭运销有限公司与河南省国土资源厅采矿权延期案行政判决书 案号：（2015）开行初字第2号	行政许可	请求法院依法判令被告批准原告4100000240298号采矿许可证的延期申请并颁证。	否	被告河南省国土资源厅于本判决生效之日起二十日内对原告郑州兴华物资煤炭运销有限公司的采矿权延续申请作出决定。 本案受理费五十元，本院免予收取。 如不服本判决，可在判决书送达之日起十五日内，向本院递交上诉状，并按对方当事人的人数递交上诉状副本，上诉于河南省郑州市中级人民法院。（胜诉）

（续）

序号	年份	案例名称和案号	案由	诉讼请求	是否复议	判决/裁定结果
32	2014	罗某、曾某明诉福建省经济和信息化委员会煤炭生产行政许可二审行政裁定书 案号：（2014）榕行终字第331号	行政许可	一审诉讼请求：撤销X130906010G1煤炭生产许可证（该许可现已取消）。 二审诉讼请求：请求依法撤销（2014）鼓行初字第63号行政裁定，改判支持上诉人原审诉讼请求，指令鼓楼区人民法院继续审理。	否	一审裁定结果：裁定驳回原告罗荣、曾德明的起诉。 二审裁定结果：驳回上诉，维持原裁定。 本裁定为终审裁定。
33	2014	禹州市方山镇三岔口社会福利煤矿诉许昌市国土资源局行政许可二审裁定书 案号：（2014）郑行终字第300号	行政许可	二审诉讼请求： 1. 一审法院裁定存在严重原则性错误，请二审法院依法改判。 2. 上诉人申请法院撤销的4100000820067号采矿许可证和申请撤销的4100000730134号证及4100000520469号证有直接关联，其中都包含上诉人的4100000431247号采矿许可证。所以4号5号上诉状同样适用本案。 3. 被上诉人对第三人因企业名称变更而延续变更的4100000431247号采矿许可证，实际是已经超期申请变更而已经依法废止的4100000520469号的违法违规变更延续的。因此应依法撤销。请求依法改判。	否	一审裁定结果： 驳回原告禹州市方山镇三岔口社会福利煤矿的起诉。 二审裁定结果： 驳回上诉，维持原裁定。 本裁定为终审裁定。
34	2013	重庆市国土资源和房屋管理局与刘某伦一案二审行政裁定书 案号：（2013）渝五中法行终字第00333号	行政许可	二审诉讼请求： 请求撤销一审裁定，依法对被上诉人存在的违规违法办理审批登记的违法事实进行实体审理；撤销被上诉人针对王林个人颁发的5000000410472号《采矿许可证》。	否	二审裁定结果： 驳回上诉，维持原裁定。 本案一审、二审均不收取案件受理费。 本裁定为终审裁定。
35	2013	上诉人张某、王某和上诉人四川省广元市某管理局与被上诉人旺苍县白水镇××煤矿撤销企业变更登记行政许可决定一案 案号：（2013）广行终字第11号	行政许可	二审诉讼请求： 1. 撤销一审判决； 2. 请求维持川工商元撤字〔2013〕1号撤销许可决定书的第一项，撤销第二项。	否	一审裁定结果： 撤销四川省广元市某管理局于2013年4月19日作出的川工商元撤字〔2013〕1号撤销行政许可决定书。 本案诉讼费人民币50元，由被告承担。 二审裁定结果： 驳回上诉，维持原判。 二审案件受理费100元，由上诉人四川省广元市某管理局承担50元，上诉人张某、王某承担50元。 本判决为终审判决。

二、煤矿安全生产行政处罚诉讼文书选编

序号	年份	案例名称和案号	案由	诉讼请求	是否复议	判决/裁定结果
1	2022	海晏县相关部门、海晏某公司行政处罚行政非诉审查行政裁定书 案号：（2022）青 2223 行审 2 号	行政处罚	1. 依据行政处罚决定书申请被申请执行人海晏某公司缴纳罚款 50000 元。 2. 缴纳加处迟延履行罚款（以罚款 50000 元为基数，自 2021 年 6 月 8 日之实际缴清之日止，每日按处罚数额的 3% 加处罚款，最高不超过 50000 元）。	否	裁定结果： 不准予强制执行申请执行人海晏县相关部门于 2020 年 12 月 23 日作出的晏生罚［20××］×号行政处罚决定书。
2	2021	习水县综合行政执法局、贵州加益煤业集团有限公司习水县东皇镇加益煤矿非诉执行审查行政裁定书 案号：（2021）黔 0330 行审 28 号	其他行政行为	强制执行被申请人习水县加益煤矿安全生产行政处罚。	否	裁定结果： 对申请人习水县综合行政执法局申请强制执行的（2020）习综执行罚决 06 字第 007 号《行政处罚决定书》确定的行政罚款 10000.00 元及加处罚款 10000.00 元，共计 20000.00 元，准予强制执行。
3	2021	习水县综合行政执法局、习水县龙宝煤矿非诉执行审查行政裁定书 案号：（2021）黔 0330 行审 58 号	行政处罚	强制执行被申请人习水县龙宝煤矿安全生产行政处罚。	否	裁定结果： 对申请人习水县综合行政执法局申请强制执行的（2020）习综执行罚决 06 字第 048 号《行政处罚决定书》确定的行政罚款及加处罚款，准予强制执行。
4	2021	习水县综合行政执法局、杨某远非诉执行审查行政裁定书 案号：（2021）黔 0330 行审 55 号	行政处罚	强制执行被申请人杨某远安全生产行政处罚。	否	裁定结果： 对申请人习水县综合行政执法局申请强制执行的（2020）习综执行罚决 06 字第 048－3 号《行政处罚决定书》确定的行政罚款及加处罚款，准予强制执行。
5	2021	习水县综合行政执法局、刘某勇非诉执行审查行政裁定书 案号：（2021）黔 0330 行审 57 号	行政处罚	强制执行被申请人刘某勇安全行政处罚。	否	裁定结果： 对申请人习水县综合行政执法局申请强制执行的（2020）习综执行罚决 06 字第 048－1 号《行政处罚决定书》确定的行政罚款 9000.00 元及加处罚款 9000.00 元，共计 18000.00 元，准予强制执行。

（续）

序号	年份	案例名称和案号	案由	诉讼请求	是否复议	判决/裁定结果
6	2021	习水县综合行政执法局、崔某高非诉执行审查行政裁定书 案号：（2021）黔0330行审56号	行政处罚	强制执行被申请人崔某高安全行政处罚。	否	裁定结果： 对申请人习水县综合行政执法局申请强制执行的（2020）习综执行罚决06字第048－2号《行政处罚决定书》确定的行政罚款及加处罚款，准予强制执行。
7	2021	习水县综合行政执法局、陈某定非诉执行审查行政裁定书 案号：（2021）黔0330行审54号	行政处罚	强制执行被申请人陈某定安全生产行政处罚。	否	裁定结果： 对申请人习水县综合行政执法局申请强制执行的（2020）习综执行罚决06字第048－4号《行政处罚决定书》确定的行政罚款及加处罚款准予强制执行。
8	2020	叙永县应急管理局、叙永县新房子矿业有限公司非诉执行审查行政裁定书 案号：（2020）川0524行审20号	其他行政行为	强制执行叙应急罚（2020）12号行政处罚决定，强制执行内容为罚款人民币158000元。	否	裁定结果： 准予强制执行叙永县应急管理局作出的叙应急罚（2020）12号行政处罚决定。
9	2020	云南煤矿安全监察局红河监察分局、张某伟非诉执行审查行政裁定书 案号：（2020）云2503行审51号	其他行政行为	申请强制执行云煤安监红罚〔2020〕26004号《行政处罚决定书》。	否	裁定结果： 准予强制执行云煤安监红罚〔2020〕26004号《行政处罚决定书》确定的对被执行人张某伟处以的罚款。
10	2020	云南煤矿安全监察局红河监察分局、澜沧鑫泽工贸有限责任公司非诉执行审查行政裁定书 案号：（2020）云2503行审46号	其他行政行为	申请强制执行云煤安监红罚〔2020〕26008号《行政处罚决定书》。	否	裁定结果： 准予强制执行云煤安监红罚〔2020〕26008号《行政处罚决定书》确定的对被执行人澜沧鑫泽工贸有限责任公司处以的罚款。

（续）

序号	年份	案例名称和案号	案由	诉讼请求	是否复议	判决/裁定结果
11	2020	云南煤矿安全监察局红河监察分局、路某周非诉执行审查行政裁定书 案号：（2020）云2503行审48号	其他行政行为	申请强制执行云煤安监红罚〔2020〕26005号《行政处罚决定书》。	否	裁定结果： 准予强制执行云煤安监红罚〔2020〕26005号《行政处罚决定书》确定的对被执行人路某周处以的罚款。
12	2020	云南煤矿安全监察局红河监察分局、蔡某平非诉执行审查行政裁定书 案号：（2020）云2503行审47号	其他行政行为	申请强制执行云煤安监红罚〔2020〕26003号《行政处罚决定书》。	否	裁定结果： 准予强制执行云煤安监红罚〔2020〕26003号《行政处罚决定书》确定的对被执行人蔡某平处以的罚款。
13	2020	云南煤矿安全监察局红河监察分局、苗某非诉执行审查行政裁定书 案号：（2020）云2503行审49号	其他行政行为	申请强制执行云煤安监红罚〔2020〕26007号《行政处罚决定书》。	否	裁定结果： 准予强制执行云煤安监红罚〔2020〕26007号《行政处罚决定书》确定的对被执行人苗某处以的罚款10000元。
14	2020	云南煤矿安全监察局红河监察分局、尹某生非诉执行审查行政裁定书 案号：（2020）云2503行审37号	其他行政行为	申请强制执行云煤安监红罚〔2019〕29011号《行政处罚决定书》。	否	裁定结果： 准予强制执行云煤安监红罚〔2019〕29011号《行政处罚决定书》确定的对被执行人尹某生处以的罚款15000元。
15	2020	云南煤矿安全监察局红河监察分局、石林县宏强煤矿非诉执行审查行政裁定书 案号：（2020）云2503行审38号	其他行政行为	申请强制执行云煤安监红罚〔2019〕29010号《行政处罚决定书》。	否	裁定结果： 准予强制执行云煤安监红罚〔2019〕29010号《行政处罚决定书》确定的对被执行人石林县宏强煤矿处以的罚款。

（续）

序号	年份	案例名称和案号	案由	诉讼请求	是否复议	判决/裁定结果
16	2020	利川市应急管理局、恩施州利川青山煤矿有限责任公司青山煤矿非诉执行审查行政裁定书 案号：（2020）鄂2802行审121号	其他行政行为	强制执行“（利）应急罚［2020］煤监01号”《行政处罚决定书》中确定的罚款内容。	否	裁定结果： 对利川市应急管理局申请执行“（利）应急罚［2020］煤监01号”《行政处罚决定书》中确定的给予恩施州利川青山煤矿有限责任公司青山煤矿罚款处罚，准予强制执行。
17	2020	云南煤矿安全监察局红河监察分局、嵩明红石岩煤业有限公司非诉执行审查行政裁定书 案号：（2020）云2503行审18号	其他行政行为	申请强制执行云煤安监红罚〔2019〕27016号《行政处罚决定书》。	否	裁定结果： 准予强制执行云煤安监红罚〔2019〕27016号《行政处罚决定书》确定的对被执行人嵩明红石岩煤业有限公司处以的罚没款。
18	2020	云南煤矿安全监察局红河监察分局、杨某伟非诉执行审查行政裁定书 案号：（2020）云2503行审19号	其他行政行为	申请强制执行云煤安监红罚〔2019〕25005号《行政处罚决定书》。	否	裁定结果： 准予强制执行云煤安监红罚〔2019〕25005号《行政处罚决定书》确定的对被执行人杨某伟处以的罚款。
19	2020	云南煤矿安全监察局红河监察分局、杨某伟非诉执行审查行政裁定书 案号：（2020）云2503行审20号	其他行政行为	申请强制执行云煤安监红罚〔2019〕29002号《行政处罚决定书》。	否	裁定结果： 准予强制执行云煤安监红罚〔2019〕29002号《行政处罚决定书》确定的对被执行人杨某伟处以的罚款。
20	2020	云南煤矿安全监察局红河监察分局、玉溪市塔甸煤矿有限责任公司非诉执行审查行政裁定书 案号：（2020）云2503行审17号	其他行政行为	申请强制执行云煤安监红罚〔2019〕29001号《行政处罚决定书》。	否	裁定结果： 准予强制执行云煤安监红罚〔2019〕29001号《行政处罚决定书》确定的对被执行人玉溪市塔甸煤矿有限责任公司处以的罚款。

（续）

序号	年份	案例名称和案号	案由	诉讼请求	是否复议	判决/裁定结果
21	2020	云南煤矿安全监察局红河监察分局、玉溪市塔甸煤矿有限责任公司非诉执行审查行政裁定书 案号：（2020）云2503行审16号	其他行政行为	申请强制执行云煤安监红罚〔2019〕25007号《行政处罚决定书》。	否	裁定结果： 准予强制执行云煤安监红罚〔2019〕25007号《行政处罚决定书》确定的对被执行人玉溪市塔甸煤矿有限责任公司处以的罚款。
22	2020	云南煤矿安全监察局红河监察分局、砚山县永兴煤业有限责任公司非诉执行审查行政裁定书 案号：（2020）云2503行审6号	其他行政行为	申请强制执行云煤安监红罚〔2019〕27009号《行政处罚决定书》。	否	裁定结果： 准予强制执行云煤安监红罚〔2019〕27009号《行政处罚决定书》确定的对被执行人砚山县永兴煤业有限责任公司处以的罚没款。
23	2020	云南煤矿安全监察局红河监察分局、泸西县三金煤业有限公司非诉执行审查行政裁定书 案号：（2020）云2503行审10号	其他行政行为	强制执行云煤安监红罚〔2019〕26007号《行政处罚决定书》。	否	裁定结果： 准予强制执行云煤安监红罚〔2019〕26007号《行政处罚决定书》确定的对被执行人泸西县三金煤业有限公司处以的罚款。
24	2020	云南煤矿安全监察局红河监察分局、泸西县龙潭冲煤业有限公司非诉执行审查行政裁定书 案号：（2020）云2503行审7号	其他行政行为	强制执行云煤安监红罚〔2019〕24001号《行政处罚决定书》。	否	裁定结果： 准予强制执行云煤安监红罚〔2019〕24001号《行政处罚决定书》确定的对被执行人泸西县龙潭冲煤业有限公司处以的罚款。
25	2020	云南煤矿安全监察局红河监察分局、钱老三非诉执行审查行政裁定书 案号：（2020）云2503行审5号	其他行政行为	强制执行云煤安监红罚〔2019〕15003号《行政处罚决定书》。	否	裁定结果： 准予强制执行云煤安监红罚〔2019〕15003号《行政处罚决定书》确定的对被执行人钱老三处以的罚款。

（续）

序号	年份	案例名称和案号	案由	诉讼请求	是否复议	判决/裁定结果
26	2020	云南煤矿安全监察局红河监察分局、泸西县三金煤业有限公司非诉执行审查行政裁定书 案号：（2020）云2503行审4号	其他行政行为	强制执行云煤安监红罚〔2019〕15002号《行政处罚决定书》。	否	裁定结果： 准予强制执行云煤安监红罚〔2019〕15002号《行政处罚决定书》确定的对被执行人泸西县三金煤业有限公司处以的罚款。
27	2020	申请执行人纳雍县能源局于被申请执行人贵州鸿熙矿业有限公司纳雍县勺窝乡向阳煤矿能源行政管理（能源）一案行政裁定书 案号：（2020）黔0525行审6号	其他行政行为	执行该局2017年6月26日作出的（纳）安监管罚〔2017〕3号《行政处罚决定书》。	否	裁定结果： 对申请执行人纳雍县能源局作出的（纳）安监管罚〔2017〕3号《行政处罚决定书》不准予强制执行。
28	2020	金沙县能源局、金沙县禹谟牌坊岩煤矿非诉执行审查行政裁定书 案号：（2020）黔0523行审15号	其他行政行为	强制执行（金）能源煤罚〔2020〕005号《行政处罚决定书》。	否	裁定结果： 准予强制执行申请执行人金沙县能源局对被执行人金沙县禹谟牌坊岩煤矿作出的（金）能源煤罚〔2020〕005号《行政处罚决定书》。
29	2020	安化县百选石煤矿、安化县人民政府二审行政判决书 案号：（2020）湘行终1635号	行政处罚	二审诉讼请求： 1. 撤回对东坪镇政府强制关闭行为。 2. 因强制关闭行为要求安化县政府和东坪镇政府共同赔偿经济损失。 3. 本案一、二审案件受理费各50元，共计100元，由安化县人民政府负担。	否	二审判决结果： 1. 撤销益阳市中级人民法院（2020）湘09行初15号行政判决。 2. 确认安化县人民政府作出的《安化县人民政府关于关闭安化县百选石煤矿等5家石煤（钒）矿企业的决定》违法。 本案一、二审案件受理费各50元，共计100元，由安化县人民政府负担。 本判决为终审判决。（胜诉）
30	2019	恩施州来凤县宝龙煤矿有限公司与恩施生态环境局来凤县分局一审行政判决书 （2019）鄂2827行初8号	行政处罚	一审诉讼请求： 原告恩施州来凤县宝龙煤矿有限公司不服被告恩施土家族苗族自治州生态环境局来凤县分局环境行政处罚决定一案：行政处罚缺乏事实依据。	否	一审判决结果： 驳回原告恩施州来凤县宝龙煤矿有限公司的诉讼请求（行政处罚证据确凿，适用法律正确，符合法定程序）。

（续）

序号	年份	案例名称和案号	案由	诉 讼 请 求	是否复议	判决/裁定结果
31	2019	山西金昌煤炭气化有限公司与介休市应急管理局一审行政判决书 （2019）晋0722行初23号	行政处罚	一审诉讼请求： 被告介休市应急管理局向该公司作出的行政处罚决定属于超越职权。	否	一审判决结果： 撤销被告作出的行政处罚（原介休市安全生产监督管理局在没有相应职权的前提下所作出的行政行为不合法）。（胜诉）
32	2019	某煤矿与某县某某镇人民政府行政监督一案一审行政判决书 （2019）赣0203行初77号	行政处罚	一审诉讼请求： 1. 请求确认行政行为无效。 2. 被告不具有直接作出“现责令你矿立即停产整顿”的决定的主体资格，其行为违反依法行政要求。	否	一审判决结果： 确认某县某镇安全生产监督管理站于2018年12月26日作出的（寿）安监现决〔2018〕12－2602号现场处理措施决定书无效。（胜诉）
33	2019	沅陵县安全生产监督管理局与被执行人沅陵县永兴矿业有限公司非诉行政处罚行政裁定书	行政监督	不服行政处罚。	否	裁定结果： 1. 申请执行人作出的行政处罚决定，其处罚程序符合《行政处罚法》等有关法律、法规的规定。 2. 申请执行人依照《中华人民共和国安全生产法》《安全生产违法行为行政处罚办法》及《金属非金属地下矿山紧急避险系统建设规范》的有关规定对被执行人作出处罚，适用法律、法规正确。准许强制执行。
34	2019	黎某斌与重庆煤矿安全监察局渝东监察分局行政处罚一案一审行政裁定书 （2019）渝0101行初36号	行政处罚	一审诉讼请求： 1. 被告认定黎某斌煤矿违反《矿山安全法》第三条、《安全生产法》第四条的规定，以及认定原告本人违反《煤炭法》第三十二条，《安全生产法》第五条的规定系适用法律错误。 2. 未听取其陈述、申辩，违反正当程序原则。	否	一审裁定结果： （建议移送司法机关追究其责任）原告黎某斌以此为由向本院提起行政诉讼，不属于人民法院行政诉讼受案范围，其起诉应予驳回。
35	2019	云南煤矿安全监察局曲靖监察分局与曲靖市麒麟区东山华兴煤矿行政处罚一案行政裁定书 （2019）云0302行审125号	行政处罚	一审诉讼请求： 申请执行。	否	一审裁定结果： 行政处罚决定认定事实清楚、证据充分，适用法律正确、行政程序合法，判决准予执行。

（续）

序号	年份	案例名称和案号	案由	诉讼请求	是否复议	判决/裁定结果
36	2019	原告四川煤矿安全监察局川东监察分局与被告胡某伟其他行政非诉一案一审行政裁定书 （2019）川1702行审32号	行政处罚	一审诉讼请求： 申请执行。	否	一审裁定结果： 不准予执行四川煤矿安全监察局川东监察分局于2018年9月26日作出的川煤安监川东罚〔2018〕（3270－6）号《行政处罚决定书》。
37	2019	甘肃宇丰新能源科技发展有限公司与玉门市住房和城乡建设局行政处罚一审行政判决书 （2019）甘0921行初5号	行政处罚	一审诉讼请求： 请求法院认定处罚决定书程序违法，执法人员没有执法权（为告知权利等）。最终导致认定的事实不清，处罚错误。	否	一审判决结果： 被告玉门市住房和城乡建设局作出的玉建罚字（2018）11号行政处罚决定书，事实不清，程序违法，适用法律错误，违反法律规定，应予撤销
38	2019	陈某、安徽煤矿安全监察局淮南监察分局行政监察（监察）二审行政判决书 （2019）皖04行终2号	行政处罚	二审诉讼请求： 1. 一审判决适用法律错误。 2. 本案诉争行政处罚决定的事实依据不符合法律规定；事故调查报告调查的所谓事实不客观，缺乏科学及法律依据。	否	二审判决结果： 驳回上诉，维持原判（一审判决认定事实清楚，适用法律基本正确）。
39	2018	云南煤矿安全监察局大理监察分局、宾川县州城镇丰宁煤矿非诉执行审查行政裁定书 （2018）云2901行审21号	行政处罚	要求执行。	否	裁定结果： 准予执行申请执行人云南煤矿安全监察局大理监察分局作出的滇煤安监大罚〔2018〕（88003）号《行政处罚决定书》。
40	2018	陈某虎与内江市安全生产监督管理局安全行政处罚案件二审判决书 （2018）川10行终76号	行政监督	二审诉讼请求： 1. 撤销一审判决。 2. 认定原行政行为违法。	否	二审判决结果： 维持原判。
41	2018	内江经济技术开发区亚江餐饮服务部诉内江市人力资源和社会保障局、魏某劳动和社会保障行政确认一案一审行政判决书 （2018）川1002行初16号	行政监督	一审诉讼请求： 1. 认定该行政处罚决定程序违法，适用法律、法规错误。 2. 处罚人员不具备处罚资格［《行政执法类公务员管理规定（试行）》第二条］。	否	一审裁决结果： 被告市安监局作出的行政处罚决定主体合法、程序合法、认定事实清楚、证据充分，适用法律、法规正确。原告的诉讼请求不成立，本院不予支持。

（续）

序号	年份	案例名称和案号	案由	诉 讼 请 求	是否复议	判决/裁定结果
42	2018	陈某与安徽煤炭安全监察局淮南监察分局资源行政管理：能源行政管理一审行政判决书 （2018）皖0403行初51号 （陈某、安徽煤矿安全监察局淮南监察分局行政监察（监察）二审行政判决书 （2019）皖04行终2号	行政处罚	一审诉讼请求：被告行政处罚违反法律规定、认定事实错误，缺乏证据、违反法定程序，严重侵犯原告合法权益。 二审诉讼请求：一审判决适用法律错误；本案诉争行政处罚决定的事实依据不符合法律规定；事故调查报告调查的所谓事实不客观，缺乏科学及法律依据。	否	一审判决结果：驳回原告诉讼请求（被告作出的行政处罚决定认定事实清楚、程序合法、适用法律正确）。 二审判决结果：驳回上诉，维持原判（一审判决认定事实清楚，适用法律基本正确）。
43	2018	灵武市国土资源局与宁夏京盛煤业有限责任公司行政处罚二审行政判决书 （2018）宁01行终203号	行政处罚	二审诉讼请求： 被上诉人认为该处罚决定书认定事实错误、程序违法。	否	二审判决结果： 原审法院认定原告宁夏京盛煤业作出的灵国土资行处字〔2017〕132号《国土资源行政处罚决定书》事实依据不足，依法应予撤销。一审判决认定事实清楚，适用法律、法规正确。
44	2018	宁夏顺天煤炭有限责任公司与石嘴山市国土资源局地质矿产行政处罚一审行政判决书 （2018）宁0202行初26号	行政处罚	一审诉讼请求： 被告作出的行政处罚属处罚主体错误，认定事实及适用法律均存在错误。	否	一审判决结果： 驳回原告诉讼请求（本案被诉行政处罚决定，适用法律正确，程序合法，处罚得当）。
45	2018	宁夏顺天煤炭有限责任公司与石嘴山市国土资源局行政处罚二审行政判决书（2018）宁02行终46号	行政处罚	二审诉讼请求： 1. 被上诉人的行政处罚没有事实依据。 2. 原审法院认定事实及适用法律均存在错误。		二审判决结果： 1. 撤销一审判决。 2. 被上诉人行政处罚决定（被上诉人在缺乏事实根据的情况下，对上诉人作出行政处罚决定，不符合法律规定。原审判决认定事实不清、证据不足）应予纠正。
46	2018	会理县益门镇煤矿与会理县安全生产监督管理局质量监督检验检疫行政管理：质量监督行政管理（质量监督）一审行政判决书 （2018）川3425行初2号	行政处罚	一审诉讼请求： 1. 处罚事实认定不清，责任混乱、无据；案涉拆除的电线产权归属并未查清。 2. 被告对非原告生产经营过程中发生的行为进行行政处罚没有法律依据。 3. 被告并未按照该条例进行处罚，属于法律适用错误；程序违法。	否	一审判决结果： 驳回原告诉讼请求（行政行为证据确凿，适用法律、法规正确，符合法定程序）。

（续）

序号	年份	案例名称和案号	案由	诉讼请求	是否复议	判决/裁定结果
47	2018	会理县益门镇煤矿、会理县安全生产监督管理局其他二审行政判决书 （2018）川34行终64号	行政处罚	二审诉讼请求： 1. 一审法院及处罚决定均认定事实不清，确认处罚决定合法的证据不足，处罚程序违法。 2. 责任划分不当且处罚过重。		二审判决结果： 驳回上诉，维持原判（一审判决认定事实清楚，适用法律正确，依法应予维持）。
48	2017	梁某佩与国家安全生产监督管理总局一审行政判决书 （2017）京02行初3号	行政监督（有关于行政处罚：吊销许可证）	一审诉讼请求： 被告决定不予受理涉案行政复议申请明显违法或不当。	是	一审判决结果： 1. 被诉决定书认定的复议事项有误。 2. 国家安监总局所作被诉决定书认定事实不清，适用法律错误，应予撤销。 3. 撤销被告国家安全生产监督管理总局于2016年6月17日所作安监总行复不受［2016］4号《行政复议申请不予受理决定书》。（胜诉）
49	2017	重庆煤矿安全监察局渝东监察分局与彭某勇行政处罚一案行政裁定书 （2017）渝0101行审364号	行政处罚	法定期限内仍未履行该行政处罚决定。	否	裁定结果： 准予强制执行申请执行人重庆煤矿安全监察局渝东监察分局作出的渝煤安监渝东罚［2016］27001号行政处罚决定中的罚款并加处罚款。
50	2017	大理市天发普和砂石料有限责任公司；大理市凤仪镇人民政府行政处罚案行政判决书 （2017）云29行终22号	行政处罚	二审诉讼请求： 1. 行政行为不合法。 2. 适用法律错误。	否	二审判决结果： 1. 一审判决适用法律错误。 2. 判决确认违法，但不予撤销。
51	2017	邻水县马家湾煤业有限公司、邻水县煤炭局资源行政管理：能源行政管理（能源管理）二审行政判决书 （2017）川行终99号	行政处罚	二审诉讼请求： 1. 一审对上诉人的起诉没有超过法定期限事实的认证分析上认定事实不清。 2. 一审对造成上诉人财产损失原因的事实认定错误。 3. 一审对上诉人财产损失赔偿的判决严重违法。	否	二审判决结果： 驳回上诉，维持原判。
52	2016	梁某佩与山西煤矿安全监察局等一审行政裁定书 （2017）京0101行初867号	行政处罚	一审诉讼请求： 不服山西煤矿安全监察局及原国家安全生产监督管理总局（应急管理部）作出的行政复议决定。	是	一审裁定结果： 原告未经法庭许可中途退庭的，按照撤诉处理。

（续）

序号	年份	案例名称和案号	案由	诉讼请求	是否复议	判决/裁定结果
53	2016	邻水县兴瑞煤业有限公司与邻水县煤炭局、邻水县煤矿安全生产监督管理办公室煤炭行政处罚案二审行政裁定书 （2017）川16行终41号	行政处罚	二审诉讼请求： 1. 一审认定事实错误。 2. 撤销判决。	否	二审判决结果： 维持原判。[被上诉人作出的行政行为（关闭），没有对上诉人产生实际的行政约束力。原审认为该行政行为没有对上诉人产生行政约束力的理由和裁定正确]。
54	2016	宝鸡某公司与麟游县安全生产监督管理局、麟游县人民政府不服安全生产行政处罚决定及行政复议决定一案一审行政判决书 （2016）陕0304行初12号	行政处罚	一审诉讼请求： 认定原决定书及复议决定书的认定行政主体不清、事实不清、缺乏依据，违反法定程序，超越职权、利害冲突、违反程序和实体的有关法律、适用法律不当。	是	一审判决结果： 判决驳回原告诉讼请求。
55	2016	鞠某与义马市安全生产监督管理局质量监督检验检疫行政管理：质量监督行政管理（质量监督）一审行政裁定书 （2016）豫1202行初48号	不履行法定职责	一审诉讼请求： 被告怠于履行自己的职责，未作出任何处理意见，属于行政不作为。	否	一审裁定结果： 驳回原告诉讼请求。 本案被告并无对煤矿进行行政管理的法定职责，并不是本案适格被告，原告起诉不符合相关法律法规，应予驳回。
56	2016	宋某宽等6人与神木县人民政府、国土资源局、大柳塔镇人民政府、第三人不履行法定职责一案行政一审判决书 （2016）陕06行初66号	不履行法定职责	一审诉求请求： 1. 认定三被告不作为。 2. 认定政府行为为行政不作为。	否	一审判决结果： 驳回原告的诉讼请求。 第三人审批范围内进行煤矿开采并不违法，并且已经给予了行政处罚。
57	2016	申请执行人甘肃煤矿安全监察局兰州监察分局与被申请执行人甘肃兴盛隆煤业有限责任公司一审行政裁定书 （2016）甘0321行审5号	行政处罚	一审诉讼请求： 申请被申请人履行。	否	一审裁定结果： 准许执行。 甘肃煤矿安全监察局兰州监察分局作出的行政处罚决定事实清楚、程序合法、适用法律正确。

（续）

序号	年份	案例名称和案号	案由	诉讼请求	是否复议	判决/裁定结果
58	2016	普安县地瓜镇富康煤矿与普安县人民政府其他一审行政赔偿裁定书 （2016）黔2301行赔初5号	行政处罚	一审诉讼请求： 原告煤矿被关闭，由于被告的行政不作为，导致煤矿被永久关闭。请求赔偿。	否	一审裁定结果： 驳回起诉（不符合提起行政赔偿诉讼的条件）。
59	2016	峨边大堡煤业有限责任公司与峨边彝族自治县人民政府地矿行政处罚二审行政判决书 （2016）川行终741号	行政处罚	二审诉讼请求： 1. 认定一审判决认定事实不清，证据不足。 2. 原行政处罚决定的程序错误，适用法律错误。	否	二审判决结果： 驳回上诉，维持原判。
60	2016	原告永定县西茅岐煤矿有限公司与被告龙岩市永定区人力资源和社会保障局、龙岩市人力资源和社会保障局劳动行政处罚一审行政裁定书 （2016）闽0881行初15号	行政处罚	一审诉讼请求： 不服被告龙岩市永定区人力资源和社会保障局、龙岩市人力资源和社会保障局劳动行政处罚。	否	一审裁定结果： 撤诉。
61	2016	贵州华瑞鼎兴能源有限公司水城县阿戛乡阿戛煤矿与水城县国土资源局资源行政管理－土地行政管理二审行政裁定书 （2016）黔02行终37号	行政处罚	一/二审诉讼请求： 被告的行政处罚对象错误，违反行政处罚的合理性原则。	否	一审裁定结果：裁定驳回上诉人的起诉。 二审裁定结果：裁定驳回上诉人的起诉，属适用法律不当，撤销六盘水市钟山区人民法院〔2015〕黔钟行初字第123号行政裁定。
62	2015	方某阳与山西煤矿安全监察局晋城监察分局不服行政处罚决定纠纷一审行政判决书 （2015）城行初字第30号	行政处罚	一审诉讼请求： 1. 认定行政处罚告知书和行政处罚决定书相互矛盾。 2. 行政处罚决定书违反相关法律程序。依据事实调查不全面，认定不清楚。	否	一审判决结果： 不予支持。驳回原告的诉讼请求。

（续）

序号	年份	案例名称和案号	案由	诉讼请求	是否复议	判决/裁定结果
63	2015	双鸭山方圆建筑安装有限责任公司与山西煤矿安全监察局晋城监察分局不服行政处罚决定一审行政判决书 （2015）城行初字第29号	行政处罚	一审诉讼请求： 1. 行政处罚决定书违反相关法律程序。 2. 被告作出的行政处罚告知书和决定书相互矛盾、调查不全面、不客观，无事实依据，证据不足。 3. 应依法撤销。	否	一审判决结果： 1. 被告的行政行为证据不足，事实不清。 2. 撤销被告山西煤矿安全监察局晋城监察分局行政处罚决定书，被告山西煤矿安全监察局晋城监察分局于本判决生效后三十日内重新作出行政行为。
64	2015	杨某志与山西煤矿安全监察局晋城监察分局不服行政处罚决定纠纷一审行政判决书 （2015）城行初字第31号	行政处罚	一审诉讼请求： 被告作出的行政处罚决定书违反相关法律程序，事实调查不全面，认定不清楚。	否	一审判决结果： 1. 行政处罚符合法律规定。 2. 处罚认定事实清楚，证据确实，适用法律正确，程序合法。 3. 判决驳回原告诉讼请求。
65	2015	四川煤矿安全监察局川北监察分局和黄凯非诉执行审查案件一审行政裁定书 （2015）广利州非执审字第14号	行政处罚	一审诉讼请求： 非诉执行人收到行政处罚决定书后，未履行缴纳罚款义务，经催告后仍不履行。	否	一审裁定结果： 行政处罚认定事实清楚，证据充分，适用法律法规正确，行政程序合法。准许执行。
66	2015	方某阳与山西煤矿安全监察局晋城监察分局不服行政处罚决定纠纷一审行政判决书 （2015）城行初字第30号	行政处罚	一审诉讼请求： 1. 被告作出的行政处罚告知书和行政处罚决定书相互矛盾。 2. 行政处罚决定书违反相关法律程序；依据事实调查不全面，认定不清楚。	否	一审判决结果： 驳回原告诉讼请求，不予支持。

（续）

序号	年份	案例名称和案号	案由	诉讼请求	是否复议	判决/裁定结果
67	2014	新疆维吾尔自治区喀什地区经济和信息化委员会与覃某军、泽普县西峰煤矿地质矿产纠纷二审行政裁定书 （2014）新行终字第13号	其他	二审诉讼请求： 1. 认为原审判决认定事实，适用法律错误，程序违法。 2. 请求撤销原判，驳回覃某的起诉。	否	二审裁定结果： 1. 撤销一审行政判决。 2. 驳回原审原告覃某军的起诉。
68	2014	李某军与谭家镇人民政府，开县安全生产监督管理局行政撤销纠纷一审行政判决书 （2014）开法行初字第00027号	行政监督	一审诉讼请求： 认为原决定书未向原告送达，原行政行为无效。	否	一审判决结果： 撤销开县谭家镇安全生产监督管理办公室作出的《谭家镇安监办责令关闭煤矿决定书》。
69	2014	焦作市煤业（集团）白云煤业有限公司白庄煤矿不服修武县国土资源局行政处罚一案一审行政判决书 （2014）修行初字第25号	行政处罚	一审诉讼请求： 认为修武县国土局的行政处罚决定滥用自由裁量权，对原告罚款处罚畸重，超过法定时效。	否	一审判决结果： 1. 维持被告修武县国土资源局作出的矿产资源补偿费的行政处罚。 2. 撤销被告修武县国土资源局作出的罚款决定。 3. 判决被告对该两项重新作出具体行政行为。
70	2014	原告毕节市林口镇煤洞山煤矿诉被告贵州省国土资源厅国土资源行政处罚一审行政判决书 （2014）云行初字第16号	行政处罚	一审诉讼请求： 被告关闭煤矿的要求作出的吊销原告采矿权许可证的具体行政行为没有充分的事实依据及法律依据。	是	一审判决结果： 1. 判决维持。 2. 认定《行政处罚决定书》认定事实清楚，证据确凿，程序合法。

（续）

序号	年份	案例名称和案号	案由	诉 讼 请 求	是否复议	判决/裁定结果
71	2014	毕节市林口镇煤洞山煤矿与贵州省国土资源厅行政处罚二审行政判决书 （2014）筑行终字第79号	行政处罚	二审诉讼请求： 认为原行政处罚没有充分的事实及法律依据。违背公平、公正的法律原则。		二审判决结果： 事实清楚，判决并无不当，依法予以维持。
72	2013	韩城市桑树坪镇昌顺煤矿不服被告韩城市煤炭局煤炭管理行政处罚一案一审行政判决书 （2013）潼行初字第00006号	行政处罚	一审诉讼请求： 该行政处罚缺乏证据又违反法定程序，请求撤销该决定。	否	一审判决结果： 撤销韩城市煤炭局对韩城市桑树坪镇昌顺煤矿实施关闭的决定（未提供证据，视为无证据）。
73	2013	修武县三辰实业有限公司与修武县人民政府行政处罚一案一审行政判决书 （2013）焦行初字第1号	行政处罚	一审诉讼请求： 认为被告没有履行告知当事人作出行政处罚决定的事实、理由及依据，程序违法。	是	一审判决结果： 驳回原告的诉讼请求。
74	2013	巫溪县峰灵煤矿与巫溪县煤炭工业管理局和巫溪县峰灵镇人民政府行政处罚一审行政裁定书 （2013）巫法行初字第00005号	行政处罚	一审诉讼请求： 不服原行政处罚决定，请求撤销。	否	一审裁定结果： 撤诉。

附录二 图 表 索 引

一、行政许可类流程图

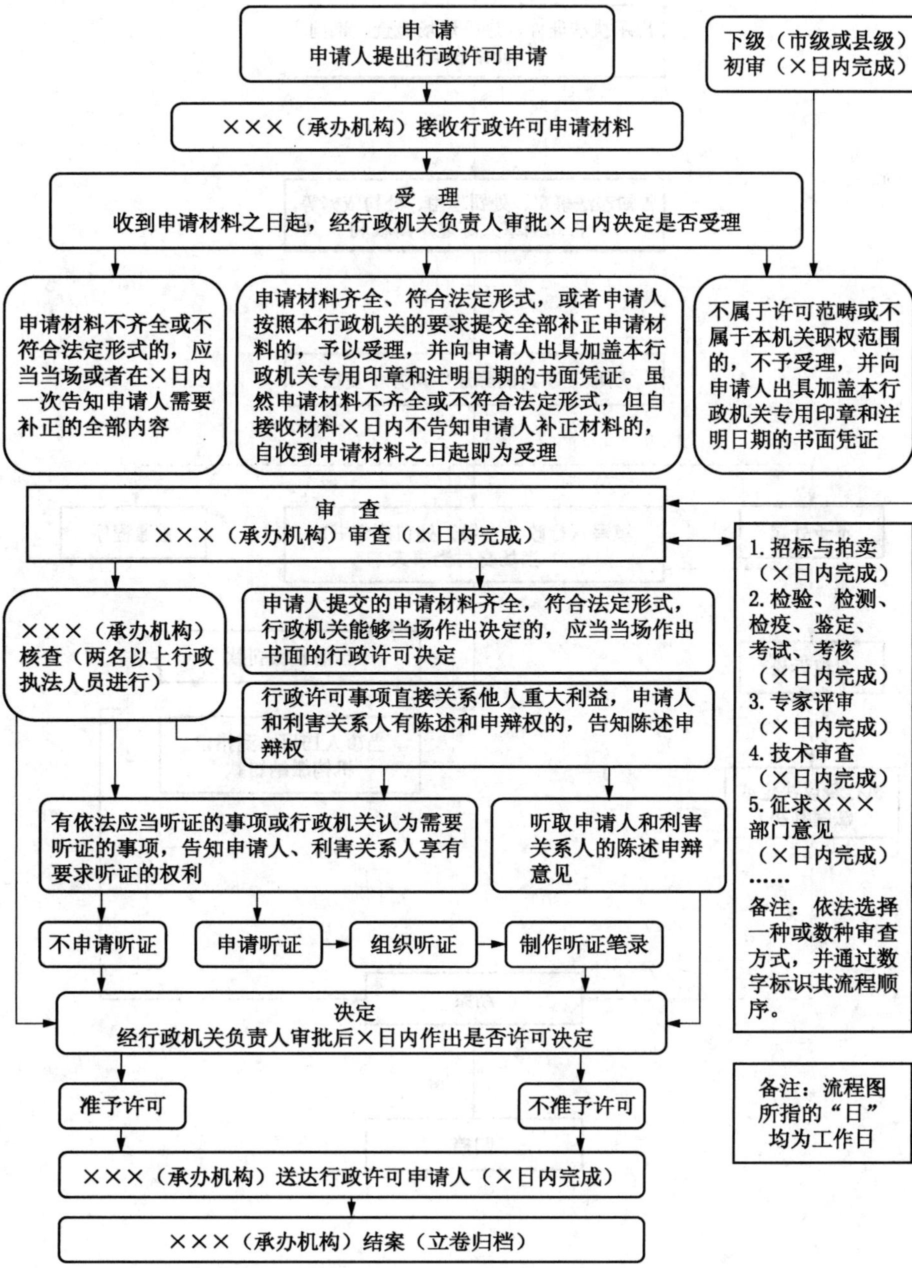

二、行政处罚标准化流程图

1. 行政处罚简易程序流程图

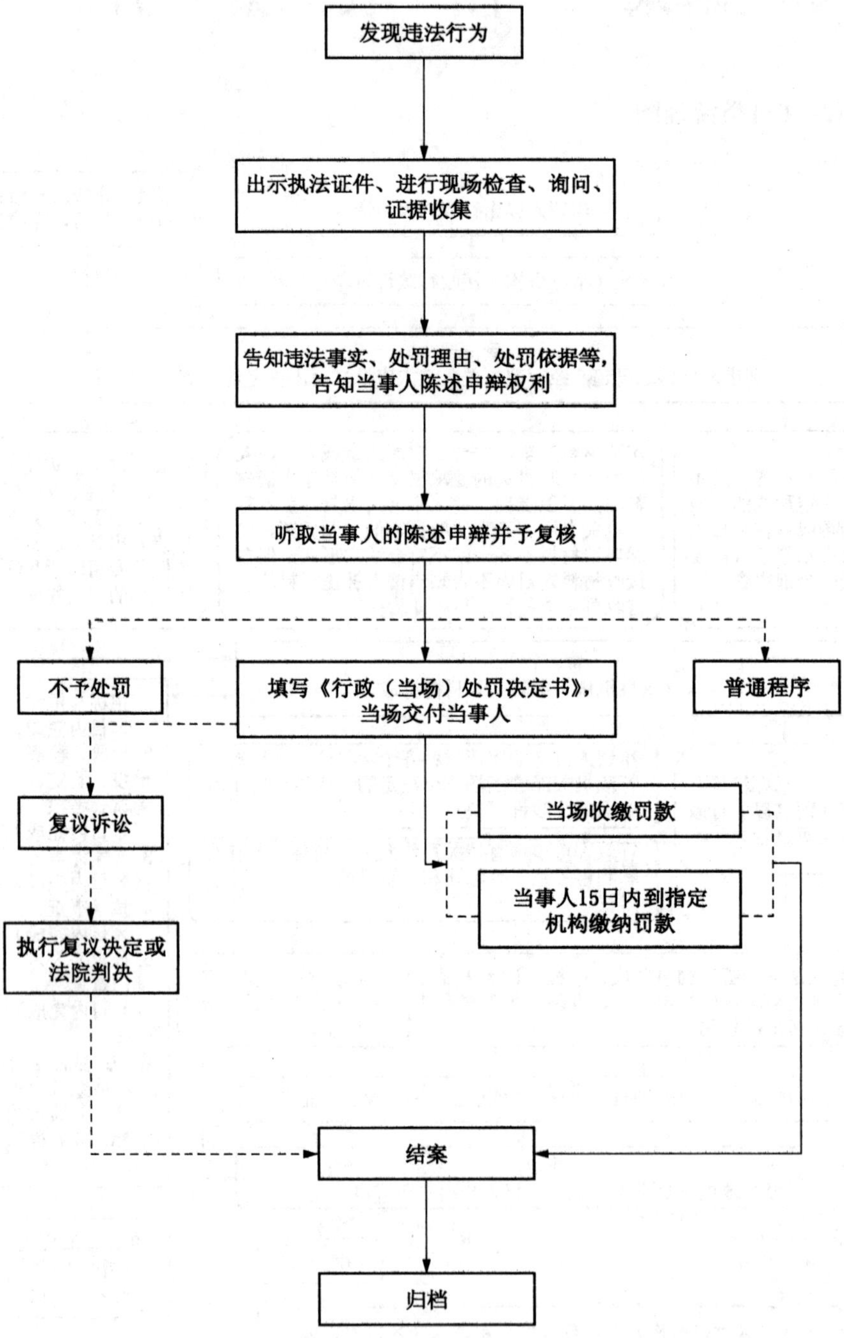

2. 行政处罚普通程序流程图

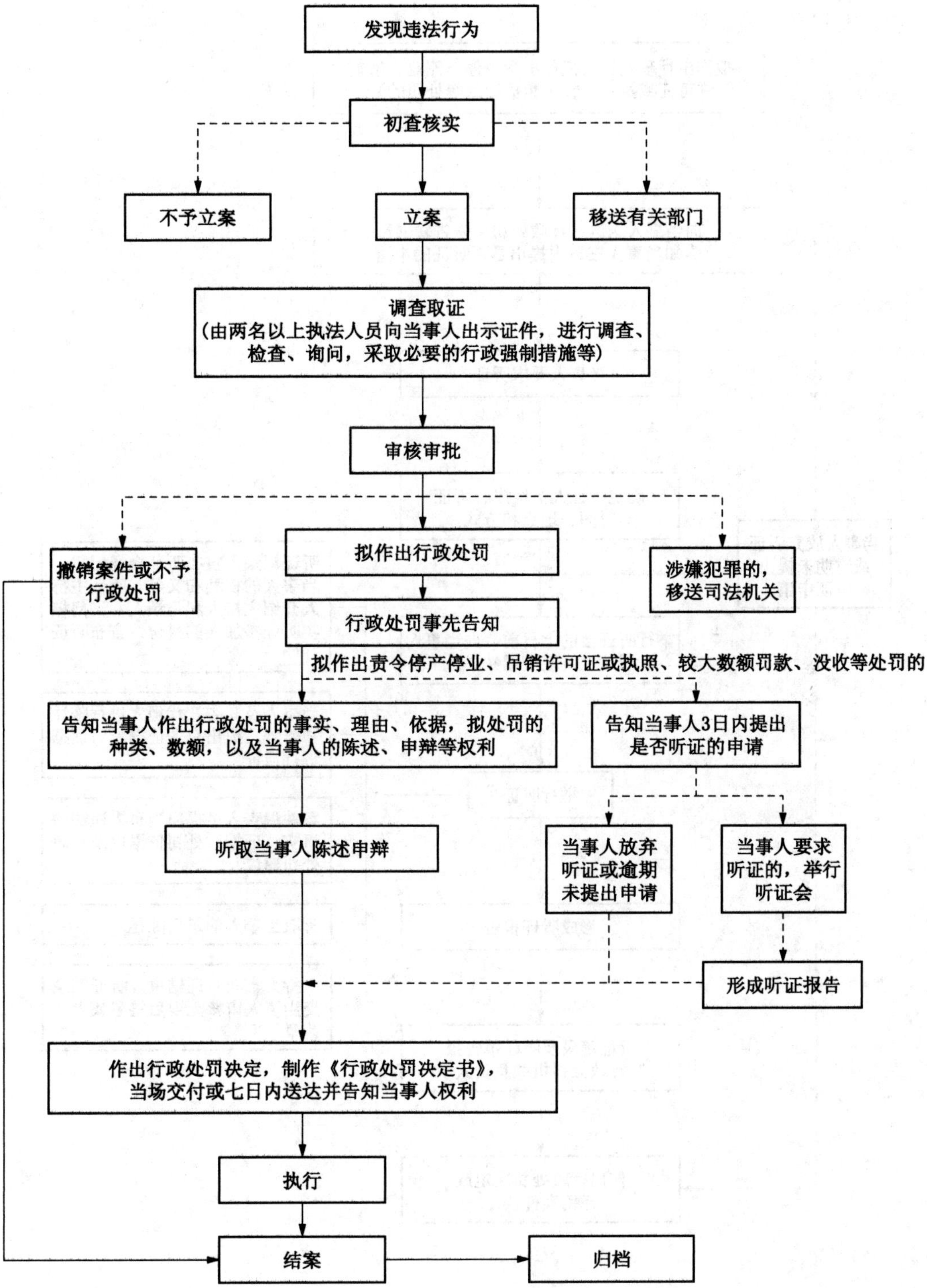

三、行政处罚听证程序流程图

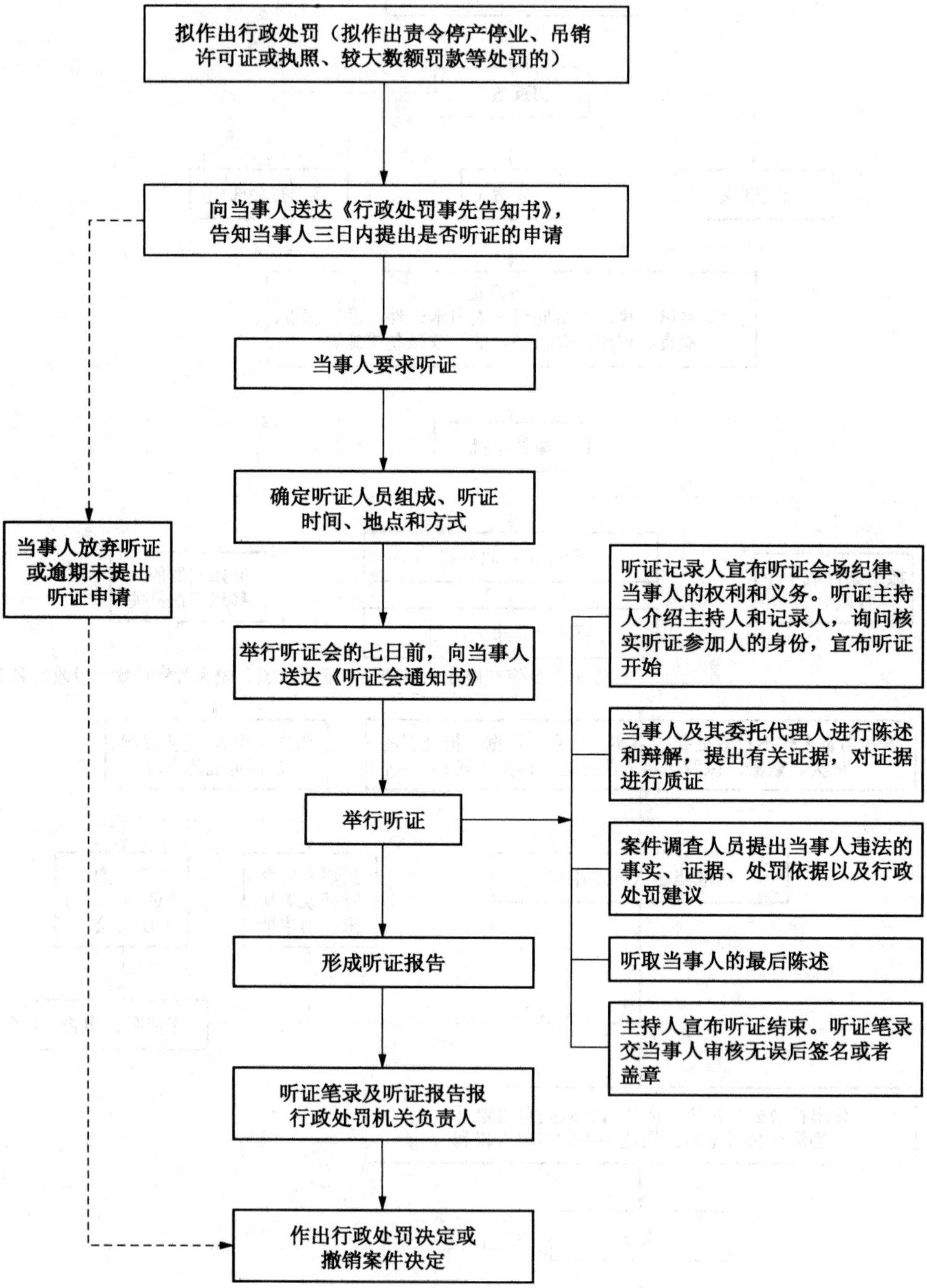

四、行政处罚执行程序流程图

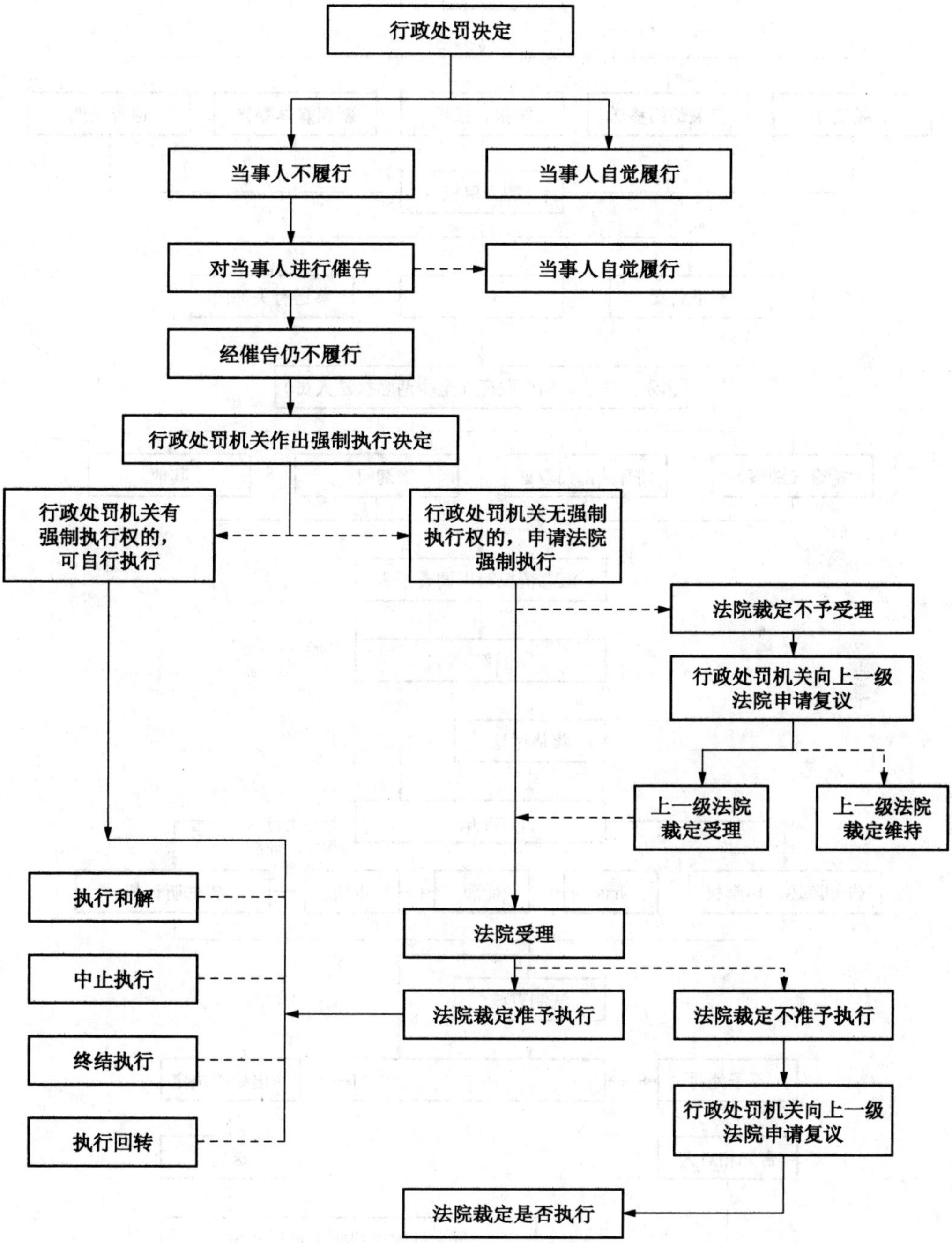

五、行政处罚普通程序统一式样流程图

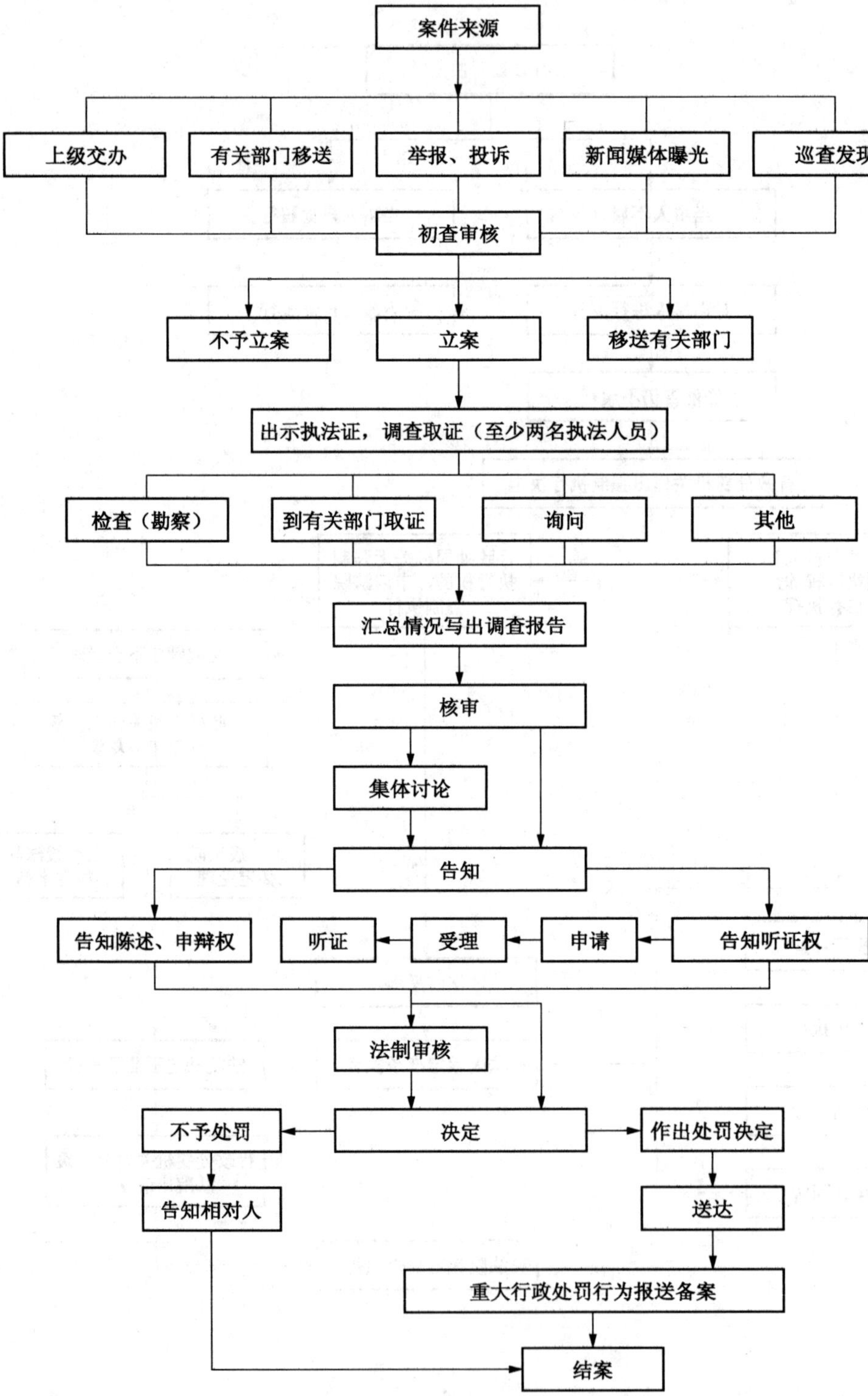

六、安全生产行政复议流程图

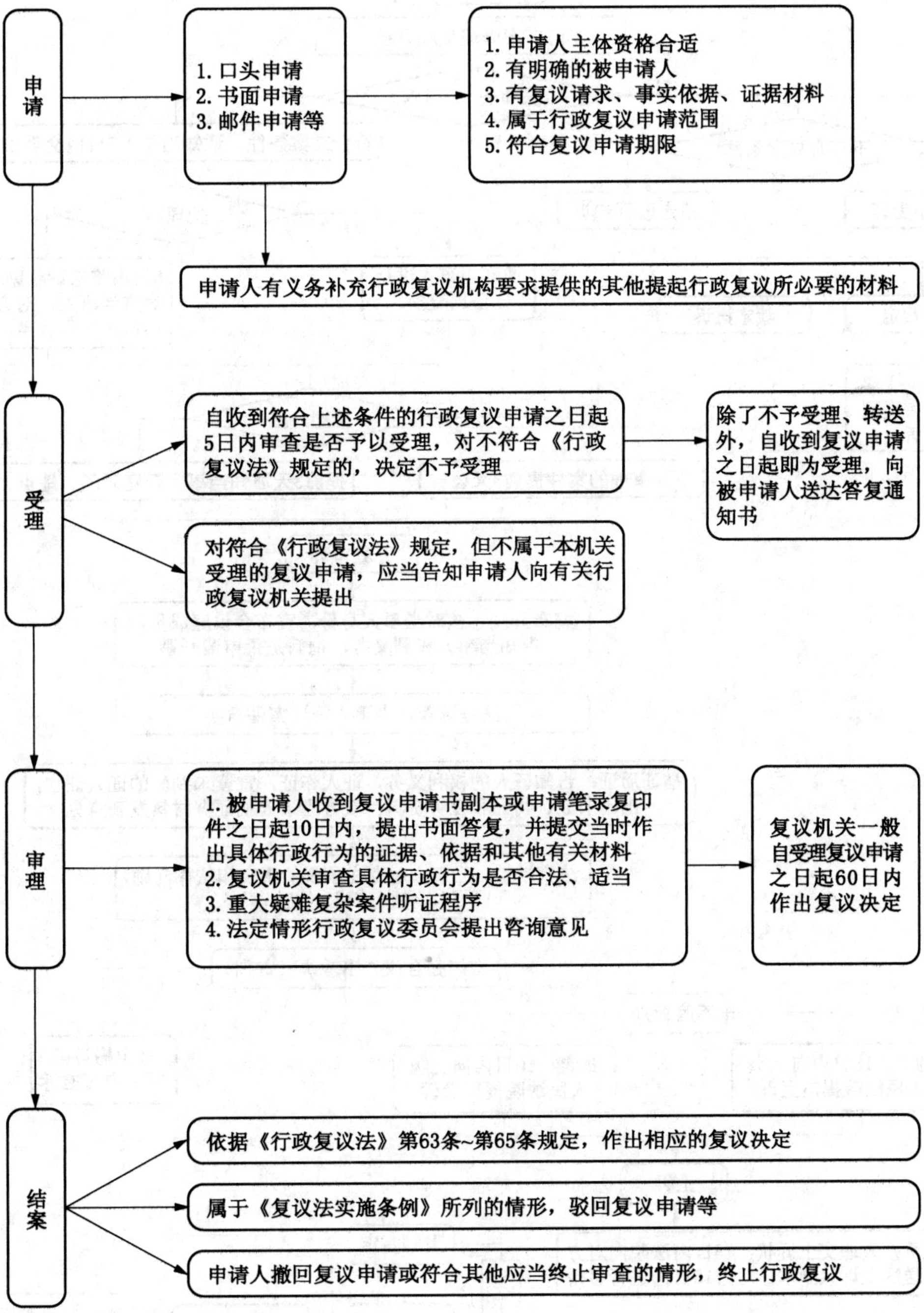

七、人民法院行政案件诉讼流程图

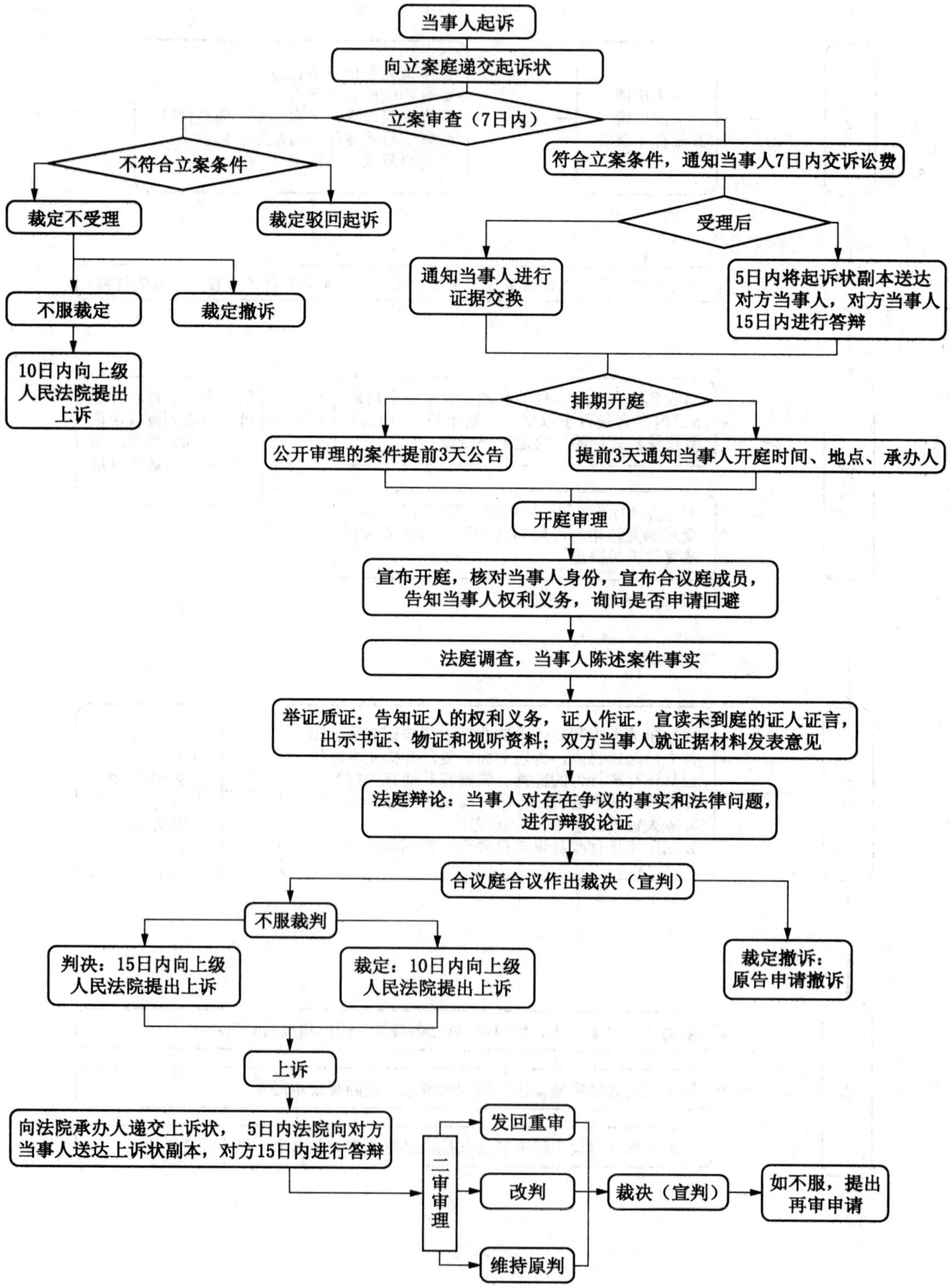

参 考 文 献

[1] 中国应急管理学会，中国安全生产协会. 新修正的《中华人民共和国安全生产法》实用简明问答[M]. 北京：应急管理出版社，2021.
[2] 林鸿潮. “以案说法”：安全生产法[M]. 北京：应急管理出版社，2021.
[3] 尚勇，张勇. 中华人民共和国安全生产法释义[M]. 北京：中国法制出版社，2021.
[4] 应急管理部. 中华人民共和国安全生产法[M]. 北京：应急管理出版社，2021.
[5] 邬燕云. 安全生产法专家解读[M]. 北京：应急管理出版社，2021.
[6] 环球网校注册安全工程师考试研究院. 安全生产法律法规[M]. 北京：中国石化出版社，2021.
[7] 代海军. 安全生产法新视野[M]. 北京：应急管理出版社，2020.
[8] 邬燕云. 企业安全生产法律法规执行解答[M]. 北京：煤炭工业出版社，2019.
[9] 陈雄. 安全生产法规[M]. 重庆：重庆大学出版社，2019.
[10]《中国安全生产志》编纂委员会. 中国安全生产志·事故志(1949.10—2018.12)[M]. 北京：应急管理出版社，2020.
[11] 应急管理部信息研究院. 应急管理法律法规选编[M]. 北京：应急管理出版社，2019.
[12] 国家安全生产监督管理总局宣传教育中心. 安全生产应急管理人员培训教材(修订版)[M]. 北京：团结出版社，2018.
[13] 漆旺生，宋晓燕. 安全生产法规教材[M]. 徐州：中国矿业大学出版社，2016.
[14] 法律出版社法规中心. 行政处罚常见法律问题及纠纷解决法条速查与文书范本[M]. 北京：法律出版社，2018.
[15] 广东省安全生产监督管理局，广东省安全生产技术中心. 非煤矿山企业安全生产监督管理工作指南[M]. 广州：华南理工大学出版社，2016.
[16] 广东省安全生产监督管理局，广东省安全生产技术中心. 乡镇(街道)安全生产监管工作指南[M]. 广州：华南理工大学出版社，2016.
[17] 邬燕云，曹彧. 安全生产依法行政工作指引(2015 年版)[M]. 北京：煤炭工业出版社，2015.
[18] 杨建江. 安全生产行政处罚卷宗评析[M]. 北京：化学工业出版社，2012.
[19] 王升玉. 安全发展的实践与思考[M]. 北京：煤炭工业出版社，2010.
[20] 杨建江. 安全生产行政处罚指南[M]. 北京：化学工业出版社，2008.
[21] 李海. 煤矿安全生产标准化管理体系法律法规书册[M]. 北京：应急管理出版社，2020.
[22] 周少统，史宗保. 煤矿安全生产标准化管理体系自查自检工作指南[M]. 北京：应急管理出版社，2020.
[23] 国家煤矿安全监察局.《煤矿安全生产标准化管理体系基本要求及评分办法(试行)》执行说明[M]. 北京：应急管理出版社，2020.
[24] 宁尚根. 煤矿安全生产标准化管理体系培训教材[M]. 北京：应急管理出版社，2020.
[25] 中国煤矿工业安全科学技术学会煤矿安全技术培训委员会，应急管理部信息研究院. 煤矿安全生产管理人员(全国煤矿安全技术培训通用教材)[M]. 北京：应急管理出版社，2020.
[26] 应急管理部宣传教育中心. 煤矿从业人员安全生产培训教材(2020 年版)[M]. 徐州：中国矿业大学出版社，2020.
[27] 刘益文，张士勇. 煤矿安全生产管理人员安全资格培训教材[M]. 徐州：中国矿业大学出版社，2017.
[28] 李张军. 煤矿事故案例选编[M]. 上海：复旦大学出版社，2016.
[29] 张广亮，焦方杰. 煤矿安全法律法规培训教材[M]. 徐州：中国矿业大学出版社，2014.

图书在版编目（CIP）数据

煤矿安全生产行政许可与行政处罚 / 王虹玉主编 ; 王高锋副主编. -- 北京 : 应急管理出版社, 2024.
（煤炭高等教育“十四五”规划教材）（应急管理能力与素质提升系列教材）. -- ISBN 978-7-5237-0617-6

Ⅰ. D922.54

中国国家版本馆 CIP 数据核字第 2024VF2673 号

煤矿安全生产行政许可与行政处罚

（煤炭高等教育“十四五”规划教材）

（应急管理能力与素质提升系列教材）

主　　编　王虹玉
副 主 编　王高锋
责任编辑　闫　非
编　　辑　王雪莹
责任校对　赵　盼
封面设计　于春颖

出版发行　应急管理出版社（北京市朝阳区芍药居 35 号　100029）
电　　话　010 - 84657898（总编室）　010 - 84657880（读者服务部）
网　　址　www. cciph. com. cn
印　　刷　河北鹏远艺兴科技有限公司
经　　销　全国新华书店

开　　本　787mm × 1092mm $^{1}/_{16}$　**印张**　$14^{1}/_{4}$　**字数**　327 千字
版　　次　2024 年 7 月第 1 版　2024 年 7 月第 1 次印刷
社内编号　20221755　　**定价**　45.00 元
